湖北省社科基金前期资助项目："湖北省高等教育对劳动力供给及产业竞争力的影响研究"（21ZD091）

"双一流"建设——高等教育拨款、科技创新与人才培养

刘晓凤　著

中国财经出版传媒集团
中国财政经济出版社
·北京·

图书在版编目（CIP）数据

“双一流”建设：高等教育拨款、科技创新与人才培养/刘晓凤著．--北京：中国财政经济出版社，2024.1

ISBN 978-7-5223-2731-0

Ⅰ．①双… Ⅱ．①刘… Ⅲ．①高等学校-人才培养-研究-中国 Ⅳ．①G649.2

中国国家版本馆 CIP 数据核字（2024）第 034522 号

责任编辑：闫娟　李肇晗　　　　责任校对：胡永立
封面设计：卜建辰　　　　　　　责任印制：史大鹏

“双一流”建设——高等教育拨款、科技创新与人才培养
“SHUANGYILIU” JIANSHE——GAODENG JIAOYU BOKUAN、
KEJI CHUANGXIN YU RENCAI PEIYANG

中国财政经济出版社 出版
URL：http：//www.cfeph.cn
E-mail：cfeph@cfeph.cn

社址：北京市海淀区阜成路甲 28 号　邮政编码：100142
营销中心电话：010-88191522
天猫网店：中国财政经济出版社旗舰店
网址：https：//zgczjjcbs.tmall.com
中煤（北京）印务有限公司　各地新华书店经销
成品尺寸：170mm×240mm　16 开　14.5 印张　215 000 字
2024 年 1 月第 1 版　2024 年 1 月北京第 1 次印刷
定价：76.00 元
ISBN 978-7-5223-2731-0
（图书出现印装问题，本社负责调换，电话：010-88190548）
本社质量投诉电话：010-88190744
打击盗版举报热线：010-88191661　QQ：2242791300

前　言

党的二十大报告指出，教育、科技、人才是全面建设社会主义现代化国家的基础性、战略性支撑。必须坚持科技是第一生产力、人才是第一资源、创新是第一动力，深入实施科教兴国战略、人才强国战略、创新驱动发展战略，开辟发展新领域新赛道，不断塑造发展新动能新优势。加快建设中国特色、世界一流的大学和优势学科，建设高等教育强国，为科技创新、人才培养夯实基础。本书的研究从基本理论、实证分析、国际经验借鉴与发展对策的方面展开。

第一章探讨“双一流”建设与高等教育拨款、科技创新和人才培养的关系。“双一流”建设的现实诉求包括多样化诉求与教育质量诉求，“双一流”建设的价值选择涵盖差异性教育公平、高质量教育公平、公平与效率的兼顾。高等教育拨款是“双一流”建设的物质基础，为“双一流”建设提供资金保障，监督“双一流”建设的运行，守护着“双一流”建设的公平性。科技创新是“双一流”建设的应有之义，人才培养是“双一流”建设的立命之本。

第二章对高等教育拨款展开实证分析。首先探讨重点高校政策与高等教育资源配置制度形成和发展的理论逻辑与实践逻辑，新中国成立后亟须建设独立完整的高等教育体系，不断调整外部管理制度与内部治理体系，高校外部管理从早期的中央集中管理，逐渐过渡到分级管理，又发展为以省为主，高校内部治理从党组制到校长负责制再到党委领导下的校长负责制，对高校“放管服”，提高高校自主权与发展的能动性。早期发展高等教育离不开政府的支持，在资源有限的情况下，只能集中有限资源优先发展部分高校，进而带动其他高校共同发展。政府投入为中国高等教育发展夯实了物质基础，高等教育发展进入大众化、普及化阶段，须调整高等教育结构，建设优势高校，而调整高等教育结构需让社会参与其中，才能更好地发挥政府的引导功效。高等教育资源的任何一种配置方式，都是高等教育发展资源本身配置的结果：精英式高等教育与公办高校决定了单一的政府投入制度，为提升高等教育质量，模范带动后进，以单位为主体进行资源配置；而大众化、普及化高等教育与公私混合办学体制，则应以政府投入为主体、多种社会主体共同参与高等教育资源配置，为让一批高校与学科进入世界一流，需以项目的形式进行资源配置。其次进行高等教育拨款方式改革的准自然实验证据检验，中国高等教育发展进入新时代，推进高等教育的高质量发展刻不容缓，仅从高校视角探讨中国高等教育的未来发展趋势不够全面，从政府角度出发，探讨政府和高校预算博弈过程，分析政府高等教育预算改革目标怎样经由其顶层设计而实现，并以高等教育拨款方式改革作为案例，采用双重差分法对政府顶层设计的过程及其实施效果进行实证检验。研究显示，政府在顶层设计的基础上，根据对高校行为的洞察与判断，适时调整经费拨款方式，推动着改革目标的逐步实现。这为理解改革开放后的府学高等教育预算博弈提供了新的视域。最后进行新一轮“双一流”建设高校的高等教育拨款实证分析，为建设世界一流高校与一流学科，打造高等教育强国，增强高等教育国际竞争力，政府对高校投入大量财政拨款，政府高等教育财政拨款政策会带来高校竞争力提升吗？研究基于新一轮“双一流”建设高校的微观数据和中国教育经费统计数据，对政府高等教育财政拨款政策的激励效应及其实现机制展开探讨。研究结论显示，政府对高校的财政拨款提升了高校竞争力，增进了高校的科研与人才培养产出。研究发现，获得政府财政拨款的高校有两类行为响应，一类是，获得拨款的高校采取了积极行动，显著增加了科研产出、人才培养产出；还有一类是，高校确实采取了行动，但科研产出和人才培养产出增加不明显，这种不同状况可能与高校的竞争意识与行动有关。

第三章开展高校科技创新能力诊断性实证分析。首先进行基于 S－SEM 的高校科技创新能力影响因素分析，地方高校科技创新能力属于多因素交互作用复杂社会体系，存在空间溢出效应，构建了地方高校科技创新能力影响因素的空间结构方程模型，从科技创新主体、科技创新要素、科技创新政策、内部经济环境、外部经济环境、专利申请、技术转让交互作用视角下实证分析地方高校科技创新能力影响因素与作用路径。根据研究提出政策建议：适当管控外资规模，对有技术壁垒的外资进行限制，提高外资实际使用效益；改进现有地方高校科技创新能力评价与激励机制，施行多元化与市场化的科技创新能力评价体系；构建政府主导的地方高校科技创新公共平台，实现科技创新的信息沟通、产学研合作、成果供求匹配等；加大教育科技投入力度，打造良好的科技创新环境，培养更多的科技创新人才。其次进行职务科技成果权属改革试点高校的实证分析，从理论层面剖析职务科技成果权属配置在使用权、收益权、处置权等三个维度对科技成果转化效率的影响，并基于科研人员职务科技成果所有权或长期使用权试点高校 2017—2021 年数据，运用综合指数法建构科技成果转化效率指数，量化分析职务科技成果权属配置对高校科技成果转化效率的影响。研究发现优化职务科技成果权属配置能显著提升职务科技成果转化效率，而且职务科技成果权属的优化配置对职务科技成果转化效率存在显著异质性影响；优化职务科技成果配置能够有效提升相邻地区高校职务科技成果转化效率，职务科技成果权属确权度在区域间的交互推动邻近地区职务科技成果权属合理配置，引发成果高效转化。

第四章探讨高校人才培养发展机制。首先基于人才培养模式冰山理论开展 CET@I 案例分析，提出人才培养模式冰山理论，解释了为什么成功的人才培养模式难以复现这一管理学难题。指出人才培养模式包含显性知识与隐性知识，需采用系统科学的方法对其展开探讨。人才培养模式画布等方法只适用于分析显性知识，忽视了隐性知识对于分析人才培养模式的重要性。提出用于分析人才培养模式隐性知识的 CET@I 方法论，将人才培养模式置于其所处学科、社会环境与科技发展中，是与高校自身条件匹配集成的复杂系统；应用 CET@I 方法对 H 高校 C 学院人才培养模式展开案例分析，给出我国高校人才培养模式创新的启示。其次基于自组织理论探讨国际化人才培养模式，国际化人才培养发展已成为推动高校人才培养结构调整的有效手段。研究使用自组织理论探讨了高校国际化人才培养发展的原理。高校国际化人才培养体系具备自组织耗散结构特质，这是国际化人才培养发展的前提条件；同时高校国际化人才培养体系的特点、信息技术的创新、谋求范围经济、教育需求升级、政策导引等五个序参量的协同是推进中国高校国际化人才培养发展的动力，在高校国际化人才培养发展进程中发挥着重要作用。基于此，提出高校国际化人才培养发展的推进路径：促进形成国际化人才培养新模式、加大高校国际化人才培养政策落实和组织协调力度、鼓励高校国际化人才培养重点模式的发展、加快高校国际化人才培养和信息技术的交融，以为高校国际化人才培养领域与相关行业共同发展提供理论借鉴。最后进行新一轮“双一流”建设高校人才培养的实证分析，探讨“双一流”建设对人才培养的影响。从规模上看，“双一流”建设对人才培养具有夯实效应，“双一流”建设指数每增加 1 个单位的标准差，人才培养数量增加 0.183%。从质量上看，“双一流”建设增强了高层次人才培养。这反映出“双一流”建设推动了人才培养升级。且弱证据显示，“双一流”建设增加了对理工科人才的培养，减少了对人文社科人才的培养。机制检验发现，高校在“双一流”建设过程中通过增加学科授权点提高了人才培养规模。“双一流”建设的人才培养夯实效应主要是由组织维度的“双一流”建设引起的。研究不仅拓展了“双一流”建设的人才培养成效的文献，还丰富了“双一流”建设对人才培养冲击的研究。

第五章阐述一流高校、一流学科建设的国际经验。首先探讨德国高等教育拨款，德国的“卓越计划”资源配置中关注卓越集群、卓越大学的建设，实行严格的退出机制，且设有缓冲机制，取得显著成效，吸引科研人员的回流，提升高校竞争意识，推动德国高校走在世界科技前沿领域。对我国“双一流”建设带来一定启示，一流高校、一流学科离不开资金的支持，错位发展是正道，高等教育整体实力是王道，文武双全是出路，重视人才培养和本科教育，鼓励高校与研究机构、企业多元合作。其次分析美国高校职务科技成果管理，美国高校在科技成果转化方面处于全球一流水平。宽松的政策环境、强劲的科研实力，更有专业化管理组织与服务体系，推动着美国高校科技成果转化在全球一骑绝尘。通过对美国高校技术经理人协会统计数据及技术转化案例的综合分析，总结了美国高校科技成果管理体系社会化、专业化、组织化的发展态势，并基于美国高校技术转化实践经验对中国高校职务科技成果管理体系建设提出建议：（1）重视社会化科技成果管理需求，建立社会化科技成果管理体系；（2）制定职业认定标准，培养专业化科技成果管理人才队伍；（3）构建有效的激励机制，鼓励科技成果转化。最后阐释伦敦政治经济学院国际化人才培养的定位与实践，伦敦政治经济学院作为社科类高校，在国际化人才培养中取得卓越成就，这与其服务国际社会的定位、科研无国界的理念和国际化的课程、生源、师资与就业实践密不可分。我国财经类高校的发展可从中得到一定启示，人才培养要放眼国际社会需要，树立国际化的科研观，践行人才培养的国际化，建设国际化的课程体系，增加对国际学生的吸引力，打造胜任国际化人才培养职责的师资队伍，推动毕业生的就业无国界。

第六章阐明“双一流”建设的路径选择。一要构建动态调整的高等教育拨款机制，加强财政高等教育拨款的法律保障，基于生均综合定额，每年依照消费者价格指数的变动对高校生均拨款进行动态调整，对不同类型高校进行分类评估，根据评估结果调整拨款的规模与结构。二是建设“一体两翼”的科技创新能力提升机制，以“双一流”建设高校为主体，以科技创新能力提升和科技创新资源保障机制优化为两翼，增进产学研政合作，夯实科技创新基石，大力进行科技创新投入，拓展科技创新产出，对接地区经济社会发展需要，增进服务社会能力。三是夯实特色化的人才培养战略规划，明确人才培养目标，特色化、差异化发展，关注学科发展，有效开展专业布局与专业建设，打造兼顾教学与科研的师资队伍，改革高校体制机制。

目　录

第一章

“双一流”建设与高等教育拨款、科技创新和人才培养的关系

第一节 “双一流”建设的现实诉求与价值选择

2015 年 10 月国务院《统筹推进世界一流大学和一流学科建设总体方案》明确“双一流”建设要坚持一流的目标，学科为发展的基本，绩效作为撬动发展的杠杆，通过改革不断前行，以推动一批高水平大学和高水平学科发展为世界一流大学、一流学科，瞄准高等教育强国的建设，以培养拔尖创新人才、提升科学研究水平、推进成果转化为任务。2017 年 1 月，针对“双一流”建设高校在人才培养、科学研究、社会服务方面的遴选条件与公平公正、开放竞争的认定遴选流程，教育部、财政部、国家发展改革委颁布《统筹推进世界一流大学和一流学科建设实施办法（暂行）》，指出可参考第三方评估结果，确定下一轮“双一流”建设范围。2017 年 9 月，教育部、财政部、国家发展改革委公布了《世界一流大学和一流学科建设高校及建设学科名单》，确定了

42所高校开展一流大学建设与95所高校开展一流学科建设。2018年8月教育部、财政部、国家发展改革委公布《关于高等学校加快“双一流”建设的指导意见》，强调要注重资源的有效集成与配置，提高科学研究水平，形成高水平人才培养体系。2021年3月教育部、财政部、国家发展改革委印发《“双一流”建设成效评价办法（试行）》，明确“双一流”建设成效评价要凸显中国特色，突出世界一流，着重于培养社会急需的一流人才、产出一流科研成果，积极主动地服从服务于国家社会需求，克服“唯论文、唯帽子、唯职称、唯学历、唯奖项”的弊端，以中国特色“双一流”建设成效评价体系引导高校与学科争创世界一流。2021年12月教育部、财政部、国家发展改革委《关于深入推进世界一流大学和一流学科建设的若干意见》指出，要完善高质量人才培养体系，壮大科研创新能力，完善稳定支持机制，引导多元投入。根据第一轮“双一流”建设情况，依照总体稳定、优化调整原则，2022年教育部、财政部、国家发展改革委《关于公布世界一流大学和一流学科建设高校及建设学科名单的通知》公布了第二轮“双一流”建设高校及建设学科名单，共有建设高校147所，服务世界重要人才中心与创新高地建设，新增山西大学、南京医科大学、湘潭大学、华南农业大学、广州医科大学、南方科技大学、上海科技大学等7所高校，建设学科中数学、物理、化学、生物学等基础学科布局59个，工程类学科180个，哲学社会科学学科92个，北京大学、清华大学自行公布自主建设的学科。

一、“双一流”建设的现实诉求

在我国高等教育进入普及化发展时期之后，“双一流”建设面临不同以往的问题与诉求。

（一）多样化诉求

高等教育不仅要服务于社会发展，也要服务于个人的自身发展，实现个人价值与社会价值的融合。所有高等教育政策都需以此为价值基础，“双一流”建设也不例外，“双一流”建设的首要职责为立德树人，人才培养是“双一流”建设的出发点与落脚点，建设中须全面考量个人的发展诉求，为每个学生的发展提供最优选择。个体之间存在差异，要实现个体的最优发展，就要为不同资质的学生提供多种选择，从而实现机会和才能的匹配，这才是真正的教育公平。

（二）教育质量诉求

我国高等教育从1999年实施扩招政策，扩张招生规模，提升办学层次，增加学科专业设置，以解决人们不断增长的高等教育需求与高等教育资源有效供给不足间的冲突，让更多人能够接受高等教育服务，推动高等教育进入普及化阶段，2021年，全国高等教育在校生总规模4430万人，高等教育毛入学率57.8%。但人们不仅希望能接受高等教育服务，还希望接受高质量的高等教育，虽然我国部分高校和世界一流大学的差距越来越小，但远不能满足社会成员对优质高等教育的需要，与高等教育发达国家相比，我国优质高等教育资源仍显不足，据2022年美国US NEWS世界大学排行榜统计，在排名前100的高校中，只有4所属于我国（大陆2所，香港2所），而美国、英国和澳大利亚入围高校数量分别是43所、11所和8所①。与我国高等教育适龄人口规模相比，优质高等教育资源远远不能满足需要，更多人群选择出国留学，2021年我国出国留学人员总数为70.35万人，我国现在是全球最大留学生输出国。因此，提升教育质量水平是打造我国优质高等教育资源的唯一方式，也是增进高等教育效率的基本目标。

二、“双一流”建设的价值选择

“双一流”建设，需要厘清公平的实质，理顺公平与效率间的关系。

（一）差异性教育公平

优质教育资源具有稀缺性，即使是高等教育发达国家也不例外，我国作为发展中国家也是如此。因此政府在配置高等教育资源时难以实现彻底平等，这种局面取决于我国国情，也体现着差异性教育公平，在高等教育实践中，绝对的教育公平只是一种理想境界，只能实现相对的教育公平，因人、因时、因地而有所差别，保证多数人的公平，无论出身、地位与社会阶层，确保在能力条件下的机会均等。截至2021年9月30日，我国普通高等学校共有2756所，

---

① US News. 2022 Best Global Universities [EB/OL]. https://www.usnews.com/education/best-global-universities.

其中本科院校1270所，专科院校1486所，已形成了类型多元、层次不同的高等教育系统。若政府只把优质教育资源配置给研究型高校，有悖于能力条件下的机会均等，其他高校为争取资源配置中的机会均等，只能努力跻身研究型高校，造成高校的同质化发展，出现教育资源浪费，所培养的人才单一，与多元化市场需求不符的局面，降低了高等教育服务效率，最终损害了教育公平。

当前“双一流”建设高校主要是研究型高校，须将“双一流”建设扩展至非研究型高校，提供多元高等教育服务，以适应不同学生发展需求，才可实现真正的教育公平。要实现差异性教育公平，须建设不同类型的“双一流”高校。我国高等教育资源配置中，高校类型不同，获得的教育资源也不同。从国家财政性教育经费配置看，央属普通本科高校的经费高于地方普通本科高校，普通本科高校的经费高于普通高职高专学校，要加大对高职高专的财政投入，还要对部分有特色的高职高专进行重点投入。现在正在进行的“双高计划”，属于高职高专的“双一流”建设，以带动其他高职高专的发展，让各类高校都有自己的领头羊，在建设各类“双一流”高校时，要根据各类高校的质量水平进行合理的资源配置，并采用科学方法对高校的质量水平进行测度。

（二）高质量教育公平

在高等教育普及化阶段，接受高等教育的机会越来越多，机会增多的同时，人们对高等教育也从量的需求转向对质的要求，寻求获得高质量的高等教育机会，实现高质量的教育公平。“双一流”建设担负着建设高等教育强国的职责，也肩负着带领其他高校共同发展的职责，核心职责是提升教育质量，这是实现高质量公平的方式，也是增进高等教育效率的核心任务。提升质量作为高等教育内涵式发展的目标，关系着高等教育效率的达成。

“双一流”建设的质量标准，要落在人才培养质量上，不仅要符合一般的质量要求，也要达成具体的人才合格标准，实现教育质量的统一性与多样性的融合。培养学生社会责任感、法治意识、创新精神与实践能力，不仅要培养一流的研究型人才，还要培养一流的工程师、管理人员、技术人才与具有创新能力的实践型人才。

（三）公平与效率的兼顾

高等教育发展中，要在公平与效率之间找寻适合的平衡方案，高等教育的公平与效率间存在博弈关系，在高等教育实践中公平与效率出现冲突时，须就共同目标达成兼容。

我国是高等教育大国，但非高等教育强国，要建成富强民主文明和谐美丽的社会主义现代化强国，离不开高等教育的助力。因此，要建设一批一流大学与一流学科，政府举全国之力集中资源进行“双一流”建设，正是教育效率的体现；我国高等教育普及化发展中，寻求教育机会平等与更高质量的教育服务，是教育公平的体现。教育公平与教育效率的着眼点都在教育质量上，有质量的公平和有质量的效率是公平和效率的共同目标，两者不分先后主次，是并重关系，相互促进，互为因果。在相对公平的环境下才更能激荡高校内生动力，发挥资源配置的最佳效益，显著提升高等教育质量，建成世界一流高校与一流学科。

第二节 高等教育拨款是“双一流”建设的物质基础

高等教育经费指各种社会主体（涵盖政府、个人、家庭、社会团体）投入到高等教育活动中的资金，政府的高等教育拨款只是其中的一部分，涵盖教育事业拨款、科研经费拨款、基建拨款（包括教育基建与部门基建支出中用于高校的经费）、其他经费拨款（涵盖专项拨款与非专项拨款），来自政府财政高等教育预算，各级政府征收用于高等教育的税、费，企业办学的高等教育经费，高校办产业、勤工助学与社会服务收益中用于高等教育的资金。

高等教育承担培养人才、提高人力资本、科技创新、文化传承的职能，具有一定的非排他性和非竞争性，属于准公共产品，其成本由政府与受益者共同负担。“双一流”建设作为高等教育的重要内容，政府高等教育拨款对“双一流”建设发挥着保障、监督与守护作用。

一、高等教育拨款为“双一流”建设提供资金保障

我国高等教育资源配置属于国家主导型模式，高等教育资金来源中财政拨

款大大超过其他资金来源，财政拨款是我国高等教育正常运转和飞跃发展的主动力。即便在高等教育更为包容与开放的当今，政府始终都是我国高等教育发展的最大支持者与投资者。政府承担了大部分高等教育成本，也承担了主要的“双一流”建设成本，在源头上保证高等教育运行、“双一流”建设的资金充分供给。我国的高等教育强国、人力资本强国、科技强国战略，以及以追赶世界一流大学为目标的“双一流”建设，都显示着国家建设高质量、高水平的高等教育的决心与恒心。

二、高等教育拨款监督着“双一流”建设的运行

政府投入大量资金确保高等教育正常运作，确保“双一流”建设的正常开展，对包括高等教育拨款在内的所有高等教育资金的使用进行监管、评价，以确保高等教育资金使用的效率、效益与效果，推动高校持续输出高质量科研产出，持续培养高质量的人力资本，促进“双一流”的高效建设。

三、高等教育拨款守护着“双一流”建设的公平性

“双一流”建设中注重“能者上”，及时进行动态调整，高等教育拨款配置到资金使用效益高的高校，避免了高校身份固化，形成你追我赶、生机勃勃的发展局面，带动各地高校共同发展，缩小地区间高等教育发展差异，推动高等教育整体发展水平的提升，实现“双一流”建设的过程公平和结果公平。

第三节 科技创新是“双一流”建设的应有之义

世界正在经历新的发展变革，当今科技革命正在对世界进行重新塑造，东西方国家的实力对比处于变动之中，国家间面临日益严峻的竞争。

驱动世界发生重大变革的根本力量是科技力量与产业革命。新一轮科技革命与产业变革正在重新构造世界各国实力架构、再造世界政治经济格局，改革开放后我国抓住第三次科技革命机遇，成为中等收入偏上国家中科技创新能力

最强的国家。当前数字经济欣欣向荣，新一轮科技革命蓄势待发，以人工智能为首要内容的数字经济正在推动社会的急剧变革，我国在一些科技领域处于世界前沿，具备了一定的领先优势。我国正处于最好的发展时期，在新一轮科技革命与产业变革中作好充分准备，若能攫取第四次科技革命带来的千载难逢的历史机遇，就能实现弯道超车、民族振兴，拥有世界一流的技术和产业，掌握数字经济发展中的主导权。

新一轮科技革命与产业革命引爆了大国之间的全面竞争。中美贸易战、美国对我国高科技公司的围追堵截、在中美高校间的合作设置重重障碍、对中美人才交流合作种种限制表明，我国要在竞争与发展中确实获取主动权，就一定要实现在重大科学问题的突破，在关键技术上取得成就。产业革命是经济社会发展动力的升级换代，其中发挥作用的是科学创新与技术引领，发达国家在基础研究与科技创新上居于世界前列，其高校发挥着重要作用。加强顶尖高校、高水平学科的建设，才能增强科技创新源泉供应，打造科技创新的发源地，发现基础科学的运转规律，开拓应用科学技术前沿，掌握经济可持续发展的领先优势。我国高校作为基础研究的重要生力军，开展科技创新的主战场，实现技术突围的策源地，作为源头在科技创新的提供上有着取之不尽用之不竭的巨大潜力。“双一流”建设，就是要让高校发挥科技创新的先导作用，为建设科技强国争得领先优势。

第四节 人才培养是“双一流”建设的立命之本

在“双一流”建设背景下，面向国内国外的人才培养具有重要意义。我国是紧随美国之后的世界第二大经济体，有不少领域处于世界前沿行列，比如光伏产业、轨道交通行业等，对高素质的管理人才和技术人才需求巨大，优质高校承担着为各个行业领域输送优质人力资本的职责，“双一流”建设可确保人才培养的质量，对我国建设社会主义现代化强国有着深远的意义。

高等教育国际竞争日趋激烈，全球各国都在争取优质生源，美国国际教育学会（Institute of International Education，IIE）发布的2021年《门户开放报告》（Open Doors 2021 Report）显示，尽管受新冠疫情影响，2020/21学年美国国际学生人数同比下降了15%，但仍有914095名，美国高校仍是国际学生海外留学的首要目的国。中国连续第12年成为美国最大的国际学生来源国，2020/21学年有317299名中国学生就读于本科、研究生、非学位与选择性实践培训（Optional Practical Training，OPT）项目，虽然比2019/20学年减少了14.8%，但仍占到美国全部国际生数量的34.7%，其次是印度、韩国、加拿大、沙特阿拉伯、越南、中国台湾、巴西和墨西哥，中国学生总数是印度学生的2倍，是韩国学生的8倍。

中国也发展为全球重要的留学目的国之一，且中国已经是亚洲排名第一的留学目的国，来华留学规模不断扩大。2018年来华留学生人数达49万余人，其中，亚洲学生占比为59.95%，非洲学生占比为16.57%，欧洲学生占比为14.96%，美洲学生占比为7.26%，大洋洲学生占比为1.27%。来华留学生数量最多的15个国家分别为：韩国50600人，泰国28608人，巴基斯坦28023人，印度23198人，美国20996人，俄罗斯19239人，印度尼西亚15050人，老挝14645人，日本14230人，哈萨克斯坦11784人，越南11299人，孟加拉国10735人，法国10695人，蒙古国10158人，马来西亚9479人。在华留学生中接受学历教育人数占比为52.44%，其中硕士和博士研究生占比32.95%，接受非学历教育人数占比47.56%。

随着打造“留学中国”品牌目标的提出和“一带一路”教育行动的开展，来华留学生生源结构日趋优化，学历生比例不断走高，学科分布更加合理。2017年，中国出国留学人数首破60万大关，持续保持世界最大留学生生源国地位。2017年来华留学的外国留学生达48.92万人，他们来自204个国家和地区，就读于全国935所高等院校。

生源的全球争夺既涉及高等教育发展，也关系到我国“一带一路”倡议、外交政策及文化传播等。对国际学生的吸引，不能只靠低收费与奖学金，还要经由“双一流”建设提高人才培养水平，才能推动我国高水平大学在全球的知名度与竞争力。

国家日益重视人才培养，自“双一流”建设开始，政府和高校就在人才培养上不断发力，着力打造一流的本科教育体系，注重立德树人，培育德才兼备、全面发展的社会主义建设者与接班人，走自主人才培养的道路，加快建设世界重要人才中心，立足于基础学科人才培养，成建制地在协同育人上实现新融合，统筹规划科教资源，推动融合贯通式人才协同培养，在国际人才交流合作上不断开拓进取，依托基础学科拔尖学生培养基地，打造基础学科人才培养试验区，构建个性化人才培养机制，探索人才培养的长周期评价机制，加快发展基础学科拔尖人才自主培养中国范式，为中国繁荣昌盛、中国梦的实现提供坚实的人才保证。

第二章

高等教育拨款的实证分析

第一节　重点高校政策与高等教育资源配置制度形成和发展的理论逻辑与实践逻辑

新中国成立之后，我国高等教育经历了中央集中管理与央地分散管理时期，历经70多年的发展，建立了公办为主、民办为辅、高校与社会多种形式合作办学为补充，政府投入为主、多渠道投入方式并存，有中国特色的高等教育体系。习近平总书记强调：我国独有的历史、文化、国情，决定了我国高等教育要走自己的发展路径，扎实办好有中国特色的社会主义高校。《中共中央关于党的百年奋斗重大成就和历史经验的决议》对高等教育发展作出科学评判，要支持高等教育内涵式发展，就须深入探讨我国高等教育管理体制、“双一流”建设方案等重点高校政策、资源配置制度形成发展的理论逻辑与实践逻辑。

一、改革开放前后两个历史时期的高等教育管理体制

高等教育管理体制包括国家对高校的外部管理及高校内部管理的体制。内外部的管理体制共同推动着高等教育的发展，高校的进步，但在发展中也存在着曲折和波动。

（一）新中国成立之初的高等教育管理体制

新中国成立后，为有效管理全国高校，1950 年 7 月政务院颁布《关于高校领导关系的决定》，明确全国高校受中央人民政府教育部的统一领导，各大行政区人民政府或军政委员会或文教部负责领导本区高校。政府着手打造集中统一的高等教育管理体制。1952 年 11 月，中央人民政府委员会第十九次会议明确设置高等教育部。1953 年 5 月，政务院公布《关于修订高校领导关系的决定》，明晰高等教育部对全国高校进行统一和集中的领导。对恢复正常高等教育教学秩序，满足国民经济发展需求，起到积极功效。但 1956 年后出现过于强调高校统一的事业体制、计划体制与财政体制，干扰了各业务部门与地方发展高等教育的能动性。为调动各方积极性，1958 年 3 月，中共中央下达《关于高等学校和中等技术学校下放问题意见》，明确仅少数综合性高校、一些专业院校依然受教育部或中央有关业务部门直接领导，其他高校都交由省、市、自治区领导。1958 年 8 月，中共中央、国务院发布《关于教育事业管理权力下放问题的决定》，改变过去中央对高校垂直集中管理体制，要求中央集权与地方分权相融，地方也要承担起对高校的管理职责。但中央放得过多，地方发展高校过于冒进，高等教育质量就难以保证。1963 年 5 月，中共中央、国务院颁发了《关于加强高校统一领导、分级管理的决定（试行）》，明确中央对高校的统一领导，中央与省实施高等教育两级管理制度，教育部为中共中央与国务院直接导引下管控全国高校的行政部门，中央各业务部门配合教育部分工治理部分高校。省级政府与所属教育部门在地方党委导引下，依照中央的规制，在中央授权下开展行政管理活动，直接管制部分高校，并受教育部领导；省级有关业务部门配合教育部门分工管控与本部门业务相关的高校，并受中央有关业务部门的导引。形成全国高校在中央统一领导下，由中央部委和省两级管理的高等教育体制，加强了国家对高等教育的宏观治理，也调动了各方

共同参与发展高等教育的积极性。“文化大革命”期间，高校也成为“革命”的对象，管理权限再次由中央下放给地方。1966 年 6 月，中共中央批复教育部党委《关于改进 1966 年高校招生工作的请示报告》，把招生职责下放给大区或省级政府。1969 年 10 月，中央下达《关于高校下放问题的通知》，中央只直接管理国务院各部委所属的在北京的少数高校，北京大学、清华大学等多数高校都下放给省级政府管理，还撤销或合并了一些高校。1971 年，全国原有的 434 所高校中，只剩 328 所高校还在办学。1966—1975 年，教育部也撤销了，高校没有主管部门，欠缺宏观领导，高等教育管理处于混乱状态。

新中国成立伊始，我国学习前苏联的高校内部管理模式，高校采取党组制，校党委不直接领导高校行政事务。1950 年 8 月，政务院许可施行的《高等学校暂行规程》指明，高校实施校长负责制，在校长领导下设立校务委员会。1956 年 9 月，党的八大通过的党章明确中国共产党的组织原则是民主集中制，即为民主基础上的集中与集中指导下的民主，上级组织对下级组织有绝对领导权，党委为高校管理全校党的工作的组织，是高校内各个部分党的组织的上级组织，是高校党的最高领导机关，明确党委在高校中的领导地位。1961 年 9 月，中共中央准许的《教育部直属高等学校暂行工作条例（草案）》（“高教六十条”）明确，施行党委引领下的校长为领头人的校务委员会负责制，做好后勤工作，为高校教学与生活提供物质保障，调整党的领导作风与领导方式，强化思想政治工作。1971 年 4 月，全国教育工作会议的《全国教育工作会议纪要》明确高校实行党的一元化领导下的革命委员会制，即为党委领导下以工人毛泽东思想宣传队为主的革命委员会负责制，用政治运动取代了正常规范的教学科研工作，造成高等教育事业失落的十年。

（二）改革开放后的高等教育管理体制

“文革”结束后，高等教育不断恢复与发展。中央重新明确了高等教育的统一领导、分级管理的管理体制。1978 年 2 月，国务院转发《教育部关于恢复和办好全国重点高校的报告》，要求拥护党的领导，发挥中央与地方的积极性，推动高等教育教学和科学研究快出成绩，对全国重点高校施行统一领导、分级管理。1979 年 9 月，中共中央转发教育部《关于建议重新颁发〈关于加强高校统一领导、分级管理的决定〉的报告》，在高校中恢复了统一领导、分级管理的制度，国务院各部委和各省对各自所属高的领导管理关系进行了调整。国务院各部委增强了对重点高校的领导，增加了所属高校数量。

1981 年全国共有 704 所高校，教育部直接管理 38 所高校，国务院其他各部委管理 226 所高校，省级政府管理 440 所高校。但统一领导、分级管理的体制也存在一定缺陷，如中央对高校事务管得过多过细，地方对高校发展没有积极性，高校自身也难有发展活力。1984 年 10 月、1985 年 3 月，中共中央先后下发《关于经济体制改革的决定》《关于科技体制改革的决定》，相应要求改革高等教育管理体制。1985 年《中共中央关于教育体制改革的决定》明确高校办学体制采用中央、省、中心城市三级办学体制，从国家计划统一招生、国家包毕业生就业分配转变为国家计划招生、用人单位委托招生、国家计划外招收自费生、毕业生自主择业，扩大了高校办学自主权，高校可自主调整专业建设内容，开展产学研的对外合作，开始发展民办高等教育，一些高校采用多方投资、共同治理的运作方式。1986 年 3 月国务院公布《高等教育管理职责暂行规定》，明确国家教育委员会、国务院有关部门、省级政府各自负责管理所属高校，基本确立了统一领导、分级管理的高等教育体制。1992 年，党的十四大确定我国要构建社会主义市场经济体制，条块分割的高等教育管理体制也需要调整以顺应经济体制转轨要求。1993 年 1 月，国务院批复国家教委《关于加快改革和积极发展普通高等教育的意见》，指出高等教育管理体制要逐步施行中央和省两级管理、两级负责的制度。改变过去国家包揽高等教育的单一体系，从国家集中计划、政府直接管理转为国家统筹管理、高校在社会中自主办学的制度。1993 年 2 月，中共中央、国务院颁布《中国教育改革和发展纲要》，要求理顺政府和高校、中央和地方、国家教委和中央各业务部门间的关联关系，构建国家宏观调控、高校自主办学的机制。1995 年 7 月，国务院办公厅批转国家教委《关于深化高等教育体制改革的若干意见》，指明高等教育管理体制革新的愿景是：形成举办者、管理者与办学者各司其职，财政为主多来源经费投入，中央与省级政府两级管理、分工负责，以省级统筹为主，条块有机融汇的架构。主要是改革高校单一的隶属关系，强化省级政府的统筹管理职责，从条块分割转为条块有机融汇，经由合作、共建、合并、协作与划转等方式进行变革。1997 年 9 月党的十五大提出整合高等教育结构，加快高等教育管理制度革新，合理安排部署高等教育资源，提升高等教育品质与运作效益，国家教委于1998年1月举办的全国高等教育管理体制变革沟通会上，李岚清指出高等教育管理体制变革要推行共建、调整、合作、合并的方式。1998年8月，第九届全国人大常委会第四次会议批准《中华人民共和国高等教育法》，明确国务院统一领导管控全国高等教育事业，省级政府统筹协调本地高等教育事业，治理所管辖高校，为地方培育所需人才。教育部主管全国高等教育工作，治理所管辖高校，为全国培育人才，教育部负责审批高校的设立，省级政府在国务院授权下，可审批专科院校的设立。高校自主办学，施行民主治理。1999年6月，中共中央、国务院下发《关于深化教育改革，全面推进素质教育的决定》，提出推进简政放权，扩展省级政府管控本地高校的权限，接着采取共建、调整、合作、合并的形式，调整高等教育管理体制与布局结构，形成中央与省级政府两级管理、以省为主的管理制度，合理部署高等教育资源，提升高等教育品质与办学成效，省级政府在国务院许可下，管理高等职业技术学院与专科院校。2007年党的十七大提出打造人力资源强国的重大发展战略，2010年《国家中长期教育改革和发展规划纲要（2010—2020年）》提出政校分立、管办分离，落实高校自主办学权。2014年全国教育工作会议明确要转变政府职能、打造全面系统、规范有序的制度体系。2015年《教育部关于深入推进教育管办评分离 促进政府职能转变的若干意见》明确指出，高等教育治理要形成政府依法管控、高校依法自治、社会依法参与和监管的架构。2017年10月，中共中央办公厅、国务院办公厅公布《加快推进教育现代化实施方案（2018—2022年）》，要求在高等教育领域“放管服”，简政放权、放管融合、革新服务，推进政府职能转变，构建政府、高校、社会多方参与的协同治理制度，以推动高等教育现代化。“十四五”规划（2021—2025年）和2035年远景目标纲要强调推动高等教育分类管理，实施高校综合变革，分类打造一流高校与一流学科，支持高水平研究型高校的发展。构建高品质的本科教育，推进部分普通本科高校转为应用型高校，打造学科专业动态调整机制与特色发展导引体制。

1978年教育部颁布《全国重点高校暂行工作条例》，明确高校的领导体制，是党委领导下的校长分工负责制，高校的党委会是中国共产党在高校的基层组织，是高校工作的领导核心，对高校工作进行统一领导。党的十一届五中全会后，高校普遍开始探索内部领导体制的革新。1980 年 3 月，中央组织部、教委党组公布《关于加强高校领导班子建设的意见》，1983 年 5 月，中宣部、教委党组发布《关于高校领导班子调整工作的几点意见》，都明确了党委在高校工作中的功效，逐渐淡化党委在高校的作用。1983 年，教委颁布《关于调整改革和加速发展高等教育若干问题的意见》，要求加强校长的作用。1990 年中共中央发布《关于加强高校党的建设的意见》，明确实行党委领导下的校长负责制。1996 年中共中央指明，高校实施校长负责制，校长领导下设立校务委员会。1998 年的《中华人民共和国高等教育法》指明，国家举办的高校施行中国共产党高校基层委员会领导下的校长负责制。为打造高等教育强国，构建现代高校制度，健全高校内部治理结构，2010 年的《国家中长期教育改革与发展规划纲要（2010—2020 年）》提出要打造具有中国特色的现代高校制度。2010 年 12 月底，教育部 28 所直属高校开展试点建设现代高校制度，改进校内部治理架构，革新高校内部管理机制，相继公布《高校章程制定暂行办法》《关于坚持与完善高校党委领导下的校长负责制的实施意见》《高校学术委员会规程》等。2014 年《中共中央关于全面深化改革若干重大问题的决定》提出要开展高等教育领域综合改革，变革高校管理方式，设立现代高校制度，对高校实施分类管理、完善高校章程、人事制度革新等。在教育管理部门的推进下，高校内部治理结构以党委领导、校长负责、教授治学、民主管理为核心，理顺了高校内部权力运作与监管机制。2018 年《中共中央关于深化党和国家机构改革的决定》指明高校要缩减编制，随自然减员不断减少编制，通过高校的非编制化管理，进行高校去行政化变革，高校不再是行政权力在高等教育上的延展，而是独立的法人实体，推进高校自主权的贯彻落实。2019 年中共中央、国务院颁布《中国教育现代化 2035》，明确要增强高校自主管理能力，健全高校治理结构。2021 年修订的《中国共产党普通高等学校基层组织工作条例》指明高校要全面施行党委领导下的校长负责制，高校党委会要独立、积极地统一领导高校教学、科研、行政管理等各项工作，巩固党在高校领导中的核心地位，完善党对高校的全面领导体制。

改革开放后，国家对高等教育的外部管理以省为主，但省与省之间财力、管理能力都有较大差距，不同省的高等教育发展水平也有别，高等教育内部治理则不断“放管服”，但政府对高校还是运用行政指示、资源配置对高校进行种种要求，以建设优质高等教育体系。

二、改革开放前后两个历史时期的重点高校建设方案

从新中国成立至1978年，我国高等教育先后实施国家集中直接管理—国家统一条块管理—由政府支持高等教育建设，抓重点，带全局。改革开放后，我国高等教育实施统一领导分散管理，形成了公办高校为主、公办民办协同发展，政府投入为主、社会广泛参与，建设国家队，带动地方队。重点高校建设方案的调整，取决于我国国情与高等教育所处发展阶段。

（一）高等教育发展初期须打造自己的高等教育体系，推进高等教育发展须集中国家资源开展重点建设

新中国成立伊始，有高校205所，其中公立高校123所，私立高校82所，在校生规模为11.7万人。高等教育规模不大，体系却很杂沓，高校布局混乱，科系错杂，管理失当，品质良莠不齐。1949年12月23日至31日，时任教育部部长马叙伦在全国第一次教育工作会议中指出高等教育要服务工农，服务国家生产建设。1950年周恩来在第一届全国高等教育会议上指出，要根据社会主义建设的需要，对高校进行整顿，先重点办一些典范高校，为其他高校的发展形成榜样。国家对高校进行社会主义改造，接收公立高校，将私立高校转公立高校。先建设中国人民大学和哈尔滨工业大学作为样板高校，在华东、华中、华北、东北、西北、华南、西南等大区分别重点建设一所高校，还在西安、云南、山东、闽南、南京、北京各次级大区分别重点建设一所高校，在国家第一个五年计划（1953—1957年）重点建设项目中仅有的高等教育项目，是1953年成立的中国人民解放军军事工程学院的建设。

1954年教育部《关于重点高校与专家工作范围的决议》，确定了中国人民大学等6所高校为全国重点高校，为国家生产建设培养高层次人才与科研人才，为高校培养高质量的师资，帮助其他高校的师资培养与教学工作，开展重点试验，为国家解决重大科研问题。重点高校政策的实施为国家战略发展培养了一批卓越人才，特别是工程技术方面的人才，支持了国家的国防建设、工业

化建设、生产建设，推动社会主义事业的发展。重点高校发挥了模仿带头功效，确保了本校的办学水准，提升了师资力量，改善了教学设备，也推动着其他高校的建设和发展。

1959 年 3 月，中共中央发布的《关于在高等学校中指定一批重点学校的决定》中指定北京大学、清华大学、哈尔滨工业大学、复旦大学、上海交通大学、天津大学等 16 所高校为全国重点高校，同年又追加了军事工程学院、通信兵学院、第四军医大学、中国协和医科大学等 4 所高校为全国重点高校。要求重点高校招收与培养研究生，培训高校教师，同其他高校在教材、教学经验上进行交流，服务于全国高等教育质量提升。当时国家财力有限，只重点建设了 20 所高校，这些高校主要是北京、上海的高校及军事院校。

1960 年 10 月，中共中央发布《关于增加全国重点高校的决定》，在原有 20 所重点高校基础上，新增 44 所高校，新增的高校主要是纺织、冶金、石油、钢铁、化工、水利等关系国计民生的行业专门高校，体现了当时计划经济、苏联专门教育的特质。1963 年，在 64 所重点高校基础上，又新增 4 所高校。全国重点高校担负着培养我国科学技术人才与理论人才的职责。这 68 所高校，除了国际关系学院之外，都进入了日后的“211 工程”，36 所高校进入了后来的“985 工程”。重点高校政策强调发展具有中国特色的高等教育，强调高等教育要效力于人民群众，效力于革命事业，要与生产劳动紧密融汇，教学计划、教学内容、教学方法都围绕生产劳作进行变革，提升了学生的综合素养，拉近了学生和社会的关联关系。且为迎合国家经济建设、国防建设的需要，较为关注多科或单科性工业高校的发展，人文社科领域则遭到忽视，重点高校实施党委领导，加强教学、科研上的思想政治引领，充分挖掘了师生的思想、教学、科研上的潜力，在人才培养、科学研究上为国家建设作出了贡献。

1961 年 1 月 26 日至 2 月 4 日，教育部在全国重点高校工作会议上提出，要拉紧战线，对重点高校进行确定规模、指定职责、指明方向、明确专业，集中力量确保重点发展。1961 年的“高教六十条”指出，高校要以教学为主，不断提升教学质量，推动不同学术流派的发展，增强学术研究水平。1963 年 6 月 26 日，《中共中央、国务院对高等学校领导、管理问题两个文件的批示》中明确，要全力办好重点高校，各省党委要积极行动，强化对本省高校的引导与治理。国家经由指定方式来管控重点高校的规模，整合重点高校的专业和教学方案，规范重点高校的教学活动，确保高等教育质量。推动重点高校构建了较为完善的教学管理制度，革新了教学计划、教学架构与教学方式，发展出特色专业，确保了人才培养的规模和品质，迎合国民经济事业发展的需求，稳定了教学秩序，调动了师生学习工作的能动性，推动高校的科研水平提升，尤其是国防科技取得了显著成果，发挥了重点高校的典范功效。如此培养的人才、打造的党政力量、创造出的物质资源，推动高等教育布局的改善，提升高校教学水准，为现代化建设夯实了基础，提供了人力保障。

（二）要实现内涵式发展需调整高等教育结构，坚持国家队、地方队齐头并进

1949—1978 年，我国高等教育基本都是公办高校，改革开放前高等教育完全依靠政府投资。截至 1977 年，我国仅有 404 所高校，在校生为 62.5 万人，毛入学率低于 1%。改革开放之后，1978 年 2 月教育部《关于恢复和办好全国重点高校的报告》，在原有 68 所全国重点高校中，除了中国人民大学等 8 所高校没被纳入，选出 60 所，另外新增 28 所，共计 88 所高校，明确为全国重点高校，其中综合类高校 16 所、理工类高校 51 所、农学类高校 9 所、医学类高校 6 所、师范类高校 2 所、外国语类高校 2 所、政法类高校 1 所、艺术类高校 1 所，后来又增补了 11 所全国重点高校。截至 1981 年，全国共有 99 所重点高校。

1983 年 5 月，大连工学院名誉校长屈伯川、南京大学名誉校长匡亚明、天津大学名誉校长李曙森、浙江大学名誉校长刘丹提出《关于将 50 所左右高校列为国家重大建设项目的建议》（称为“835 建言”），建议政府投资 50 亿元，重点建设 50 所高校，争取在 1990 年前把这 50 所高校建成具有世界高水平的多学科、综合性高校。1984 年 4 月，国务院批准教委、计委《关于将 10 所高校列入国家重点建设项目的请示报告》，将北京大学等 10 所高校纳入国家重点项目，国家在第七个五年计划期间（1986—1990 年）投入 5 亿元专项资金进行重点建设。1985 年还将中国政法大学纳入重点建设工程。1984—1985 年，国家计委、教委、国防科工委将 5 所国防院校纳入重点高校，在国防科研工业基本建设投资中统筹安排这 5 所高校的基本建设投资。

1984 年 8 月，教委发布《关于在部分全国重点高校试办研究生院的几点意见》，在22所全国重点高校中建立研究生院。1984—2000年，教育部先后在55所高校设置研究生院，世界银行贷款和其他经费重点向研究生院建设投放，使得一批高校成为博士、硕士的主要培育基地，成为高校科研能力的重要发展源头，推动着研究型高校的发展。

1985年《中共中央关于教育体制改革的决定》中提出，要通过同行评价、择优遴选，建设一批重点学科，调整研究生培养制度，以培育高质量的科研人员，增进高校科研能力。1987年国家教委根据《关于高等学校重点学科评选工作的几点意见》《关于评选高等学校重点学科的暂行规定》第一次开展重点学科遴选，从107所高校中遴选了416个国家重点学科，其中有163个工科类、86个理科类、36个农科类、53个医科类、78个人文社科类，这中间只有18个重点学科来自地方高校，利用世界银行1亿美元的贷款与其他经费对这些重点学科进行建设资助。2002年教育部进行第二次重点学科遴选，遴选了964个国家重点学科，其中357个工科类、173个理科类、61个农科类、115个医科类、201个人文社科类、57个军事类。2007年，教育部第三次重点学科遴选，根据《教育部关于加强国家重点学科建设的意见》，在服务国家愿景、提升建设水平、健全体制机制、打造一流学科的思想指引下，重点调整基于二级学科的设置，增加一级学科国家重点学科，建设一级学科国家重点学科要强调综合优势与整体水准，推动学科整合、交叉与新兴学科的发展，建设二级学科国家重点学科要强调特色与优势，在重点方向上获取突破，遴选286个一级学科国家重点学科（158个工科类、44个理科类、17个农科类、17个医科类、50个人文社科类），677个二级学科，217个国家重点（培育）学科（二级），在894个二级学科（含培育）中，255个工科类、136个理科类、62个农科类、195个医科类、246个人文社科类。

1986年3月，王大珩、王淦昌、杨嘉墀、陈芳允等4位科学家向国家建议要紧跟世界先进科技水平，提高中国科技水平，在邓小平的支持下，国务院批准了《高技术研究发展计划纲要》（“863”计划），国家在生物技术、航天技术、信息技术、激光技术、自动化技术、能源技术和新材料等领域进行重点投入，高校积极参与其中，推动高校科技创新能力的进步，也增进了国家的科技水平。

1992 年，中共中央确定了 14 所副部级高校，为中国共产党中央委员会直接管理的高校，包括清华大学等。国防科技大学属于副大军区编制，由中央军委直接管理，类似于地方的副部级高校。2000 年中央新增了 7 所副部级高校，包括武汉大学等。2003 年又新增了 11 所副部级高校，包括华中科技大学等。政府赋予这些高校国家战略重任，肩负高等教育发展的引领责任，国家在教育资源、政策上给予大力支持，这些高校在科研、学科、生源上有着显著优势。

1993 年 2 月，中共中央、国务院在《中国教育改革和发展纲要》中提出，要提升高等教育质量，建设好一批重点高校与一批重点学科。1993 年 7 月，国家教委《关于重点建设一批高校和重点学科点的若干意见》指出，要在 21 世纪来临之际重点建设约 100 所高校与一批重点学科，开展“211 工程”。批准建设的“211 工程”高校共有 115 所。重点学科是“211 工程”的主要建设内容，重点建设约 1000 个与经济建设、科技发展、社会进步、国家安全密切关联的重点学科，并同国家重点学科遴选相衔接。“211 工程”在第九个五年计划（1996—2000 年）期间共投入 196. 08 亿元，其中包括 27. 55 亿元的中央专项资金、95. 95 亿元的部门与地方配套资金、72. 58 亿元的高校自筹资金。这 196. 08 亿元中的资金中，67. 54 亿元投入重点学科建设，36. 35 亿元投入公共服务体系建设，92. 19 亿元投入基础设施建设。“211 工程”在第十个五年计划（2001—2005 年）期间共投入 187. 5 亿元，其中包括 60 亿元的中央专项资金、59. 7 亿元的部门与地方配套资金、67. 8 亿元的高校自筹资金。这 187. 5 亿元的资金中，97. 9 亿元投入重点学科建设，37. 1 亿元投入公共服务体系建设，22. 2 亿元投入师资队伍建设，30. 3 亿元投入基础设施建设。“211 工程”在第十一个五年计划（2006—2011 年）期间共投入 197. 5 亿元，其中，127. 2 亿元投入重点学科建设，62. 3 亿元投入人才培养与队伍建设，7. 2 亿元投入公共服务体系建设（3. 6 亿元投入教育与科研计算机网络建设、3. 6 亿元投入高校文献保障体系建设），0. 8 亿元投入高校仪器设备与优质资源共享系统建设。2012 年，教育部、国家发改委、财政部对“211 工程”建设高校采用网络验收、抽查验收、委托社会独立机构验收等方式，就其目标履行状况、资金使用管理状况、建设成效与标志性成果、项目管理状况、总体评估等实施验收，对重点学科建设项目综合排名较好，且有一定数量优秀重点学科建设项目（在本学科所属一级领域排名前10%）的28所高校给予奖励，财政部给予1.3095亿元，国家发改委给予2.5228亿元，奖励资金可由高校自主用于学科建设，且资金使用方案要进行上报。这28所高校包括华中师范大学、华中农业大学等，平均每所高校获得的奖励金额约为1360万元，云南大学与西北大学的奖励金额都是1483万元。

1998年5月4日，江泽民在庆祝北京大学百年校庆大会上代表中国共产党和中央人民政府指出，为实现现代化，我国要建设一定数量的世界先进水平的一流高校。1999年1月，国务院批准教育部《面向21世纪教育振兴行动计划》，要在一定时期内建设一定数量的高校与重点学科达到世界一流水平。“985工程”正式启动，“985工程”建设高校共39所。“985工程”一期（1999—2003年）中央投入140亿元专项资金，地方配套投入101亿元，国防科工委配套12亿元，中科院配套3亿元。“985工程”二期（2004—2007年）中央投入189亿元专项资金，地方配套投入150.3亿元，国防科工委配套12亿元，中科院配套3亿元。“985工程”三期（2010—2013年）中央投入380亿元专项资金，地方配套投入280.8亿元，国防科工委配套20亿元，中科院配套6亿元。

2006年国务院在高校中实施“985工程优势学科创新平台”，该项目在非“985工程”的“211工程”建设高校中遴选，侧重于打造一流的行业特色型高校，共有40所高校入选。“985工程优势学科创新平台”主要任务是基于国家与行业领域发展急需的重点领域与重大需求，围绕国家科技发展战略与学科前沿，增强行业特色型高校的优势学科实力，构建一批世界一流学科群。项目和“985工程”同期实施，每期中央财政资金投入规模与“985工程”高校类似。

根据《国家中长期教育改革和发展规划纲要（2010—2020年）》，要打造全球一流高校与一流学科（双一流），须基于重点学科建设。为此，我国于2010年开始实施“国家特色重点学科项目建设高校工程”。主要在于提升非“211工程”高校特色重点学科的建设水平，共涉及74所高校，“特色重点学科项目”的建设资金来自中央财政拨款、主管部门拨款与高校自筹资金，中央财政给予专项资金资助，有关部门、地方有关部门及高校也积极筹措经费，并鼓励社会资金的投入。中央财政专项资金给予“特色重点学科项目”的年度经费额度为：“特色重点学科项目”（二级学科）人文社科管理类每个项目170万元，理农医类每个项目350万元，工学类每个项目450万元；“特色重点学科项目”（一级学科）按一级学科国家重点学科认定前的二级学科国家重点学科数目测算经费额度，对未设二级学科的（光学工程、中药学）按同类（二级学科）的2倍测算经费额度。三年为一轮，地方政府为项目提供配套经费。国家留学基金管理委也对建设高校予以倾斜，2011年末，74所国家“特色重点学科项目”建设高校可申请留学基金委的联合培养博士研究生类别，2013年起还可申请国家留学基金委的“国家建设高水平大学公派研究生项目”。通过发展，提升项目建设高校特色重点学科的师资力量，人才培养水准，根据国家及本行业、区域发展与学科建设的需求，改善特色重点学科的教学条件与科研环境，提升人才培养与科学研究的设备设施与科技创新水平。

2011年4月24日，胡锦涛在清华大学百年校庆大会上指出，要大力推动协同创新。2012年5月7日，教育部、财政部启动高校科技创新能力提升计划（“2011计划”）。“2011计划”激励高校与科研院所、企业、政府及其他社会组织一道建设协同创新平台，以平台为载体积极拓展社会资源，推动高校与高校、科研院所、行业企业、各级政府及国外科研机构的深层次交流合作，以提升人才、学科、科研方面的创新能力为关键职责，经由打造面向科学前沿、文化传承创新、行业产业及区域发展重大需求的四种协同创新模式，强化高校体制机制变革，转换高校创新方法，构建世界一流的创新生力军。2013年，“2011计划”第一批遴选了14个协同创新中心，2014年“2011计划”第二批遴选了24个协同创新中心。协同创新中心以四年为一期展开建设，第三方机构每四年评价一次，建设成效卓越的协同创新中心继续开展科研活动，建设成效差的协同创新中心须整改或取缔。

为在高等教育领域推进综合改革，我国于2014年起不再审批全国重点学科，2015年起不再认定“2011计划”协同创新中心，2016年6月，教育部宣告“211工程”“985工程”“985工程优势学科创新平台”“国家特色重点学科项目建设高校工程”相关文件失效，“211工程”“985工程”建设就此退出。2015年10月，国务院颁布《统筹推进世界一流大学和一流学科建设总体方案》，开展“世界一流大学和一流学科”（“双一流”）建设，以推动一批高水平高校与学科发展为世界一流水平，增进我国高等教育的全球竞争力与吸引力。“双一流”建设中，首先建设若干一流学科，进而养成一流高校，推动高校和学科的不断进步。在国家“双一流”建设的引领下，各省市也开展本地的“双一流”建设，在争创本省、区域一流的基础上，争创国家一流、世界一流。

2017 年教育部、财政部、国家发展改革委颁布第一轮世界一流大学与一流学科建设高校及建设学科的名单，其中包括 42 所一流大学建设高校、36 所 A 类一流大学建设高校、6 所 B 类一流大学建设高校、98 所一流学科建设高校。

2021 年 12 月，教育部、财政部、国家发改委《关于深入推进世界一流大学和一流学科建设的若干意见》中指出，要在 2030 年建设更多高校与学科达到世界一流水平，在 2035 年建设为教育强国、人才强国，力争培育一流人才、效力国家战略、缔造世界一流，革新体制机制，全面推进、分类打造一流高校与一流学科，着重培育核心领域科技人才、一流科技领军人才与科技创新团队，为社会主义现代化强国建设提供坚实的保障。基于大数据对高校与学科进行常态监测，构建监测—改善—评估机制，发挥问题诊断功效，高校肩负建设主体的职责，“双一流”建设进行动态调整，能进能出，建设质量优的高校与学科，纳入“双一流”建设，建设期内成效显著还给予奖励，建设质量不佳的高校与学科，逐步削减资金支持，甚至退出“双一流”建设。

2022 年第二轮“双一流”建设高校共有 147 所，北京大学和清华大学自行确定一流建设学科，其他高校都有审定的一流建设学科，不再区分一流建设高校和一流学科建设高校，新增“双一流”建设高校 7 所，包括山西大学等。对第一轮“双一流”建设高校中的 15 所高校的学科予以警示或撤销，受到警示的学科需要在 2023 年接受再次评估。

经过多年的建设，我国高校有了相当的进步，从软科世界大学排名（Academic Ranking of World Universities，ARWU）看，2003 年中国大陆高校只有 9 所高校入围，包括清华大学、北京大学、复旦大学、南京大学、中国科学技术大学、浙江大学、上海交通大学、吉林大学、山东大学，这 9 所高校都为 500

强，但即使是清华大学也只排名在201—250区间，北京大学排名在251—300区间。2021年中国大陆高校有157所高校入围，有7所高校入围百强，包括清华大学、北京大学、浙江大学、上海交通大学、中国科学技术大学、复旦大学、中山大学，其中清华大学为28名，北京大学为45名，2所高校都入围50强，72所高校为500强，72所高校中59所属于“双一流”高校。2004年TIMES高等教育世界高校排名中，中国大陆高校只有5所高校入围，包括北京大学（第17位）、清华大学（第62位）、中国科学技术大学（第154位）、南京大学（第192位）、复旦大学（第196位）。2022年TIMES高等教育世界高校排名中，中国大陆高校有97所高校入围，北京大学和清华大学并列第16位。2010—2022年，学科进入ESI（Essential Science Indicators）全球前1%的中国大陆高校从104所增加到384所，中国科学院大学排名第41位，清华大学排名第50位，北京大学排名62位。不同的世界高校排名中，我国重点高校都有很大的进步，不管是入围高校的数量和排名都出现显著提升，表明“211工程”“985工程”“双一流”建设还是取得了一定成效。

“211工程”“985工程”“双一流”建设都偏向研究型高校建设。国家开始关注本科教育，2018年6月，教育部高等教育司吴岩司长指出，教育部要开展一流本科专业建设。2019年4月9日，教育部办公厅颁布《关于实施一流本科专业建设“双万计划”的通知》，开始实施一流本科专业建设“双万计划”，在2019—2021年打造约1万个国家级一流本科专业点与约1万个省级一流本科专业点。2019年12月24日，教育部办公厅发布《关于公布2019年国家级和省级一流本科专业建设点名单的通知》，共认定首批4054个国家级一流本科专业建设点（其中中央高校1691个，地方高校2363个），6210个省级一流本科专业建设点。2021年2月10日，教育部办公厅发布《关于公布2020年国家级和省级一流本科专业建设点名单的通知》，认定了第二批3977个国家级一流本科专业建设点（其中中央高校1387个，地方高校2590个），4448个省级一流本科专业建设点。2022年6月7日，教育部办公厅发布《关于公布2021年国家级和省级一流本科专业建设点名单的通知》，认定了第三批3730个国家级一流本科专业建设点（其中中央高校1466个，地方高校2264个），5069个省级一流本科专业建设点。“双万计划”的实施，主要为落实“六卓越一拔尖”计划2.0，中央、地方、高校三个层面共同推动。部属高校“双万计划”的资金来源为中央高校预算拨款中的教育教学改革专项和其他资源，地方高校“双万计划”的资金来自地方财政高等教育资金、中央支持地方高校改革发展资金。“双万计划”采用动态调整机制，教育部、省级教育行政部门对“双万计划”建设进行实施监督，推动本科专业建设点的不断完善，建设点若发生严重的质量不合格，则会面临撤销的境地。

“双高计划”则是要大力发展职业技术教育，推动职业技术教育的一流发展。2006年，教育部、财政部开展了国家示范性高等职业院校建设项目，项目实施的目的在于经由建设提升示范高职院校的办学实力、教学品质与影响范围等，推动高职院校变革人才培养模式，导引全国高职院校变革和前进方向。项目包含两期，2006—2009年为第一期，分三批重点扶持100所示范高职院校的建设；2010—2014年为第二期，也是分三批重点扶持100所骨干高职院校的建设。项目建设中，中央财政提供了47.23亿元的资金，带动地方财政与行业企业投入了100多亿元的资金，财政的资金投入确保了项目的顺利开展。

2015年，教育部《高等职业教育创新发展行动计划（2015—2018年）》基于示范（骨干）高职院校，推动建设一定优质专科高职院校，省级教育行政部门负责遴选优质高职院校，进行投入建设。2016年省级财政投入建设资金45.2亿元，行业协会投入建设资金1.86亿元；2017年省级财政投入建设资金171.3亿元，行业协会投入建设资金13.11亿元；2018年省级财政投入建设资金139.05亿元，行业协会投入建设资金27.52亿元。共建设490所优质专科高职院校，4208个骨干专业（群）。中央根据优质高职院校建设成效，安排相应的中央财政改革绩效奖补资金，作为国家职业教育改革发展试验区、国家教育体制改革试点布局与评估的依据，推动优质高职院校在教育教学、技术创新、国际交流、卓越技术技能人才培育、师生的行业产业影响力、产业贡献度上实现内涵式发展。

为贯彻《国家职业教育改革实施方案》，打造一定数量的引导革新、支持进步、中国特色、世界水准的高职院校与专业群，推动高等职业教育深化变革，实现内涵式发展，2019年教育部、财政部《关于实施中国特色高水平高职学校和专业建设计划的意见》（“双高计划”）提出，要重点打造约50所高水平高职院校与约150个高水准专业群，建设技术技能型人才培育高地与技术技能创新服务平台，为国家重点产业、区域支柱产业进步提供保障，推动高等职业教育的高水平发展。“双高计划”每五年为一轮建设周期，2019—2023年为第一轮建设周期。2019年12月教育部、财政部公布中国特色高水平高职学校和专业建设计划建设名单，56所高职院校入选高水平学校建设，141所高职院校入选高水平专业群建设。入选的197所高职院校来自29个省、市、自治区，入选的253个专业群涉及18个高职专业大类，装备制造大类、交通运输大类、电子信息大类、财经商贸大类、农林牧渔大类等5类占比较多，75个专业群涉及战略性新兴产业，71个专业群涉及现代服务业，63个专业群涉及先进制造业，23个专业群涉及现代农业，21个专业群涉及其他产业。“双高计划”实施的经费保障采用中央导引、地方为主，打造政府行业企业院校共同助力职业教育发展的新制度。地方在健全高职生均拨款制度、增加生均拨款水平的基础上，重点支持“双高计划”职校，中央财政经由现代职业教育质量提升计划专项资金对“双高计划”职校进行奖励补助，体现中央对职校的支持。中央财政每年安排“双高计划”引导资金20亿元以上。相关部门与行业企业通过共同建设、一道培养的方式积极参与“双高计划”的建设。“双高计划”职校自身以多种方式筹措社会资金，增强资金投入力度。“双高计划”实行绩效管理，根据绩效评估结果调整资金支持力度，对建设结果优异的项目，增加资金资助；对建设结果有限的项目，进行警示并减少资金资助；对建设结果过差的项目，取缔项目，不再建设，且不允许重新申请“双高计划”。

近年来，国家对研究型高校、本科教育、职业教育都在不断关注，积极响应建设高等教育强国的号召，各类高等教育都在不断发展，高等教育体系日益完善，质量也在不断提升，满足着社会成员对不同类别高等教育的需求。

三、改革开放前后重点高校政策的资源配置制度

从新中国成立到改革开放之前，政府始终是高等教育的主要投资者，其他经费来源甚少，这样的高等教育投入制度给财政带来较大压力，高等教育也由于没有充足的资金而欠缺活力，高等教育的规模和质量也难以满足国家生产建设的需要，不利于经济发展。改革开放后，政府采取各种方式积极引导社会参

与高等教育建设。且为提升高等教育质量，不断调整资源配置方式。

（一）改革开放前重点高校政策的资源配置实行单位制

改革开放前，政府指定要大力建设的重点高校，未通过专门评价机构的评估认定。高等教育是无产阶级斗争的一种手段，高校作为政府附属组织，政府按预定行政级别来分配高校的教育经费与事业经费，采用基数加发展的方式进行资源配置，基于定员定额，考量高校发展规模、人员数目、基础设施需求、业务运作需要、社会环境及国家财政情况，核定一个资源配置基数，当年的财政高等教育拨款是由上年的经费基数加上当年各项发展所需经费计算核定，资源配置经费逐年适当增长，且重点高校多为单科性高校，不像综合性研究型高校需要大量建设经费，重点高校的常规经费只是用于正常运转。

国家对重点高校的支持主要在师资调配、人员编制、基础设施建设与专业设置等上给予政策倾斜。师资调配方面，聘任的苏联专家主要集中在重点高校，1953 年全国高校共聘任 146 位苏联专家，其中清华大学、中国人民大学、哈尔滨工业大学等 3 所重点高校聘任了 60 位苏联专家，占比达 41.1%。1952—1960 年，清华大学先后聘任了 65 位苏联专家，1950—1957 年，中国人民大学先后聘任了 98 位苏联专家，是全国聘任苏联专家数量最多的高校。1951—1957 年，哈尔滨工业大学先后聘任了 77 位来自苏联、捷克的专家。1955 年 9 月高等教育部将 33 位高校教师派到苏联进行学习，主要是清华大学、北京大学、中国人民大学、北京农业大学等重点高校的教师。高等教育部还通过抽调、进修等形式支持重点高校的建设，比如 20 世纪 50 年代，为支持哈尔滨工业大学的建设，从清华大学、北京大学、北京钢铁学院等高校抽调了大批教师，也有高校教师到哈尔滨工业大学学习进修后留在哈工大任教。

政府加大了对重点高校在基础设施上的支持力度，增加在校舍、实验设备上的投资，如高等教育部 1955—1957 年安排了 1000 亿—1200 亿元用于清华大学的设备费（涵盖额定设备费与重点设备费）。高等教育部还批准清华大学 1952 年、1954 年、1955 年、1956 年、1957 年分别新建校舍 4.1 万平方米、2.6 万平方米、4 万平方米、5 万平方米、6 万平方米。

重点高校的主要职责是培养工程类专业人才与教师队伍，提升教学品质，为其他高校树立典型，建成全球优秀的高校。为提升教学品质，对重点高校进行规模控制、专业限制与招生管控。重点高校主要肩负教学职能，科研职能则分离到专门的研究机构，如新中国成立后我国设置了巨无霸式的中国科学院，专门从事科学研究活动；重点高校的科研活动主要是为教学工作提供服务，也培养少量研究生，主要作为高校师资来培养，而非作为科研人员进行培养。但也有一些突出的科研成果，比如1964年清华大学构建的屏蔽试验原子反应堆、1965年北京大学与中国科学院联合研究的人工合成牛胰岛素等。

新中国成立初期，我国高等教育管理体制采取国家集中计划、政府直接管理形式，即使后来改为国家统一计划、政府条块管理形式，也都是政府直接对高校进行全面管控。国家未设置专门机构来保障重点高校政策的落实，而是政务院要求高等教育部直接负责重点高校政策的组织实施。高等教育部先后和其他部门（第一机械工业部等）对指定的重点高校的建设工作实施全面管理，管控高校的招生、师资聘任与考评等，没有专门机构对重点高校进行评估，重点高校政策的成效如何成了未知数，难以提升重点高校政策的质量，没有专门的组织部门，没办法开展科学合理的政策决策、实施与评价，容易出现重点高校确定与资源分配中的主观性与随意性。

重点高校资源配置有着较为显著的单位制特质。将高校整体也就是将单位作为重点资源配置对象，重点资源配置目标和任务笼统分发给高校这一单位，未明确至具体项目。重点高校的确定是政府机构指定的，没有经由申报、评审等竞争性方式确定，没有全面考量高校、师生、企业、社会的意见，资源配置时直接拨款给指定的重点高校，不够公平，也欠缺民主，也难以保证资源配置绩效。高校作为政府的附属机构，在资源配置时没有自主性，资源筹措缺乏与社会的联系，不能充分调动社会资源，造成重点高校建设时资源的不足。

（二）改革开放后重点高校政策的资源配置从单位制逐步过渡到项目制

改革开放之初，重点高校仍采用政府指定的方式进行建设，但随着社会主义市场经济体制的发展，政府在重点高校的资源配置上逐步强调竞争性、绩效性与开放性。1985年，《中共中央关于教育体制改革的决定》提出高等教育实行中央、省、中心城市三级办学，提升高校自主性，为重点高校资源配置的转变从制度上予以铺路。1986年，国家教委、财政部公布《高等教育财务管理改革实施办法》，将高等教育财政拨款方式从过去的“基数＋发展”调整成

“综合定额 + 专项补助”，综合定额涵盖教职人员薪资、补助薪资、职员福利费、学生奖学金（人民助学金）、公务费、业务费、设备采买费、修理维护费、其他费用、差额补助费等，综合定额由主管部门依据定额标准与学生数量核算拨付，专项补助涵盖专业设备补助费、长期外籍专家经费、离退休职员经费、世界银行贷款设备维修经费、特殊项目补助经费等，专项补助由主管部门依照各高校实际状况核算拨付，通过专项补助来支持重点高校的建设、重点学科的发展、重点实验室的兴办，此时重点高校仍采用指定方式确定，没有通过竞争的方式评定，重点学科开始采用遴选的方式评定，已有项目制的雏形。国家还从 1980 年起允许高校设置基金使用制度，高校可经由校办产业、科研成果转让、相关设备租赁等手段增加收益，高校可在一定程度上享有基金支配权。科研拨款逐步采用基金制，从 1987 年起，教委对“科学事业费”不再直接拨付给高校从事科研活动，而是对科研拨款加强审核，对“新产品试制”“中间试验”“重大项目补助”这 3 类经费，也不直接拨付给高校，而是通过同行评议，在科研课题中择优选择经费资助对象。但标准规范的“项目制”运作模式还没出现，重点高校建设依然以“单位制”为主要的资源配置方式。

20 世纪 90 年代，科教兴国战略推动着政府不断增加对高等教育专项资金的支持力度，“211 工程”“985 工程”是我国高等教育发展中前所未有的规模庞大的项目制资源配置形式。建设高校可得到重点学科、创新人才等领域的专项资助，建设高校会受到专家审核会议的审查、协同小组办公室的中期检查、投资评审中心的资金使用效益的全面评估。专项资金配置开始进行项目式的管理，项目运作程序不断规范，项目遴选、论证评价、实施监管、总结报告成为项目运作的常规范式。但这并非完全独立的项目制，而是项目制与单位制的混合，是以单位制为主的混合制，因为“211 工程”“985 工程”虽然以项目制进行资源配置，但本质上是以单位制进行资源配置，学科建设依然以高校为单位进行资源部署，竞争规则越来越透明，构建竞争、流动的师资管理制度，在国内外公开招聘优秀人才，打造公共高等教育资源和设备设施共享平台，增进高校的国际交流与合作，推进高等教育全球化，但竞争秩序还需改进，建设高校在发展中过度依赖财政资源，且高校一旦纳入建设，就形成固化，没有退出机制，出现资源配置的马太效应，多的更多，少的更少。

2002年，高等教育拨款方式从“综合定额+专项补助”调整成“基本支出+项目支出”，基本支出是高校为维持正常运作、履行日常职责而安排的年度开支，涵盖人员经费与日常公用经费，项目支出是高校为履行其特定的事业发展愿景，在基本支出外安排的年度开支，涵盖基本建设、事业发展专项计划、专项业务费、修缮、采买、会议等项目开支。重点高校建设的项目制资源配置思路更为细化，“2011计划”协同创新中心就属于更偏向于项目制的资源配置方式，单位的概念有一定弱化，且在项目制的资源配置中，开始导入多元筹资渠道，积极引导地方政府、企业与社会的多方资源投入。但资源配置并未从单位制完全剥离，而是在政府的推动下，发展为以项目制为主的混合制资源配置方式。

随着重点高校“项目制”资源配置方式的成型，资金使用效率和效益问题日益显现。为避免重点高校对财政资源的过度依赖，全面发挥资源使用效益，开始引入绩效导向的资源配置方式，“双一流”“双万计划”“双高计划”的资源配置中，革新了财政支持形式，重视项目绩效，具有明显的竞争性、开放性；以项目为资源配置重点，高校只要够条件，都可以参与申报，并施以激励约束机制，强调利益相关者的共同治理；激励省市共同建设，鼓励社会力量参与，并设置了一定周期内的动态调整机制，不再是能上不能下的固定项目模式；鼓励省市共建以及其他力量参加，社会多元主体共治参与治理，发展为趋于成熟的“项目制”，关注资源配置的绩效，而非专项补助，强调动态调整而非终身制，强调多方参与而非单打独斗。总之，高等教育资源配置借助“项目制”，从原有“单位制”的制度性阻碍中突出重围，其独立性与弹性也推动着高校、学科的不断进步。

四、小结

制度是在经济社会领域中形成的实体间的正式或非正式规制、依从程序与标准化的常规惯例。制度在演进过程中存在路径依赖，最初的制度或政策选择会依照惯性延续下来而不会随意发生改变，但制度的稳定仅为相对的平稳，当政治、经济、社会等外部环境发生重大变动，制度原来的稳定状态会出现中断，发生演变。我国高等教育管理体制、重点高校政策、重点高校资源配置方式的形成和发展，取决于不同时段的国情社情、发展战略与发展条件，须科学合理地评判改革开放前后两个不同历史时段的高等教育管理体制、重点高校政策与重点高校资源配置方式。归纳前述研究内容，可得到四点结论。

（1）中国高等教育的发展，涉及外部管理与内部治理。在新中国成立初期，为让高等教育体系早日走上正轨，采取中央统一管理的方式，但随着高等教育规模的增大，有必要放权，实施分级管理。改革开放后，恢复高等教育发展，先须延续过去分级管理的制度，但高等教育走上快速发展通路时，须以省级政府为主；早期我国高校内部治理在校长领导与党委领导间调整，这与当时社会环境相关；改革开放后，高校内部治理逐步发展为以党委领导、校长负责、教授治学、民主管理为核心，有利于加强党对高校的全面领导，也有助于高校的自主发展，培养社会主义事业的接班人与建设者，建设科技强国。

（2）中国作为社会主义国家，高等教育须坚持以公办为主。实践证明，新中国成立初期，为了打造完善的高等教育并迅速推进高等教育发展，采用公办高校是有必要的，也是恰当的；而高等教育恢复发展后，则须调遣一切积极因素参与高等教育发展，必须在坚持公办为主的前提下，鼓励社会力量共同参与高等教育发展。

（3）从高等教育发展史看，高等教育的任何一种建设方式，都是高等教育建设条件本身分配的结果。即一个国家采用什么样的高等教育建设方案，是由这个国家的经济资源决定的。改革开放前，中国经济发展较为薄弱，资源有限，决定了当时只能采取指定重点高校的方式重点发展部分高校；而改革开放后经济快速发展，教学科研条件都有较大改观，逐步可以采取“能者上”的方式发展重点高校，建设一流大学与一流学科。

（4）单位制与项目制都是高等教育资源配置手段，采用单位制还是项目制，取决于两种方式配置资源的交易成本。在高等教育发展初期，政府明确知晓要发展高等教育，特别是优质高等教育，采用单位制的交易成本相对低，且效率更高；进入高等教育快速发展时期，由于出现了盲目上规模和结构失衡，继续使用单位制配置资源的交易成本升高，所以须变革单位制，让类市场的项目制在资源配置中发挥决定作用，更好地发挥竞争的作用，实现优胜劣汰。

第二节 高等教育拨款方式改革的准自然实验证据

中国高等教育发展已步入新阶段，从大众化阶段转向普及化发展阶段，高等教育需要深化改革，打破体制机制时弊，冲破利益固化的屏障，全面提升人才培养能力，深度融入社会发展进程，推动高等教育治理体系的现代化，实现高等教育治理能力更上一层楼。新时期的新要求意味着高等教育改革已迈入深水区，保守的发展态度不符合时代需求，改革的深化是跨过高等教育发展路障的必由之路。在高等教育深化综合改革的关键节点，政府的上层制度设计与全局把控是冲破高等教育发展瓶颈的唯一可能的选择。加强政府顶层制度设计是推进高等教育高品质前行的必经路径，有助于破解改革深水区的矛盾、探索创新无人区、推进综合改革，其重要性显而易见。

面对高等教育普及化阶段的新形势，仅仅从高校的视域出发来谋划中国高等教育未来的发展道路不够全面，立足于政府顶层制度设计的时代召唤，以政府为新的研究视域展开学术探索的重大价值不言而喻。基于此，政府若要实现高等教育改革目标，要确保高校在政府顶层设计下沿特定路径发展，政府应对府学高等教育预算关系做出全方位的整体把控与甄别，使高校改革目标在府学高等教育预算博弈进程中渐进达成。从新视角理解府学高等教育预算博弈，不仅强调了政府顶层设计的重要性，对中国高等教育奇迹进行合理的诠释，还强调顶层制度设计的改革目标如何通过府学高等教育预算博弈过程达成，并在博弈中从已有低效的制度安排转向全新高效的制度安排，也对高等教育综合改革阶段的发展路径给予有效指导，说明政府应怎样经由对府学高等教育预算博弈的顶层制度设计来推动改革意图的达成，以应对高等教育普及化发展时期的需要，推动高等教育的高质量发展。

研究视角的转变要求选择恰当的研究方法，基于政府视角来审视府学高等教育预算博弈并展开实证分析，是一个挑战。回溯过去，以高校为主要视角的实证研究经由对比不同高校对同一政策的反应来考察府学高等教育预算博弈的效果。政府在不同时期实行不同的政策，难以如高校般可在同一时点展开横向比较，可行的路径只能是在不同时点比较政府行为对府学高等教育预算关系的影响。但不同时点政府政策常常有多个目标，差异较大，不具有可比性。为符合可比性原则，需要找寻政府在不同时点，针对相同的变革企图，采用不同政策的样本案例展开实证探讨。因此这里择取高等教育拨款方式改革作为研究的样本与载体。缘由在于，高等教育拨款方式改革历经了“基数 + 发展”（1986年以前）、“综合定额 + 专项补助”（1987—2000 年）、“基本支出 + 项目支出”（2001 年以后）等 3 个阶段，在 3 个不同的时间段，政府针对高等教育拨款方式改革的同一愿景实施 3 种不同政策。基于顶层制度设计设定变革目标，变革具有相同的性质，变革进程体现了阶段性的政策差别，可以进行纵向的比对，体现了府学关系的预算博弈及其互动结果，从而可从中观测改革对府学高等教育预算博弈关系的影响。经由对样本案例的分析发现，政府通过“综合定额 + 专项补助”改革对高校赋权，在对赋权后的高校行为进行观测与甄别后，推行“基本支出 + 项目支出”改革来调整对高校的权利授予方式，分不同的阶段渐进式达成政策意图，展现出政府顶层制度设计推动制度安排渐进达成的历程。

本部分的研究的主要贡献表现于两个方面。一是基于高等教育普及化阶段全面推进综合改革与高质量发展的背景，强调渐进式制度革新进程中政府顶层设计的功用，试图从政府顶层设计——制度革新渐进实现的视角为研究府学高等教育预算博弈提供一个全新的视角。二是择取高等教育拨款方式改革作为样本案例，对政府顶层制度设计怎样引导府学高等教育预算博弈及其互动结果展开实证分析，为深化综合改革时期的府学高等教育预算关系探讨提供了关键的方法论，为政府顶层制度设计的阶段性性质探索提供了具有可行性的道路。本部分的研究拓展了府学高等教育预算博弈领域的研究视野，并为新视野提供了可广泛推广应用的研究方法，在理论与实践中具有较强的参考价值。

一、文献述评与研究逻辑

中国高等教育发展迅速，所取得的成就隐含着中国高等教育成长的独特路径探索。关于中国高等教育发展的成就，学术界都认同与制度设计相关。国内已有文献对高等教育体制发展中的制度安排、中国高等教育发展路径与取得的成绩从制度层面展开探讨。

（一）文献评述

对于中国高等教育的渐进发展属性，学者从不同角度展开诠释。潘懋元（2020）指出，高等教育体制规模庞大，发展需要付出一定代价，在资源有限的情状下，发展要分清主次，分步有序实施①。刘献君（2020）认为，高等教育发展，要做到连续性与阶段性、重点与一般、规划与实施的融合②。总体而言，中国高等教育发展的特点有三：一是在上位改革的指导下构建高等教育发展体系，紧跟政治、经济与社会发展；二是重视法制建设，激励社会参与；三是扩张高校自主权，鼓励差异化发展，鞭策创新活力（周作宇，2020）③。我国高等教育发展的优势在于：坚持正确的政治方向，注重问题导向，以改革促发展，注重落地见效（周洪宇，2019）④。但也存在一定的局限性：高等教育投入不足，人力资本水平相对发达国家落后，科技和关键技术落伍，投资驱动的创新水平低下（闵维方，2020）⑤。王蓉（2020）基于人力资本交易的制度因素，认为教育的内生性诱发高等教育制度变迁，同时社会、经济等因素强制着高等教育制度的变迁，诱致性变迁和强制性变迁相互交融⑥。

在制度经济学的理论架构下，研究者意识到政府和高校的博弈互动对中国高等教育发展成就起到了制度层面的推进与保障功效，提出高校自治、经济驱动、社会声望鞭策等理论。这些理论将高校作为驱动中国高等教育发展的重要动力源泉，认为高校发展的驱动力来自两个方面：一是经济驱动，研究者认为预算收入作为一种相容性的集体共同利益，成为高校发展的激励机制（史秋

---

① 潘懋元．新时代中国高等教育改革与发展：今天、明天与后天［J］．高等教育研究，2020（9）：1-3.

② 刘献君．大学战略规划中需要处理的若干关系［J］．高等教育研究，2020（7）：44-48.

③ 周作宇．教育改革的逻辑：主体意图与行动路线［J］．北京师范大学学报（社会科学版），2020（1）：5-29.

④ 周洪宇．加强教育科学研究　助力教育治理体系现代化［J］．教育研究，2019（11）：19-20.

⑤ 闵维方．人力资本理论的形成、发展及其现实意义［J］．北京大学教育评论，2020（1）：9-27.

⑥ 王蓉．人力资本理论的批判与突破——“新人力资本理论”十年之后再反思［J］．北京大学教育评论，2020（1）：42-58.

衡，2020）[①]；二是社会声望激励，如代理者、行动者理论在高校行为驱动领域给出了诠释（顾明远，丁瑞常，2020）[②]。还有研究者将高校自治权与中国高等教育发展联系起来，认为高校自治权改革改善了高等教育的发展（周光礼，郭卉，2020）[③]。别敦荣（2020）则指出，高校自治权改革会使高校间的差距越来越大[④]。

在前面理论探讨的基础上，研究者还对府学预算关系变化展开探讨，由于可以对高校进行比较，因此实证层面的分析主要是从政策或变革造成高校行为调整的视角切入，而将政府顶层制度设计作为外生变量，探讨预算压力与制度约束下高校行为对政府政策的相机变动（马陆亭，2020）[⑤]。一部分学者发现高校自治与社会声望需求造成高校管理者过于追求短期利益，不断冲破已有常规预算约束、追求非常规的预算增量资源（刘振天，2020）[⑥]，并造成高校支出结构重科研、轻教学的扭曲（史静寰，2019）[⑦]。还有学者对高等教育预算改革的效应展开探讨，发现预算改革造成高校经费监管严格，缺乏灵活性，财务自主权偏低，忽视基础研究和哲学社会科学研究，同质化办学严重（张浩，胡姝，2020）[⑧]。

可看到，已有研究多集中于高校行为上，只把政府或政府预算视作施加政策干预的外部因素。诠释了高校改革对高等教育发展的推进功效，在当时高等教育发展阶段中有一定合理性。但当高等教育发展步入综合改革的普及化阶段后，仍从自下而上的视角来考量府学预算关系略显不足。政府顶层设计承担着

---

① 史秋衡．《中华人民共和国高等教育法》20 年发展报告——基于高校分类人才培养提质增效视角［J］．国家教育行政学院学报，2020（2）：15－25.

② 顾明远，丁瑞常．百年未有之大变局与新时代比较教育：应变与坚守［J］．比较教育学报，2020（1）：3－9.

③ 周光礼，郭卉．大学治理实证研究 2015—2019：特征、趋势与展望［J］．华东师范大学学报（教育科学版），2020（9）：11－38.

④ 别敦荣．大学组织文化的内涵与建设路径［J］．现代教育管理，2020（1）：1－7.

⑤ 马陆亭．教育体系是制度性因素［J］．国家教育行政学院学报，2020（1）：5－6.

⑥ 刘振天．完善高等教育评价体系　提升高等教育治理能力［J］．大学教育科学，2020（1）：1－6.

⑦ 史静寰．通过学情研究改进教学？提高大学人才培养质量［J］．中国大学教学，2019（12）：29－31.

⑧ 张浩，胡姝．高等教育财政政策十年变迁与未来挑战——以《教育规划纲要》实施为背景［J］．中国高教研究，2020（10）：21－26.

综合改革和推动高等教育高质量发展的使命，决定了在肯定高校作用的同时，也需重视政府顶层设计的关键功效，探讨政府如何经由府学预算博弈的长期过程推动政策目标的实现。

与府学高等教育预算关系领域的研究倾向一样，高等教育拨款领域也需要关注拨款方式改革后高校的行为变化及其后果。有研究显示，项目制的拨款方式推动高校走上项目化道路，积极从项目中实现资源获取、利益分配、学术评价、地位区隔、符号意义等（徐玉特，2020）①，并形成了唯论文、唯项目、唯奖项的评价理念（阎光才，2020）②，还加剧了权力的设租寻租、项目建设的马太效应、高校自治权力式微等负面影响（张浩正，2020）③。已有研究对“基本支出+项目支出”改革展开政策层面的探讨，本部分基于已有研究，对高等教育拨款方式历次改革的设计过程内在逻辑展开分析。同时，在实证部分以高校预算绩效作为政府对府学预算博弈的判断依据。在高校预算绩效领域，研究者的共识是，高校预算绩效与高校预算规模有较大的内在关联（西蒙·马金森，2020）④。有学者认为，高校治理体系、高等教育发展规律、预算压力（席鹏辉，黄晓虹，2020）⑤、信任机制、问责制度（王建华，2020）⑥ 等是高校预算绩效的重要影响因素。还有学者认为，高校预算绩效与预算软约束有着深层次关联，中国高校预算绩效普遍存在预算约束软化问题（眭依凡，2020）⑦。在政府预算约束软化和高校道德风险的共同驱动下，高校很容易产生政府会出手相助的预期，会非常冲动地进行扩大化投资（黄海刚，连洁，2020）⑧，不断突破预算，造成高校预算绩效的量化、浮夸与创新不足（吴叶

① 徐玉特．高校内涵式发展：项目制治理的科层化及其超越［J］．黑龙江高教研究，2020（8）：44－49.

② 阎光才．关于当前大学治理结构中的社会参与问题［J］．清华大学教育研究，2020（2）：1－5.

③ 张浩正．项目制：“类市场化治理”模式实施的重要工具［J］．高教探索，2020（1）：11－16.

④ 西蒙·马金森．生生不息的火焰：全球科学中的中国［J］．北京大学教育评论，2020（4）：2－33.

⑤ 席鹏辉，黄晓虹．财政压力与地方政府行为——基于教育事权改革的准自然实验［J］．财贸经济，2020（7）：36－50.

⑥ 王建华．对高等教育中问责与绩效评价的反思［J］．现代教育管理，2020（7）：1－7.

⑦ 眭依凡．关于高校内部治理体系创新研究的框架性思考［J］．华东师范大学学报（教育科学版），2020（12）：21－32.

⑧ 黄海刚，连洁．职业流动提升了科学家的科研生产力吗？［J］．清华大学教育研究，2020（5）：127－135.

林，崔延，2020）[①]。已有高校预算绩效领域的研究多数聚集于在绩效的表现及影响因素等方面（张应强，2020）[②]，缺乏对绩效提升的政府顶层制度设计的聚焦。

本部分的研究的主要学术贡献体现为：第一，融汇时代需要与综合改革任务，强调了渐进式改革进程中政府顶层设计的功效，对以高校为主要研究视角的府学高等教育预算博弈领域的文献进行了充实。第二，弥补府学高等教育预算关系领域研究难以对政府行为展开实证探讨的不足，选择高等教育拨款方式变革的典型案例，经由双重差分法观测政府改革原旨、阶段性权利授权下的甄别和决策历程，以及改革目标是怎样在政府顶层设计下逐渐达成的。

（二）研究逻辑

本部分的研究从政府视角出发，经由构建府学高等教育预算博弈框架以观测政府改革目标如何经由其顶层设计而逐渐达成，并以高等教育拨款方式变革作为典型案例展开双重差分法的实证分析。在中国高等教育变革进程中，推进类市场化变革、整合政府与高校间关系、整合高校与社会间关系是重要的变革愿景，政府对高校赋权是一个持续进程。由于政府和高校的目标存在差距，政府在信息失衡的情形下难以掌控高校的真实需要和实际行动，容易出现“上松下乱、上紧下死”的反复。松和紧之间的来回试探和政策选择，显示了政府预算对高校预算在扩权以增强经济驱动、纠偏以增进绩效驱动之间的权衡。纵览高等教育综合改革历程，政府为适应高等教育发展需要，始终适度赋予高校预算自主权，并对高校行使预算自主权中的行为展开甄别和决策，在合适的时候调整对高校权利赋予的方式，来确保综合变革目标的达成。这种政府主导下的上层制度设计对政府驾驭能力和高校发展活力进行统筹规划，是颇具中国特色的府学高等教育预算关系的基本特质。基于该逻辑考量府学高等教育预算博弈，不仅可全面了解政府顶层设计在府学高等教育预算关系中的关键功效，还可合理诠释政府改革目标如何在府学高等教育预算博弈进程中实现，从而为

---

① 吴叶林，崔延．建设高等教育学一流学科的逻辑与路径选择［J］．大学教育科学，2020（5）：32－39.

② 张应强．教育内外部关系规律及其在高等教育研究中的运用［J］．复旦教育论坛，2020（5）：5－11.

今后的改革实践提供参照。

就研究方法而言，以高等教育拨款方式变革为分析对象，为政府顶层制度设计下的府学高等教育预算博弈历程提供实证检验的证据。高等教育拨款方式变革以三个不同阶段的相同变革企图建构了探讨政府行为所需要的准自然实验环境，描绘了政府对高校赋权—对高校行为进行判断—调整赋权方式—实现政策目标的府学高等教育预算博弈的完整动态进程，也诠释了规范合理的制度的建设过程。

具体而言，我国高等教育拨款方式自 1977 年恢复高考以来，历经“基数 + 发展”（1977—1986 年）—“综合定额 + 专项补助”（1987—2000 年）—“基本支出 + 项目支出”（2001 年以后）三个阶段，体现了从恢复到繁荣、从规模到绩效的发展过程，是政府顶层设计的典型样本。在“基数 + 发展”的高等教育拨款模式下，政府掌握着高校的主要资金来源与管理职责，高等教育经费来源单一，高校自主权欠缺，“一管就死”的情况较为严重。为调动高校积极性、推进高等教育经费管理的类市场化进程，政府采取赋权举措，在 1987 年的“综合定额 + 专项补助”改革中，赋予高校凭借一定自主权，构建公平竞争秩序，但这一阶段的高等教育拨款并未强调高校实际规模，而是按主观核定的高校规模进行拨款，这种权利与责任不相对应的权利授予破坏了原有的制度均衡，容易造成高校盲目追求规模、无视办学效益的短视行为，“一放就乱”的情况凸显。高校盲目追求规模的后果是高等教育绩效下滑，当政府对此种境况关切与审视之后，调整了赋权方式，在 2001 年推出高等教育拨款方式的“基本支出 + 项目支出”改革，对高校进一步赋权，使高校在正常运转得到保障的情况下，有专门的经费用于特定事业支出。这一赋权举措起到了纠偏的作用，提高了高校的资金使用绩效，达成政府改革的初衷，也推动着规范、高效的高等教育拨款制度的形成。可见，正是政府的顶层制度设计与整体驾驭打造了高校权责相对应的权利授予关系，使得府学高等教育预算关系的调整向着类市场化的变革方向发展，而非在原有架构中逡巡。基于这一变革的典范性，本书把高等教育拨款方式变革作为分析探讨的对象，以更清晰地观测政府主导下的府学高等教育预算博弈过程，并诠释政府的顶层制度设计怎样使高等教育预算管理制度趋于规范科学，从而确保类市场化进程的蓬勃发展。

需要指出的是，高等教育拨款方式改革并不是唯一能够描绘政府顶层设计下府学高等教育预算博弈的样本。本部分选取高等教育拨款方式为样本，只是一个开拓性的探索，以为府学高等教育预算博弈领域理论探讨提供契合理论和实践需要的研究方法，进而丰富该领域的理论探索。

二、研究缘起和机理分析

本部分的研究以高等教育拨款方式变革作为典型案例展开实证检验分析，以充分描绘政府顶层制度设计下的府学高等教育预算博弈和变革目标的实现进程。这里先梳理高等教育拨款方式变革历程。

（一）研究缘起

1956—1986 年，我国高等教育拨款方式采取的是“基数 + 发展”，财政部门和高校管理部门依照高校规模及正常运转的经费开支需要，确定拨款基数，以后财年的经费预算都是基于上一年的基数，依照政府财力情况调整本年度高校所需的发展经费。1955 年 8 月文化部、高教部、卫生部、财政部联合发文，要求加强文教卫生事业定员定额管理，明确高校经费测算公式为：某一高校拨款总额 = 教职工经费拨款额度 + 学生经费拨款额度 = 教职工定额标准 × 核定教职工数量 + 学生定额标准 × 核定学生数量。这种方式方便政府对高校的管理，但拨款规模与高校绩效没有关联，造成高校单位成本越高，核定师生数量越多，获取的财政拨款也越多，不利于资源的优化配置，造成高校苦乐不均，有的经费不足，不敷使用，有的经费过剩，浪费严重①。

1986 年，国家教育委员会、财政部《高等学校财务管理改革实施办法》（〔86〕教计字 162 号）指出，高校年度教育事业费预算，由主管部门依照不同学科门类、不同层次学生的需求与高校所在地经济社会情况，基于国家财力，按“综合定额 + 专项补助”方式核算。综合定额涵盖教职工薪酬、补助薪资、职工福利费、学生奖学金、助学金、公务经费、业务经费、设备采买经费、维修经费、其他经费与差额补助经费等，由教育主管部门依照定额拨款标准与学生数目核算拨付；专项补助涵盖专业设备补助经费、外国专家经费、离

---

① 孙亚兴．文教事业财务的定员定额［J］．财政，1958（3）：27 -28.

退休人员经费、世界银行贷款设备维修经费与特殊项目补助经费等，由主管部门依照高校实际情状核算拨付①。

1997 年，财政部、国家教育委员会在《高等学校财务制度》（财文字〔1997〕280 号）中指出，高校预算内资金和预算外资金要统一管理，以全面反映高校财务收支情况，提高资金的使用效益。

2001 年，中央部门预算开始推行基本支出和项目支出试点编制办法，基本支出采用定员定额方法进行编制，项目支出采用项目库方法进行编制，中央高校高等教育拨款开始使用“基本支出 + 项目支出”方式，《中央部门基本支出预算管理试行办法》（财预〔2001〕330 号）要求，财政部不仅核定教育部总预算，还核定教育部各所高校的预算，不允许教育部预留机动调剂经费，且要在上一年底前编制好下一年的预算②。2002 年财政部《中央本级基本支出预算管理办法（试行）》（财预〔2002〕355 号）明确，基本支出试行定额管理，不再按照学生人数核定定额经费，而是按照教职工人数、离退休人数核定基本支出中的人员经费，按照学生人数核定基本支出中的日常公用经费，并要求部门的预算外收入都要纳入预算管理，收支脱钩，支出公开透明③，经由财政集中收付全过程监督资金的使用，尤其是事前监督可以从源头、制度上防范资金滥用问题，提高资金使用效率。经由部门预算，使高校预算管理范围更全面，做实预算内容，增强预算约束力，提高预算执行力，但高等教育有自身的发展规模，未能较好解决高校微观资金使用效益问题，没能驱动高校资金使用效益的大幅提高。

2012 年，财政部、教育部颁布了新的《高等学校财务制度》（财教〔2012〕488 号），明确高校预算管理实行核定收支、定额或定项补助、超支不补、结转结余资金按规定使用。预算编制需考量以往年度的结转与结余情况，各项支出都要有相应资金来源，编制完整的预算，引入决算概念、决算编报程序与决算编报要求，使高校预算体系更加全面完整。财政补助收入是高校从同级财政部门获得的拨款，从非同级财政部门获得的拨款（科研经费除外）和从同级非财政部门

---

① 魏伏生．《高等学校财务管理改革实施办法》简介［J］．财务与会计，1987（3）：26－27.

② 财政部．中央部门基本支出预算管理试行办法［J］．商业会计，2001（9）：47.

③ 财政部．中央本级基本支出预算管理办法（试行）（财预〔2002〕355 号）［J］．预算管理与会计，2002（8）：10－11.

获得的拨款作为其他收入，专款专用。要严格按照国库集中支付制度与政府采购制度要求，继续采用“基本支出 + 项目支出”的拨款方式。

2015 年，财政部、教育部提出要进一步建立健全中央高校预算拨款制度，为激励部属高校的竞争意识与竞争活力，防范高校无序扩张规模，规避高校的同质化发展，导引部属高校办出富有特色的一流高校、一流学科，继续使用“基本支出 + 项目支出”的拨款方式。基本支出中，基于现有的生均定额体系，逐步构建部属高校本科生生均定额预算拨款总额的稳定科学的拨款机制，以两到三年为一个周期，在周期内各中央高校本科生生均定额预算拨款总额维持一定的稳定性；一个周期结束后，依照高校运作成本、在校本科生规模等因素，核定下一个周期各部属高校本科生生均定额预算拨款总额，并按照中央财政实际情况适当调动本科生生均定额预算拨款标准，引导中央高校招生规模契合学科专业结构的实际与社会发展需要，逐步健全研究生生均定额预算拨款制度，适当向西部地区部属高校与小规模特色部属高校等倾斜。项目支出中，对项目支出体系进行合理调整，整合原有改善办学条件、教学科研、重点建设等 13 个项目支出，简化为 6 个项目支出，分别为基本办学条件改善专项资金、教育教学革新专项资金、科研业务基本经费、世界一流大学一流学科建设与特色发展导引专项资金、社会捐赠按比例支持专项资金、治理革新等绩效拨款，并依照因素、标准、政策分配资金[①]。财政部印发《中央高校基本科研业务费管理办法》（财教〔2016〕277 号）指出，对科研业务基本经费按照一定因素进行公式化分配，考量年轻教师与在校生科学研究的能力与需要、科研活动进展状况、预算实施与财务治理状况、中期绩效评估结果等要素，主要支持年轻教师科学研究能力的提升、在校生科技创新能力的增强、优秀创新团队建设、多学科交叉的基础性研究、支撑性钻研和战略性探讨、科学研究的基础性工作等[②]。表 2－1 梳理了高等教育拨款方式“基数 + 发展”—“综合定额 + 专项

---

① 教育部．关于改革完善中央高校预算拨款制度的通知［EB/OL］．(2015－12－16/2021－01－14)，http://www.moe.gov.cn/jyb_xxgk/moe_1777/moe_1779/201512/t20151216_225171.html.

② 教育部．关于印发《中央高校基本科研业务费管理办法》的通知［EB/OL］．(2016－10－28/2021－01－14)，http://www.moe.gov.cn/jyb_xxgk/moe_1777/moe_1779/201610/t20161028_286795.html.

补助”—“基本支出+项目支出”历次改革的政策要点。

表2-1　　　　高等教育拨款方式改革历程梳理

	基数+发展	综合定额+专项补助	基本支出+项目支出
政策实施时间	1956年	1987年	2001年
适用高校	公立高校	公立高校	中央高校
预算核定	定员定额，按规模和合理需要	综合定额按包干基数和定额标准，专项补助按实际情况	基本支出定员定额，项目支出科学论证、合理排序
预算收入	补偿性收入、生产性收入和代办性收入	财政补助收入、上级补助收入、事业收入、经营收入、附属单位上缴收入、其他收入	财政补助收入、上级补助收入、事业收入、经营收入、附属单位上缴收入、其他收入
预算支出	教职工经费、学生经费	事业支出、经营支出、自筹基本建设支出、对附属单位补助支出	基本支出涵盖人员经费和日常公用经费，项目支出为在基本支出之外为完成其特定行政任务和事业发展目标所发生的支出
监管机制	审计、监察、财政及主管部门进行监督检查	国家有关部门的财务监督和内部监督	财政部检查监督基本支出预算执行情况，财政部对项目支出进行绩效评价管理，建立内控机制
政策文件	《关于加强文教卫生事业定员定额的制订工作的联合通知》(1955)	《高等学校财务管理改革实施办法》(〔86〕教计字162号) 《高等学校财务制度》(财文字〔1997〕280号)	《中央部门基本支出预算管理试行办法》(财预〔2001〕330号) 《中央本级基本支出预算管理办法(试行)》(财预〔2002〕355号) 《中央本级基本支出预算管理办法》(财预〔2007〕37号) 《高等学校财务制度》(财教〔2012〕488号) 《财政部关于加强和改进中央部门项目支出预算管理的通知》(财预〔2015〕82号) 《关于改革完善中央高校预算拨款制度的通知》(财教〔2015〕467号) 《中央高校基本科研业务费管理办法》(财教〔2016〕277号) 《关于进一步完善中央部门项目支出预算管理的通知》(财预〔2017〕96号)

（二）机理分析

基于政府顶层设计下的府学高等教育预算博弈视角建构机理分析框架，经由挖掘高等教育拨款相关制度细节，找寻政府对高校预算管理渐进赋权的逻辑线索。在“基数 + 发展”“综合定额 + 专项补助”“基本支出 + 项目支出”等不同的高等教育拨款模式下，府学预算关系、高校行为与高校绩效间的逻辑关系如图 2 – 1 所示。

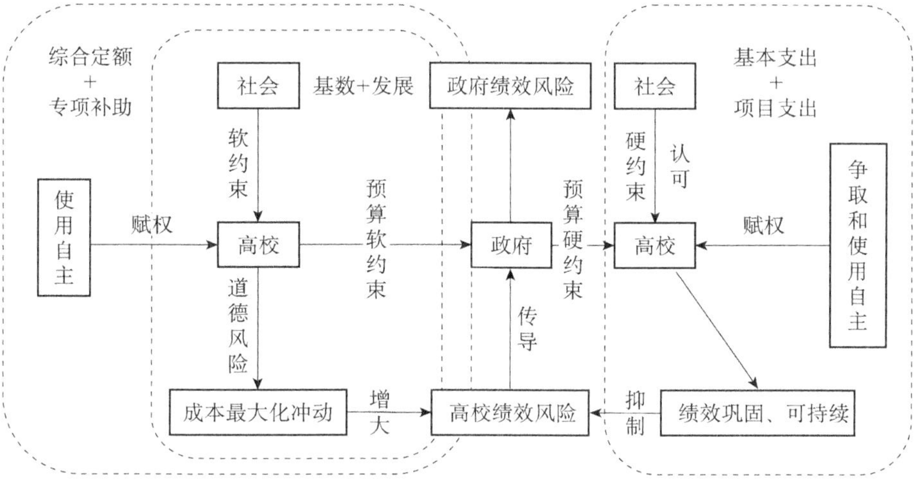

图 2 – 1　研究的逻辑框架

1. “基数 + 发展”的内在逻辑

为发展高等教育事业，政府经反复权衡，于 1955 年对高校的资金配置形式予以明确。《关于加强文教卫生事业定员定额的制订工作的联合通知》指出，高校需依照学生数量或班级数量确定应配备的教职工人数，即事业编制，根据事业编制核定预算定额，并对预算定额的执行结果进行检查，考核使用效益。收入定额包括补偿性收入定额、生产性收入定额、代办性收入定额。支出定额包括人员经费定额和公用经费定额。各项具体开支如水费、电费等的单项定额汇总得到综合定额，公用经费定额作为一种综合定额，包括办公费、会议费、差旅费、水费、电费等。中央级高校的编制工作，由国务院统一领导与集中管理；地方各级政府所属高校的编制，在国务院统一领导下，由各省、市、自治区人民政府统一领导，集中管理，政府保留了额度控制与审批权限，高校缺乏自主权。文件还同时要求，高校事业单位编制额度衡定，不得相互挤占、流用与擅自调整编制，定额设定要确保合理需要，也要厉行节约，根据各地经济社会状况的不同而定，注意地区间、高校间的综合平衡。可见在预算定额设定上，还是有一定的弹性和灵活性，对高校而言，属于预算软约束，也没有体现社会对高校预算的约束力。

总体来看，在“基数＋发展”模式下，高校不仅没有预算定额确定的自主权，也没有受到政府的预算制约、社会的类市场制约。这种模式与统一领导、分级管理的预算管理体制相对应，高校的收入与支出都由政府统一调配，高校在收入上没有自主权，在支出决策上也没有自主权，造成高校没有收支自主权，不具有独立预算，欠缺适当的激励约束机制，造成一加强管理高校就只能僵化发展的局面，引致高校追求成本最大化，丧失提升资金使用效益的积极性，把经费缺口问题上交政府。因此，“基数＋发展”的制度设计体现了高校只管竭尽所能地争取教育经费，经费缺口问题由财政来考虑与补足。

2. “综合定额＋专项补助”的内在逻辑

政府察觉在“基数＋发展”模式下严管造成的僵化情形，为充分调动高校发展积极性、促成高校的类市场化发展，财政尝试对高校经费赋权，于1987年进行了“综合定额＋专项补助”改革。“综合定额”是在过去的“定员定额”基础上，依照高等教育主管部门制定的各级各类等院校学生的生均定额拨款标准与在校生数量测算并拨付的，“定额”标准依照社会经济发展状况，在考量物价指数和消费水平的基础上进行调整确定。“专项补助”作为“综合定额”的辅助性经费，是由财政部门和高校主管部门基于国家政策，根据高等教育发展总体愿景与高校需要核算分配给高校的有专门用途的专项经费，比如新建学科的成立费用、重点学科建设经费、教学科研实验室设备购置维护费、师资培养进修费用、离退休人员活动经费，以及聘任国外专家学者、科研人员的经费与社会贷款等项目的补贴，还有后来增加的“985工程”“211工程”的中央拨款等。此外，国家还按照各年财政实际状况，有针对性地拨付一定数额的临时性补助，属于调剂性的机动补助。“综合定额＋专项补助”模式在经费使用上赋予高校较大的自主机动权限，按照经费包干额度内使用、经费超支财政不予补足、节余资金自主安排使用、自求收支平衡的原则，自主安排各项经费的具体用途。

“综合定额＋专项补助”基于教育开支成本进行测算，并考量高等教育未来发展需要，增加了高校的自主管理权限，激励高校提升经费使用效率、合理配置资源。且用于确定具体拨款数额大小的参数主要为在校生数量，较为简单，量化度高，透明性强，对高校有着显著的激励作用，与“基数＋发展”的渐进资金配置方式相比有一定进步，把不易或难以纳入综合定额的特殊需要用专项补助的方式单另分配，专款专用，确保了高校的资金需要。但综合定额客观上认可历史支出，忽视历史支出中的问题；政策参数单一，未采用绩效评估指标，使政府难以从经济利益上对高等教育进行宏观引导，造成资金利用效率与效益不高；规范性不强，在分配资金时缺乏法律制度的保障，也欠缺科学合理的绩效评价制度，经费分配难以达成公正、公开与公平。“综合定额＋专项补助”的竞争性不足，易发生资源浪费，办学水平不高，高校治理中的寻租、学术腐败现象时有出现。

总体而言，政府通过“综合定额＋专项补助”赋予了高校在资金使用中的自主权，但没有强调权利与职责的对称，造成对高校的约束力欠缺。这种模式与“划分收支，分级包干”的预算管理体制相对应，通过对高校的赋权，高校获得一定的自主决定权与资源分配权。但高等教育预算的约束软化问题依然存在，信息不对称引发与助推了高校的机会主义和成本最大化行为，部分高校盲目提高办学成本，增加资金使用规模，府学间的讨价还价成为了屡见不鲜的现象，造成办学成本上升、办学效益下降的困局。从中可知，当政府赋予高校权利却对权利不加限制时，易出现高校只顾追逐自身利益，而无视国家利益的偏差，造成府学信息不对称及高校成本最大化的短期行为，发生政府管理一放松高校就乱的事态。因此，在“综合定额＋专项补助”自主权过大和约束软弱无力的情况下，府学间信息失衡和高校道德风险的存在，进一步强化了高校成本最大化的冲动，造成资金使用中欠缺自律性、对提高资金使用效益缺乏积极性，进而引发比“基数＋发展”模式下更为严峻的高校绩效问题。

须关注的是，政府在观察到对高校赋权的负效应后，并没有采取过去预算管理体制下直接撤销所赋予高校的权利的做法，避免府学关系在严管僵硬、放松无序的情景中反复，而是在类市场化政策愿景下对高校不够规范的行为予以包容，甚至在 1997 年《高等学校财务制度》中明确，高校在执行预算的过程中，因国家有关政策或事业计划的较大变动，需要调整来自财政的补助收入和来自财政专户的预算外资金收入时，可向主管部门或财政部门提出申请要求调整预算，若还需调整其他收入项目，高校可自行进行预算调整并告知主管部门与财政部门。其中的缘由为，“综合定额＋专项补助”模式虽出现一些负面后果，但具有不少类市场化要素，在类市场化的发展意图之下，积极推动高等教育拨款上的类市场化运作，符合政府的改革导向；“综合定额＋专项补助”作为过渡性政策，意在帮助高校尽可能扩大招生规模，争取科研专项经费，增加受教育人数，获取科研产出，政府要为高校的发展与经验累积提供时间与制度空间，以为之后更顺应类市场化要求的“基本支出＋项目支出”变革夯实基础。但政府的包容不是无限制的纵容，一旦高校的非理性行为造成绩效下滑，甚或发生威胁高等教育平稳发展的危急境况，政府便会及时改换赋权方式。

3. “基本支出＋项目支出”的内在逻辑

当高校绩效危机对高等教育稳定发展产生的负面效应被政府察觉之时，政府通过“基本支出＋项目支出”改革对高校进一步赋权，来对高校类市场化的非规范行为进行校正。在高等教育拨款方面，“基本支出＋项目支出”赋予高校在经费争取中的自主权、经费使用的决定权，推进高校的分类评价和分类管理，导引高校合理定位，激励高校差异化发展，在各层次、各领域取得社会所认可的卓越成绩。政府经由此次变革调整了授予高校权利的形式，明晰了高校经费使用中应承担的职责，有利于构建权责相对应的权利赋予机制，实现激励相容。

“基本支出＋项目支出”实现了对高校的预算硬约束和社会硬约束。对高校发展方向的明晰，分类评价和分类管理，硬化了高校的预算约束。在社会约束方面，与“基数＋发展”和“综合定额＋专项补助”相比，“基本支出＋项目支出”模式的最大差别在于高等教育拨款以高校特色发展为基石，由高校自主争取与使用，政府不再为高校指定发展道路，而是高校的发展要得到社会认可。这就将“政府—高校”的双元信用体系转变为“政府—高校—社会”的三元信用体系。社会的心理评级可能会发生改变，在三元信用体系中，社会首先会评估高校的绩效等级与发展能力，如果社会认为高校绩效较低而选择不认可高校，包括不接受高等教育、不与高校合作、不投入高等教育，那么财政也会相应缩减对高等教育的拨款。社会的审慎行为，会造成高校在高等教育拨款的额度与使用用途上受到更多限制，进而谨慎使用拨款。一方面，高校会严格申请经费，谨防未来难以兑现绩效目标；另一方面，高校还会严格限定资金的使用方向，抑制成本最大化冲动，降低蕴含较大绩效风险的开支。这样即使未来绩效目标没有达成，或不得不争取新的经费来实现最初的绩效目标时，面对教育主管部门的问责或教育评估机构的质询，也可以更好地进行说明，解释其原因所在。同时，在“基本支出 + 项目支出”模式下，高校经费使用情况要进行绩效评价，高等教育拨款使用的全过程须公开透明，且每年都要向社会披露。这些类市场化的监督管理机制强化了对高校的社会约束。

“基本支出 + 项目支出”改革对“综合定额 + 专项补助”改革的纠偏作用，与高等教育预算管理体制改革中的纠偏相呼应。政府为加强高等教育预算管理，推行政府采购制度、部门预算、国库集中支付制度，“基本支出 + 项目支出”顺应宏观体制环境的要求，是财政管理体制改革在高等教育拨款方式上的反映，使得高校预算编制细化，预算内容全面，预算内外的资金都纳入预算管理，资金使用时遵循政府采购制度的要求，科研教学仪器设备、基建工程与各类物资购置都纳入政府采购范围，采购的款项通过国库集中支付的方式支付，避免资金的挤占、挪用、截留，提高预算约束力，实现预算的有效执行，规避了预算分配使用中的府学信息失衡与拉扯要价。可见，政府在向高校赋权的同时适当约束高校行为，有助于消除府学间的信息不对称，降低高校发生道德风险的可能性。“基本支出 + 项目支出”经由硬化对高校的社会约束和预算约束，增强高校的责任意识与责任担当，减少高校的道德风险冲动与行为，由此抑制高校无视绩效的成本最大化的冲动。

4. 改革过程的归纳汇总

高等教育拨款方式变革的总体思路是政府先授予高校权限以提升其发展的积极性，再观测权利授予效果来适时改变权利授予方式，以及时消除上一阶段权利授予方式造成的窘境，体现了府学高等教育预算博弈过程中政府对整体变革的顶层制度设计。政府通过“综合定额 + 专项补助”改革向高校赋权，当察觉高校的成本最大化冲动及其负面影响后，又经由“基本支出 + 项目支出”变革进一步向高校赋权，消解上一阶段“综合定额 + 专项补助”改革的不良后果。这里相应作出理论假说 1。

理论假说1：政府的权利授予做法——“综合定额+专项补助”变革增强了高校成本最大化冲动，造成高校绩效风险，在观测到该负面影响之后，政府又通过“基本支出+项目支出”改革降低了高校成本最大化冲动，降低高校绩效风险，推动着改革目标的达成。

为什么“综合定额+专项补助”改革会增加高校成本最大化冲动，进而引发高校绩效风险，而“基本支出+项目支出”改革则能够抑制高校成本最大化冲动，进而控制高校绩效风险呢？本书认为，该现象的出现和两次改革引发的高校行为变动紧密相关。

在高等教育预算管理中，高校管理者出于对尽可能多资金的追求，会倾向于把所获资金投入到高成本的领域，甚至会发生重复建设、过度投资等问题情形①。高校预算软约束也会造成高校成本上升与资金支出结构扭曲，激化高校在基础设施上的投资冲动，并伴随着高校的非理性行为②。再从收入规范性视角看，高校在预算管理背景下存在着强烈的专项竞争冲动，通过争取各种专项的形式扩大自身可支配收入，以达到绩效目标和高校负责人升迁目标。阎光才（2019）还发现，专项补助作为一种竞争性资源分配机制，政府介入高校程度加深，推动高校同质化发展，偏离高等教育发展规律③。

可见，高等教育预算软约束问题造成高校管理者缺乏成本最小化意识，绩效理念不强，并在政府会托底的侥幸心理下引致道德风险，造成高校过度支出、重复支出并忽视支出效果的冒失行为，以及从政府争取体外循环的专项资金，进而获得非常规的增量资源，这些行为会在一定程度上引致高校绩效危机。其原因在于，高校为获取专项资金展开竞争，竞争失败的学科、高校难以得到更大的发展，出现优势学科、重点高校对弱势学科、非重点高校的虹吸、压制，弱势学科、非重点高校缺乏发展所需资金，存在绩效下滑风险，发生马太效应，而优势学科、重点高校在获取专项资金后，对政府进行游说，调整项

---

① Benjamin D. Andrews. College Costs and Credit Cards：How Student Credit Card Use Influences College Degree Attainment［J］. Research in Higher Education，2021，10（1）：1－29.

② Ebenezer Olutide. Bamidele，Timothy O. Mosaku and Olabosipo I. Fagbenle. Quantitative Analysis of the Effect of Compliance with Public Procurement Act 2007 on Time Overrun Among Public Tertiary Institutions［J］. International Journal of Civil Engineering and Technology，2019，10（3）：421－431.

③ 阎光才. 政策情境、组织行动逻辑与个人行为选择［J］. 教育研究，2019（9）：33－45.

目目标，选择性执行，推动政府放松资金管制，绩效评价中包装业绩、赶造业绩，并未取得真正的创新，滋生唯论文、唯专项的虚假绩效。

“综合定额 + 专项补助”改革在“基数 + 发展”的基础上，赋予了高校资金使用和管理的自主权，却并未适当增强对高校的约束，由此激化了高校的道德风险，使之采取随意性支出行为和欠合规收入手段，进而造成更大的高校绩效危机。而“基本支出 + 项目支出”变革的进一步授权则有利于厘清高校资金使用的权利与责任的归属，还能够借助类市场力量去监督管理项目资金的使用方向与使用绩效，此种约束限制有助于规避高校寻租行为，减少高校与政府间不必要的博弈行为，倒逼高校经由改善资金使用结构与提高资金使用效果等手段来合理防范绩效危机的发生。

可见，高校应对行动可作为高等教育拨款方式变革扰动高校绩效的中介机制，诠释两次变革为什么会引发高校绩效的变动。本部分认为，变革引发高校应对行动的调整可由“绩效巩固”（Performance Consolidation）和“绩效可持续”（Performance Sustainability）来展开测算。其中，绩效巩固主要关注高校应对行动本身，绩效可持续侧重于高校行为导致的绩效效果。绩效巩固的主要愿景在于减少拨款的额度与增加拨款的产出，因此，本部分将侧重于分析高校的支出结构和产出结构，来观测其绩效巩固意识及行动得到强化与否。绩效可持续的主要愿景为：随着高等教育拨款额度的增加，高校绩效能力具有持续性。Labas、Darabos 和 Nagy（2016）指出，如果绩效水平能随高等教育拨款额度调整，绩效可持续就可达成，并提出绩效反应函数的实证验证方法[①]。由此，这里提出理论假说 2。

理论假说 2：“综合定额 + 专项补助”通过弱化绩效巩固与绩效可持续，加大了高校的绩效风险；“基本支出 + 项目支出”通过强化绩效巩固与绩效可持续，舒缓了高校的绩效风险。

三、实证方法和数据说明

为明晰地考察政府顶层设计下的府学高等教育预算博弈过程，并探究府学

---

① Istvan Labas, Eva Darabos, and Tunde Orsolya Nagy. Competitiveness-Higher Education [J]. Studia Universitatis Vasile Goldis Arad-Economics Series, 2016, 26 (1): 11-25.

高等教育预算博弈对制度渐进变革的影响，这里以高等教育拨款方式变革为案例，以高校绩效风险作为对府学高等教育预算博弈的考察重点，为政府引领下的府学高等教育预算博弈逻辑提供实证检验证据。

（一）实证模型构建

高等教育拨款方式“综合定额＋专项补助”和“基本支出＋项目支出”改革可视为准自然实验，这里采用双重差分法（Difference in Differences）对两种拨款方式的运作效果展开探析。“综合定额＋专项补助”的基准回归模型为：

$$S_{pt} = \alpha + \beta \cdot dd_{1t} + \eta_p + \lambda_t + \eta \cdot Trend_t + \gamma \cdot X_{pt} + \varepsilon_{pt} \qquad (式 2-1)$$

其中，S_{pt}是 p 省份第 t 年的高等教育拨款绩效风险，这里使用人才培养变动率、科研产出变动率、财政支持变动率来测度。由于“综合定额＋专项补助”改革是单期冲击，对于各个实验组省份公立高校，政策冲击时间都发生在 1987 年，因而“综合定额＋专项补助”虚拟变量dd_{1t}的下标只含有时间 t。η_p是省份固定效应，λ_t是时间固定效应，$\eta \cdot Trend_t$是省份固定效应和时间趋势的交互项，ε_{pt}是随机扰动项。基于省份固定效应与时间不可观测性，模型还纳入了控制变量X_{pt}，涵盖各省人均 GDP、每 10 万人在校大学生数量、专任教师数量、财政风险、高等教育财政分权，这些变量作为决定变革方案的重要因素，控制了这些变量之后，可使得dd_{1t}的分布更为随机。

“基本支出＋项目支出”的基准回归模型为：

$$S_{pt} = \alpha + \beta \cdot dd_{2t} + \eta_p + \lambda_t + \eta \cdot Trend_t + \gamma \cdot X_{pt} + \varepsilon_{pt} \qquad (式 2-2)$$

“基本支出＋项目支出”变革是单期冲击，对于各个实验组省份中央高校，政策冲击时间都发生在 2002 年，其他要素的指代含义与式 2－1 一样。

就系数 β 而言，当 $\beta > 0$ 时，变革对高等教育拨款绩效风险有推动作用；当 $\beta < 0$ 时，变革对高等教育拨款绩效风险有阻抑功效；当 $\beta = 0$ 或在统计上不显著时，改革对高等教育拨款绩效风险的作用不显著。

机制分析中把绩效巩固与绩效可持续视为“综合定额＋专项补助”和“基本支出＋项目支出”变革扰动高等教育拨款绩效风险变动的中介机制。机制分析的多元回归分析模型构建如下。

$$C_{pt} = \alpha + \beta \cdot dd_{1t} + \eta_p + \lambda_t + \eta \cdot Trend_t + \gamma \cdot X_{pt} + \varepsilon_{pt} \qquad (式 2-3)$$

$$C_{pt}=\alpha+\beta\cdot dd_{2t}+\eta_p+\lambda_t+\eta\cdot Trend_t+\gamma\cdot X_{pt}+\varepsilon_{pt} \quad (式2-4)$$

其中，C_{pt}是p省份高校第t年的绩效巩固、绩效可持续情况。dd_{1t}是“综合定额＋专项补助”变革的虚拟变量，dd_{2t}是“基本支出＋项目支出”变革的虚拟变量。模型中的其他要素指代含义与式2－1一样。

（二）变量及数据诠释

这里选取1978—2019年中国31个省份的高校有关数据。如下为研究所用的变量与数据。原始数据来源于《中国统计年鉴》《中国教育统计年鉴》《中国教育经费统计年鉴》《全国教育经费执行情况统计公告》《高等学校科技统计资料汇编》《全国高校社科统计资料汇编》《新中国六十年统计资料汇编》《新中国六十五年统计资料汇编》，以及各省统计年鉴。

1. 因变量

实证部分的因变量为各省高等教育绩效危机度。在实际操作中，使用人才培养变动率、科研产出变动率和财政支持变动率来测度各省高等教育绩效危机度。

（1）人才培养变动率 $=\dfrac{\text{当年毕业生数量}-\text{上一年毕业生数量}}{\text{上一年毕业生数量}}$；

（2）科研产出变动率 $=\dfrac{\text{当年科研成果数量}-\text{上一年科研成果数量}}{\text{上一年科研成果数量}}$；

（3）财政支持变动率 $=\dfrac{\text{当年预算内教育拨款}-\text{上一年预算内教育拨款}}{\text{上一年预算内教育拨款}}$。

2. “综合定额＋专项补助”和“基本支出＋项目支出”改革变量

（1）“综合定额＋专项补助”改革变量。

高等教育拨款“综合定额＋专项补助”改革的范围是所有省份的公立高校，这里将高等教育发达的省份如江苏、上海、北京、辽宁、四川、黑龙江、陕西、湖北、湖南、广东、山东、吉林、浙江作为“综合定额＋专项补助”冲击下的实验组，其他省份作为控制组。“综合定额＋专项补助”改革时间为1987—2000年，高等教育发达省份$dd_1=1$，其他省份$dd_1=0$。

（2）“基本支出＋项目支出”改革变量。

“基本支出＋项目支出”改革的范围包括各省份中央高校，将拥有中央高校的省份作为“基本支出＋项目支出”冲击下的实验组，只有地方高校的省份作为控制组，即山西、内蒙古、河南、海南、广西、贵州、云南、青海、西藏、新疆为控制组，其他省份为实验组。2001 年为中央高校“基本支出 + 项目支出”改革时间，定义实验组 $dd_1 = 1$，控制组 $dd_1 = 0$。样本具体分布见表 2 - 2。

表 2 - 2　　实验组与控制组样本分布

改革方式	实验组数量	控制组数量	实验组占比
“综合定额 + 专项补助”	13	18	45.16%
“基本支出 + 项目支出”	21	10	67.74%

3. 控制变量

研究控制了人均 GDP、每 10 万人口在校生数量、专任教师数量、财政风险、高等教育财政分权等变量。财政风险指财政出现缺口或收入下降时，会不同程度地削减高等教育投入，用财政收支差额/GDP 表示。高等教育财政分权，用省本级预算内高等教育支出/省预算内高等教育支出表示。

4. 机制分析变量

研究的机制分析变量涵盖高等教育绩效巩固变量和绩效可持续变量。

（1）绩效巩固变量涵盖高等教育财政支出结构、人员经费占比、公用经费占比、基本建设费占比、也包括收入来源结构、财政补助收入、学费收入占比、社会服务收入中用于高等教育的经费占比、捐赠收入占比。

（2）绩效可持续变量包括专任教师占比、高级职称专任教师占比、生师比、研究生在校生数量占比。

（三）描述性统计

因变量和控制变量的描述性数据统计见表 2 - 3。可看到，样本省份在 1978—2019 年人才培养变动率的均值为 0.1129，最小值为 - 0.2917，最大值为 0.4918。科研产出变动率的均值是 0.1559，最小值为 - 0.2738，最大值为 0.5741。财政支持变动率的均值为 0.1629，最小值为 0.1350，最大值为 0.4512。从人才培养变动率的角度看，22 年间大部分省份的人才培养变动率都在增加，只是在个别时点个别省份的人才培养变动率为负值，但人才培养变动率的增速在放缓。

表 2 - 3　描述性统计

变　量	观测值	均值	标准差	最小值	最大值
人才培养变动率	1302	0. 1129	0. 0801	-0. 2917	0. 4918
科研产出变动率	1302	0. 1559	0. 0259	-0. 2738	0. 5741
财政支持变动率	1302	0. 1629	0. 1350	-0. 1789	0. 4512
ln 人均 GDP	1302	8. 3846	1. 9133	5. 1565	12. 0089
ln 每 10 万人口在校生数量	1302	6. 2354	1. 5468	3. 4789	8. 7917
ln 专任教师数量	1302	9. 5472	1. 2201	6. 0822	11. 5883
财政风险	1302	-0. 0776	0. 1777	-1. 1578	0. 5249
高等教育财政分权	1302	0. 5114	0. 5990	-0. 1641	1
基本建设费占比	1302	0. 1026	0. 1774	0. 0026	0. 3765
人员经费支出占比	1302	0. 4906	0. 1049	0. 3024	0. 7798
公用经费支出占比	1302	0. 4022	0. 1024	0. 1715	0. 6409
财政补助收入占比	1302	0. 4615	0. 1058	0. 3156	0. 7934
学费收入占比	1302	0. 1786	0. 1174	0	0. 5367
社会服务收入中用于教育的经费占比	899	0. 0207	0. 0205	0	0. 1154
捐赠收入占比	899	0. 0312	0. 0382	0	0. 1938
专任教师占比	1302	0. 5284	0. 1378	0. 2589	0. 7652
高级职称专任教师占比	1302	0. 2534	0. 1071	0	0. 6472
生师比	1302	12. 9611	6. 3846	2. 7816	21. 34
研究生在校生数量占比	1302	0. 0486	0. 2917	0. 0082	0. 2064

四、实证结果与分析

（一）基准模型回归

先探讨政府颁布“综合定额 + 专项补助”与“基本支出 + 项目支出”政策改革效果，即改革对各地高等教育绩效风险的影响，表 2 - 4 为基准回归的估计结果。可看到，“综合定额 + 专项补助”改革后，实验组的人才培养变动率缓慢增加，而“基本支出 + 项目支出”改革后，实验组的人才培养变动率显著增加；“综合定额 + 专项补助”改革后，实验组的科研产出变动率和财政支持变动率略有增加，而“基本支出 + 项目支出”改革后，实验组的科研产出变动率和财政支持变动率都出现大幅增长，但在统计上不是特别显著。在同时控制“综合定额 + 专项补助”和“基本支出 + 项目支出”虚拟变量后，从表中的第（3）列、第（6）列、第（9）列数据可看到，“综合定额 + 专项补助”改革会在一定程度上提升各省高等教育的科研产出率和财政支持率，“基本支出+项目支出”改革则会显著提升各省高等教育的人才培养增长率。

表2-4 “综合定额+专项补助”和“基本支出+项目支出”变革对各省高等教育绩效风险影响的估计分析结果

变量	人才培养变动率			科研产出变动率			财政支持变动率		
	(1)	(2)	(3)	(4)	(5)	(6)	(7)	(8)	(9)
“综合定额+专项补助”	0.0455**		0.2062**	0.1743**		0.0571*	0.0891*		0.3582**
	(0.0979)		(0.1299)	(0.6217)		(0.1098)	(0.1300)		(0.6203)
“基本支出+项目支出”		-0.1869*	-0.9981*		-0.2525**	-0.78691*		-0.1444**	-0.5373**
		(0.0775)	(0.0155)		(0.8794)	(0.0755)		(1.1797)	(0.9055)
控制变量	是	是	是	是	是	是	是	是	是
省份固定效应	是	是	是	是	是	是	是	是	是
时间固定效应	是	是	是	是	是	是	是	是	是
省份固定效应-时间趋势	是	是	是	是	是	是	是	是	是
样本量	1302	1302	1302	1302	1302	1302	1302	1302	1302

注：控制变量涵盖 ln 人均 GDP、ln 每百万人口的大学生数、ln 专任教师数量、财政风险、高等教育财政分权。括号内的数值为省级层面聚类稳健标准误，**、* 分别指代 5%、10% 的显著性水平，后表同。

总体来看，“综合定额+专项补助”改革后，实验组的高等教育绩效风险会有所降低，但降低力度不够显著，而“基本支出+项目支出”改革后，实验组的省级高等教育绩效风险会受到较为显著的抑制。再从影响效应大小的角度看，以人才培养变动率为例，实施“综合定额+专项补助”改革后，实验组省份与控制组省份相比，人才培养变动率增加约 0.0455，占全部样本均值 0.1129 的 21.63%；实施“基本支出+项目支出”改革后，实验组省份与控制组省份相比，人才培养变动率增加约 0.1869，占所有样本均值的 33.28%，在数值层面也较为显著。实证分析结果验证了理论假说 1，即政府通过“综合定额+专项补助”改革对各省高校赋权，提高了各省高等教育绩效。由于高校的成本最大化冲动，绩效提升有限，于是经由“基本支出+项目支出”变革对高校进一步进行权利授予，抑制高校成本最大化冲动，提升了高校绩效，分阶段实现了政府高等教育拨款方式改革愿景。

"综合定额 + 专项补助"有限提升人才培养变动率、"基本支出 + 项目支出"较大幅度增加人才培养变动率的平行趋势检验见图 2-2、图 2-3。从图中可发现，在"综合定额 + 专项补助"和"基本支出 + 项目支出"变革的前4期，估计系数皆不算显著，表明控制组与实验组在变革前差异不是很大，符合平行趋势假说。图 2-2 估计系数在"综合定额 + 专项补助"变革当年及滞后 2 期都明显大于0，表明"综合定额 + 专项补助"改革对各省高等教育绩效风险有较显著的正向影响；图 2-3 估计系数在"基本支出 + 项目支出"变革当年都明显小于0，说明"基本支出 + 项目支出"改革对各地高等教育绩效风险有较为显著的负向影响。

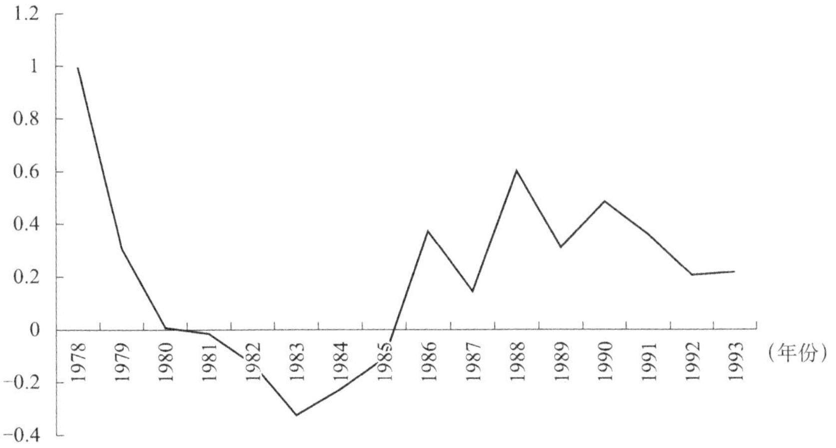

图 2-2 1987 年"综合定额 + 专项补助"改革前后平行趋势检验

（二）稳健性检验

由于样本期间政府还在开展其他改革，这些改革扰动着高校绩效风险，基准回归分析中高等教育拨款方式变革对高校绩效风险发生的影响，也可能是同时期其他变革的作用结果。在样本所属时段内，存在一个影响较为广泛的举措——高校合并。高校合并在各省份不同时点发生，与高等教育拨款方式改革有重叠与交错，同时，高校合并可能会造成高校开支增加，管理成本增大，而政府财政支持乏力，引发高校绩效风险。为排除高校合并对实证结果的干扰，研究展开稳健性检验。根据合并高校所在的省份和发生的年份，在基准回归分

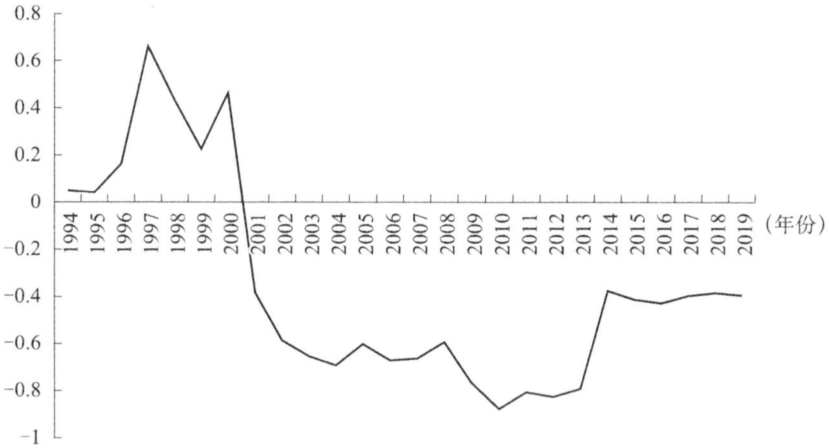

图 2－3 2001 年“基本支出＋项目支出”改革前后平行趋势检验

析模型中加入高校合并虚拟变量，表 2－5 为实证结果。可发现，控制高校合并虚拟变量后，“综合定额＋专项补助”与“基本支出＋项目支出”的回归系数同基准回归相比而言，没有显著区别，回归结果稳健。

表 2－5 稳健性检验：控制“高校合并”

变量	人才培养变动率			科研产出变动率			财政支持变动率		
	(1)	(2)	(3)	(4)	(5)	(6)	(7)	(8)	(9)
“综合定额＋专项补助”	0.0455 **		0.2062 **	0.1743 **		0.0571 *	0.0891 *		0.3582 **
	(0.0979)		(0.1299)	(0.6217)		(0.1098)	(0.1300)		(0.6203)
“基本支出＋项目支出”		−0.1869 *	−0.9981 *		−0.2525 **	−0.78691 *		−0.1444 **	−0.5373 **
		(0.0775)	(0.0155)		(0.8794)	(0.0755)		(1.1797)	(0.9055)
高校合并	−0.031 **	−0.042 *	−0.041 *	−0.0325 **	−0.0395 **	−0.2462 *	−9.42 *	−2.318 **	−6.653 **
	(0.0921)	(0.0125)	(0.0113)	(0.0121)	(0.0694)	(0.0852)	(1.1647)	(1.1568)	(1.3952)
控制变量	是	是	是	是	是	是	是	是	是
省份固定效应	是	是	是	是	是	是	是	是	是
时间固定效应	是	是	是	是	是	是	是	是	是
省份固定效应－时间趋势	是	是	是	是	是	是	是	是	是
样本量	1302	1302	1302	1271	1271	1302	1302	1302	1302

（三）影响机理分析

1. 绩效巩固层面

从高等教育拨款的支出结构看，“综合定额 + 专项补助”的模式下，各省份高校很可能增加成本开支。在政府经由“基本支出 + 项目支出”模式进一步赋权后，高校投资冲动得到抑制，其成本开支有所滑落。由于高校行为变动引起高等教育绩效风险的变动。这里选取“基本建设费占比”“公用经费占比”“人员经费占比”作为高等教育成本开支的观察对象。

表 2 -6 显示，“综合定额 + 专项补助”模式实施后，各省份高校增加了基本建设费占比、公用经费占比，人员经费占比有所下滑，“基本支出 + 项目支出”模式实施后，各省份人员经费占比有所增加，在统计上较为显著。

表 2 -6　“综合定额 + 专项补助”与“基本支出 + 项目支出”变革对高等教育绩效风险的影响机理分析：绩效巩固 - 支出结构

变量	基本建设费占比			公用经费占比			人员经费占比		
	(1)	(2)	(3)	(4)	(5)	(6)	(7)	(8)	(9)
“综合定额 + 专项补助”	0.262 **		0.203 **	0.236 **		0.192 *	0.183 *		0.183 **
	(0.029)		(0.021)	(0.037)		(0.02)	(0.1300)		(0.6203)
“基本支出 + 项目支出”		-0.142 *	-0.142 *		-0.161 **	-0.161 *		-0.089 **	-0.089 **
		(0.058)	(0.058)		(0.067)	(0.067)		(0.28)	(0.28)
控制变量	是	是	是	是	是	是	是	是	是
省份固定效应	是	是	是	是	是	是	是	是	是
时间固定效应	是	是	是	是	是	是	是	是	是
省份固定效应 - 时间趋势	是	是	是	是	是	是	是	是	是
样本量	1302	1302	1270	1270	1302	1302	1270	1270	1302

从高等教育拨款来源结构看，在“综合定额 + 专项补助”模式下，各省份高校的财政补助收入可能降低，非财政补助收入可能增加。为此，分别对“综合定额 + 专项补助”“基本支出 + 项目支出”与高等教育拨款收入来源进行回归。这里不仅关系到财政补助收入占比，还关系到学费收入占比、社会服务收入中用于高等教育的经费占比，以及捐赠收入占比。从表 2 -7 中看到，

表 2-7 “综合定额 + 专项补助”与“基本支出 + 项目支出”变革对高等教育绩效风险的影响机理分析:绩效巩固 - 收入来源结构

变量	财政补助收入占比			学费收入占比			社会服务收入中用于教育的经费占比			捐赠收入占比		
	(1)	(2)	(3)	(4)	(5)	(6)	(7)	(8)	(9)	(10)	(11)	(12)
“综合定额 + 专项补助”	-0.032**		-0.024**	1.035**		1.031*	0.102*		0.098**	0.013*		0.016**
	(0.012)		(0.011)	(1.025)		(1.021)	(0.02)		(0.023)	(0.01)		(0.012)
“基本支出 + 项目支出”		-0.015*	-0.015*		1.161**	1.134*		0.105**	0.086**		0.011**	-0.009**
		(0.018)	(0.018)		(1.01)	(1.027)		(0.012)	(0.009)		(0.018)	(0.01)
控制变量	是	是	是	是	是	是	是	是	是	是	是	是
省份固定效应	是	是	是	是	是	是	是	是	是	是	是	是
时间固定效应	是	是	是	是	是	是	是	是	是	是	是	是
省份固定效应 - 时间趋势	是	是	是	是	是	是	是	是	是	是	是	是
样本量	1302	1302	1270	1270	1302	1302	1270	1270	1302	1302	1302	1302

“综合定额＋专项补助”模式下，各省份高等教育的财政补助收入占比下滑，非财政补助收入占比上升，尤其是学费收入占比，这表明各省份高等教育在“综合定额＋专项补助”改革后所获财政支持力度下降，更多依赖于预算之外的非财政收入来获得资金，特别是学费收入，行为规范性发生下跌。而“基本支出＋项目支出”模式下，各省份高等教育拨款来源结构中，实验组和控制组省份没有明显变动。

上述实证结果显示，“综合定额＋专项补助”改革弱化了各省份高校的绩效巩固意识与行动，“基本支出＋项目支出”改革则强化了各省高校的绩效巩固意识与行动。

2. 绩效可持续层面

在“综合定额＋专项补助”模式实行之后，各省份高校的绩效可持续发展意识可能会减弱，绩效行动力会减弱。在“基本支出＋项目支出”模式实行之后，各省份中央高校可持续发展意识会增强，绩效行动力会加强，这里因变量采用专任教师占比、高级职称专任教师占比、生师比、研究生在校生数量占比，核心解释变量使用“综合定额＋专项补助”“基本支出＋项目支出”改革虚拟变量。

表2－8显示，“综合定额＋专项补助”模式实施之后，各地高校专任教师占比、高级职称专任教师占比、研究生在校生数量占比发生下滑，生师比上升，“基本支出＋项目支出”模式实施之后，各地高校专任教师占比、高级职称专任教师占比、研究生在校生数量占比发生上升，生师比下降。

前述实证结果证实，“综合定额＋专项补助”模式弱化了各省份高校绩效可持续发展的动力与能力，“基本支出＋项目支出”模式则强化了各省份中央高校绩效可持续发展的动力与能力。

综合机制分析的结果，验证了理论假说2，即政府经由“综合定额＋专项补助”改革赋予高校较大的自主权，但弱化了高校的绩效巩固与绩效可持续能力，增加了各省份高校绩效风险；政府在发现改革的副作用后，又经由“基本支出＋项目支出”模式改换了赋权方式，强化了各省份中央高校的绩效巩固与绩效可持续能力，降低了各省份中央高校绩效风险，分阶段达成改革愿景。

表2－8 “综合定额＋专项补助”与“基本支出＋项目支出”变革对高等教育绩效风险的影响机理分析：绩效可持续

变量	专任教师占比			高级职称专任教师占比			研究生在校生数量占比			生师比		
	(1)	(2)	(3)	(4)	(5)	(6)	(7)	(8)	(9)	(10)	(11)	(12)
“综合定额＋专项补助”	−0.036**		−0.023**	−0.039**		−0.047*	−0.108*		−0.086**	0.104*		0.106**
	(0.011)		(0.009)	(0.024)		(0.051)	(0.031)		(0.014)	(0.013)		(0.009)
“基本支出＋项目支出”		0.018*	0.016*		0164**	0.138*		0.203**	0.187**		−0.219**	−0.317**
		(0.01)	(0.01)		(0.062)	(0.025)		(0.013)	(0.019)		(0.016)	(0.01)
控制变量	是	是	是	是	是	是	是	是	是	是	是	是
省份固定效应	是	是	是	是	是	是	是	是	是	是	是	是
时间固定效应	是	是	是	是	是	是	是	是	是	是	是	是
省份固定效应－时间趋势	是	是	是	是	是	是	是	是	是	是	是	是
样本量	1302	1302	1270	1270	1302	1302	1270	1270	1302	1302	1302	1302

3. 其他可能的途径

“基本支出 + 项目支出”后各省份中央高校绩效风险的降低还可能有其他影响机制。首先，各省份对中央高校的支持力度加大，高校获得更多的财务自主权，更愿意为获得更多政府支持而加强人才培养、科技创新、社会服务，降低了高校绩效风险。其次，各省份政府根据中央政府的要求，加大对地方公立高校的支持，模仿中央拨款模式改革对地方高校的拨款模式，增加绩效拨款，刺激了中央高校与地方高校间的竞争，引致各省份高校绩效风险下降。为查明这两种影响机理存在与否，这里展开实证回归分析，观察“基本支出 + 项目支出”模式实施后各省份中央高校与地方高校的人才培养比、科技成果比和财政支持力度比的变动。通过表 2 - 9 所示回归结果可看到，“基本支出 + 项目支出”改革后，央地在校生比没有出现明显变动，反映出资金换绩效效应引发各省份高校绩效风险下滑的通道存在的可能性较小。同时，央地科研成果比、央地财政拨款比也没有发生明显变动，表明竞争效应引发各省份高校绩效风险下滑的途径存在的可能性也较小。排除了这两个可能的发生作用的通路之后，可见绩效巩固与绩效可持续的增进能较好地诠释“基本支出 + 项目支出”改革减弱各省份高校绩效风险的作用效果。

表 2 - 9 “基本支出 + 项目支出”变革对高等教育绩效风险的影响机理分析：资金换绩效和竞争效应

变量	央地在校生比	央地科研成果比	央地财政拨款比
	(1)	(2)	(3)
“基本支出 + 项目支出”	0.206	-0.001	-0.006
	(0.29)	(0.09)	(0.02)
控制变量	是	是	是
省份固定效应	是	是	是
时间固定效应	是	是	是
省份固定效应 - 时间趋势	是	是	是
样本量	589	589	589

五、小结

本部分研究立足于新时代高等教育普及化阶段深化综合改革的背景，关注政府顶层制度设计对于打好高等教育综合改革攻坚战与蹚过深水区的枢纽效用，并经由对政府引领下的府学预算博弈进程的归纳总结，检视制度是如何在各方互动中渐进形成的，为继续推进高等教育综合改革、实现高等教育内涵式发展提供理论指导与实践参考。在研究方法上，以高等教育拨款方式改革为案例，以更好地洞悉政府对府学预算博弈开展顶层制度设计、并由此渐进达成改革愿景这一动态进程。这种研究视域与探索方法为府学预算关系研究提供了顺应高等教育普及化阶段新要求的研究方法。

本部分研究的实证分析思路为：基于高等教育拨款“综合定额 + 专项补助”和“基本支出 + 项目支出”改革的准自然实验，使用双重差分法对两次变革与各省高校绩效风险的因果关系展开经验证据探讨，并深入发掘其内在运作机理。实证研究显示，第一，不同于“基数 + 发展”方式，“综合定额 + 专项补助”改革的实质是政府对高校的财务管理赋权，但这一改革增加了高校绩效风险，因而政府在察觉此负面影响后，经由“基本支出 + 项目支出”改革对高校财务一步赋权，明晰了高校预算收支的职责，并强化监督，起到补偏救弊的效果，有助于防范高校绩效风险，推进改革愿景的达成。第二，前述影响的内在机理在于，“综合定额 + 专项补助”赋予了高校财务自主权，但没有对高校进行及时有效的约束，从而引发了高校的道德风险，助长其非理性预算收支行为，不利于防范高校绩效风险；而“基本支出 + 项目支出”方式经由对高校预算收支体系的再界定，形成较强的约束力，使高校更为关注绩效巩固与绩效可持续，有利于降低高校绩效风险。

经由对高等教育拨款方式改革的具体剖析，可全面认识改革过程中政府对府学预算博弈的顶层设计与整体掌控。正是通过此方式，高校才有充分的激励完成高等教育发展愿景，推动高等教育发展动态与发展方向始终处于政府的宏观管控之下，实现制度演变的渐进规范、渐进完善的过程。为更好调动高校推进综合改革，发展一流大学、一流学科的积极性，政府经由对其赋权来达成激励效果，并在一定时期内对高校的非规范行为维持一定的包容姿态，提供有弹性的制度空间，使高校有较强的能动性进行分类建设，但一旦察觉高校行为可能会影响学科专业结构优化的风险隐患，政府就会及时改换赋权方式，以确保高等教育综合改革进程朝着预期方向前行。本部分的研究认为，前述动态的府学预算博弈关系能合理地诠释中国高等教育改革过程中制度设计从不完善到完善的正当性，是有中国特色的府学预算关系与府学博弈逻辑。这种府学预算博弈逻辑隐含的掌控能力、内在驱动与制度弹性使中国高等教育实现了高速发展，也达成了高等教育综合改革的愿景，是认识中国高等教育改革过程中政府顶层设计下府学预算博弈的重要视域与逻辑脉络。通过新视野领会府学预算博弈可获得启示，未来政府的预算制度设计不仅要为高校保有一定的自主权与柔性空间，以充分调动高校活力、激发高校能动性，也要注重政府的顶层设计与整体掌控力，这样才可摆脱体制改革“一松就乱、一紧就死”的桎梏，真正实现高等教育深化综合改革与公平高质量发展。

本部分的研究可带来进一步深思。首先，在高等教育综合改革的背景下，探索府学预算关系要及时转变视域，充分考量政府顶层设计的重要作用。在中国特色的高等教育发展道路上，政府是高等教育制度的规划师，高校是重要的实践方，政府经由顶层设计与全局掌控来适时调整府学预算关系，推动着制度的渐进完善。其次，对于府学预算博弈的理解须从长期动态的角度进行审视。中国高等教育的发展表明制度变革是一个渐进过程，难以一蹴而就，在这个长期过程中不仅要发展高等教育，还要通过渐进的、可持续的制度变革，实现高等教育的高质量发展。这就意味着高等教育制度变革的动态进程中会有许多阶段性、过渡性的制度部署，虽然这些制度部署从静态视域看并非规范完善，但从动态视域看却存在其正当合理性，须客观理解这些不规范非完善的制度部署在推进高等教育发展中起着重要作用。最后，为选择恰当的案例进行理论探讨，以更深刻地领悟理论本身，在府学预算博弈领域展开实证研究的先决要件是满足研究主体间的可比性。以高校为研究对象时，需要就不同高校针对同一政策的反应展开实证分析；以政府为研究对象时，需要选择一个政府在不同时点、针对同一改革愿景、施行不同政策的典型案例展开探讨。这种新视野与新方法能够为普及化阶段下高等教育深化综合改革的有关研究提供科学合理的实践途径。

第三节　新一轮“双一流”建设高校的高等教育拨款实证分析

我国高等教育处于普及化阶段，要建成科技强国、人力资本强国，促进经济内外双循环，形成创新驱动的双循环的新动力，关键在于提升高等教育竞争力。因此，政府制定了各种激励提升高校竞争力的政策，如2015年10月，国务院推出《统筹推进世界一流大学和一流学科建设总体方案》，2021年12月，教育部、财政部、国家发展改革委发布《关于深入推进世界一流大学和一流学科建设的若干意见》，并投入大量财政拨款用于“双一流”建设。从2017年到2022年，财政对地方高校改革发展资金累计投入高达778.72亿元。从2012年到2021年，高校研究与试验发展拨入经费从768.7亿元提升至1592亿元，10年总计超过万亿元；高校科技活动中的研究与试验发展人员全时当量从20.9万人增加至33.4万人，增长幅度接近60%；高校专利授权量从6.9万项提升至30.8万项，增长幅度为346.4%。授权率从65.1%增加至83.9%，专利转让及许可合同数量从2000多项增长到15000多项，专利转化金额从8.2亿元增长到88.9亿元，增长将近10倍。2019—2021年共认定8031个国家级、8632个省级一流专业建设点，2020年认定第一批3559门国家级一流课程。2018年实施基础学科拔尖计划2.0建设，在77所高校设立人才培养基地288个，推动中国特色的基础学科拔尖人才培养模式，累计选拔1万余名优秀学生从事基础学科的学习，打造了基础学科拔尖人才的建设梯队，夯实世界重要人才中心与创新高地的人才源流。高校在人才培养、科技创新、社会服务上发挥着重要作用，受到政府关切，并采取共建、整合、协作、合并的方式，鼓励地方政府、企业、社会共同支持一流高校与一流学科的建设，强化“双一流”高校在人才培养、科技创新、社会服务中的重要功效。

积极的高等教育政策支持与大规模财政投入成效几何？《统筹推进世界一流大学和一流学科建设总体方案》指出，2030年，要推动更多高校与学科迈入世界一流行列，若干所高校迈入世界一流前列，一批学科迈入世界一流学科前列，显著增强高等教育整体实力；到2050年，实现一流高校与一流学科的数量与实力迈入世界前列，大体建设为高等教育强国。目前我国已有少数高校与一些学科进入世界前列，但与高等教育强国相比还是有较大差距。已有文献对“双一流”建设成效展开探讨，但得到的结论有一定差异。

杨林、于红、郑潇（2022）探讨“双一流”建设前后高等教育投入对内涵式发展水平的时空变动影响与区域发展异质性①。王杜春、时玉坤、于晴（2022）对东北地区“双一流”建设高校的实证研究则显示，综合类、师范类、农林类、理工类高校政府投入的科技产出效率有差距②。顾和军、夏艳娇（2022）探讨政策与资金支持对高校集聚人才与建设创新团队的影响③。朱恬恬、卢雅华、张跃军（2022）发现医药类高校、农林类高校的科技投入效率有差异，不同地区“双一流”建设高校科技投入效率存在差异，驱动力也不同④。上述实证探讨显示，对政府“双一流”建设资金支持的评估还须开展更全面的实证探讨，一是已有研究多以宏观数据做样本，更为具体些的便是微观高校，但这些样本并不具有全面的代表性。二是高校得到的政府拨款有基本拨款、项目拨款、地方配套，哪些经费对“双一流”建设更有促进作用，难有针对性分析。三是已有文献通常以高校科研经费、研发人员全时当量、ESI全球前1%、技术转让收入、毕业生就业率、生师比、高级职称教师占比、国家级奖项作为衡量高校竞争力的指标，但这些指标分属投入变量、过程变量和产出变量，存在内在关联关系，须置入同一分析架构中开展系统性探讨。而且，政策评估须考量所评判政策的统一性与专一性。已有研究在评价政府“双一流”建设财政支持政策时，都是以政府高等教育拨款作为政策变量，但政府

① 杨林，于红，郑潇．高等教育内涵式发展水平的空间特征及提升策略——基于“双一流”建设视角［J］．教育与经济，2022（1）：60－68.

② 王杜春，时玉坤，于晴．东北地区“双一流”建设高校科技成果转化效率研究［J］．黑龙江高教研究，2022（1）：44－49.

③ 顾和军，夏艳娇．“双一流”背景下高校人才良性流动因素分析——以江苏高校的18个案例访谈为例［J］．中国高校科技，2022（8）：1－5.

④ 朱恬恬，卢雅华，张跃军．非期望产出对“双一流”建设高校科技创新效率的影响研究［J］．高校教育管理，2022（4）：31－40.

高等教育拨款类型有异，用途不同，对拨款不加区分就进行混合评析会混淆特定政府拨款政策的影响。

因此，本部分研究以新一轮“双一流”建设高校微观数据为样本，选择中国政府对高校财政拨款为政策变量，在控制了高校特质与拨款规模等因素后，实证考察政府财政拨款的激励效应及其实现机制。研究架构安排为：首先提出研究假设，其次构建实证模型并探析实证结果，接着展开机制分析，最后归纳整体研究内容。

一、研究假设：基于文献的探讨

政府给予“双一流”建设高校财政支持，为高校从事科研教学活动提供资金扶助，并担负一定风险，从而鼓励高校在人才培养、科学研究、社会服务上不断奋进，提高人才培养质量，增进科研产出，提升社会服务，增强高校竞争力，进而发展为世界一流水平。但高校竞争力的增长与政府财政支持所期盼的成效相比较而言，还存在一定距离，缘由可能有：一是，高等教育有自身发展规律，政府干预高等教育，阻碍高等教育规律的自发作用，对高等教育发展有干扰效应；二是，政府高等教育财政拨款未能诱导高校积极性，造成高校后续竞争力不足；三是，在政府高等教育财政拨款过程中，高校忽视了一些外部因素，影响了政府高等教育财政拨款作用的发挥。

首先，就政府财政拨款对高校竞争力产出的影响来看，政府高等教育财政拨款可以提高高校在人才培养上的投入力度，科学研究上的发展力度。Mahajan（2017）经由对印度的经验研究证明以及高等教育投入能增加高校人才培养成效与科技创新产出①；Salamzadeh、Salamzadeh 和 Daraei（2011）通过对伊朗的研究发现，高等教育投入影响着创新型人才的养成、顺应市场需求的有效研究、创新和发明、创业网络及创业中心的形成②。孙华、徐思南

① Prashant Mahajan. Incorporating 11 P's of Service Marketing Mix and Its Impact on the Development of Technical Education［J］. Journal of Entrepreneurship Education, 2017, 20（2）: 1－16.

② Aidin Salamzadeh, Yashar Salamzadeh and Mohammadreza Daraei. Toward a Systematic Framework for an Entrepreneurial University: A Study in Iranian Context with an IPOO Model［J］. Global Business and Management Research: An International Journal, 2011, 3（1）: 30－37.

(2022) 认为，行政干预、高等教育拨款得当时能够带动一流大学、一流学科的出现，但也可能会造成高校的同质化发展，还可能出现高等教育失序现象[①]。原珂、廖逸儿（2022）发现重点高校专项支出对重点高校社会声望有促进作用，后来出现绩效止步不前的情况，但在新的专项支出下，发生绩效叠加，不同的专项支出对学科建设的效用有差异，专项支出存在绩效激励递减甚至出现负激励，新专项支出的出现有利于绩效改善，专项支出有利于学科水平提升，我国一流高校经费与国外一流高校仍存在较大差距[②]。已有文献的实证研究都未考量政府高等教育财政拨款对高校人才、科技产出影响的传导机制。高校产出的增长受高校决策扰动，若高校有自主发展倾向，在受到高等教育财政拨款的激励后，存在两种可能的反应，一是主动在人才培养、科学研究上发力；二是只拿钱，不办事，按部就班从事人才培养、科学研究活动，可以说，政府的高等教育拨款未发挥作用。因此，提出假设 1：

假设 1：政府高等教育财政拨款对高校产出的影响受到高校对政府高等教育财政拨款的回应影响。

但实际上，政府高等教育财政拨款政策，不仅是让高校靠政府资金开展人才培养、科学研究活动，还想发挥杠杆作用，撬动地方政府、高校、社会共同增加人才培养、科学研究方面的投入，人才培养、科技创新产出作为高校决策的结果，可据以推断高校是否增加人才培养、科学研究方面的投入，一个人才培养、科学研究项目运行的基本投入金额有限，当政府高等教育拨款可以替代部分高校预算时，高校会削减自身投入，将资金转移至高校的其他开支上，即政府高等教育拨款挤出高校人才培养、科学研究投入。陈贤平（2013）的非线性研究显示，政府科研投入在高校科研投入占比较小时，政府科研投入能够加强高校与企业的研发合作，高校基础研发投入减少[③]。国外对此也较为关切，Lamari（2013）的经验研究发现，在一定规模之下的政府科研投入对高校

① 孙华，徐思南．知识进化与大学变革——兼论我国“双一流”建设焦点［J］．江苏高教，2022（4）：26－35．

② 原珂，廖逸儿．重点高校专项支出对“双一流”大学建设促进了多少？——基于156所重点高校的绩效检验［J］．中国软科学，2022（3）：1－11．

③ 陈贤平．政府科技投入对高校科技产出的非线性研究——基于中国2002—2008年省区面板数据的门限回归分析［J］．科技管理研究，2013（1）：74－77．

研发投入有挤出效应[①]。由于政府对高校进行投入时，存在信息非对称，高校会在申请政府拨款之前，经由增加自身人才培养、研发投入等形式释放虚假产出信号以获得政府拨款支持，取得政府专项拨款之后高校人才培养、科研投入反而下降。政府专项拨款挤出高校人才培养、科研投入，高校总体人才培养、科研投入规模并未有较大增加，中间环节失序，造成高校人才培养、科学研究产出效果不佳。同时，考量到挤出效应的出现缘于高校愿意投入的人才培养、科研经费有限，因此政府财政拨款越多，挤出的高校人才培养、科学研究投入越多。由此提出第二个假设：

假设2：政府高等教育拨款对高校人才培养、科研投入可能存在挤出效应，拨款规模越大，挤出效应越显著。

挤出效应的产生是中间环节失序的部分缘由，此外，还有其他因素会影响政府拨款的运用过程，已有学者关注可能扰动政府高等教育拨款绩效的外部因素。闵琪、伊淑彪（2016）研究发现政府高等教育拨款弥补了高校慈善捐赠的不足，高校慈善捐赠越少，高等教育拨款对慈善捐赠的鼓励作用越大，长期看对慈善捐赠有挤出效应，政府拨款不足会引起高校有偿服务增加，短期会挤出慈善捐赠，长期会引起慈善捐赠的增加[②]。蒋方华、张进（2021）发现高校收支规模、政府拨款、学费收入、学生资助与高校科研产出有明显关联[③]。除前述因素外，不同高等教育拨款类型对高校产出的影响有差异，非竞争性拨款、竞争性拨款、绩效拨款等不同拨款类型中，后两类更能对高校形成积极引导[④]，类型不同的高校竞争力存在差异，政府拨款对其人才培养、科研活动的影响程度也存在差异；不同高校的筹资能力和面对的运转风险不同，政府高等教育拨款对其激励效应也存在显著差异，如重点高校与政府存在特殊的政治关

① Moktar Lamari. Factors Influencing Funded Researcher Productivity of Education Faculties: An Empirical Investigation of the Publication Performances Within Canadian Universities, 2001 – 2008 [J]. Journal of Management, 2013, 1 (1): 15 – 31.

② 闵琪，伊淑彪. 慈善捐赠与政府拨款的关系——以高等教育为例 [J]. 中国行政管理，2016 (4): 40 – 46.

③ 蒋方华，张进. 高校财务状况与科研产出的关系研究——以某省属地方高校为例 [J]. 商业会计，2021 (14): 78 – 82.

④ “改革完善中央高校经费投入机制研究”课题组. 中央直属高校财政拨款模式的历史变迁与改革思路 [J]. 华中师范大学学报（人文社科版），2014 (6): 149 – 156.

联，更容易获取政府资金支持。此外，东中西部地区经济发展水平及政策氛围有着明显不同，高校对政府拨款的回应也有所差异。有鉴于此，提出第三个假设：

假设3：政府高等教育财政拨款对高校人才培养、科研活动的激励效果与拨款方式、高校类型相关。

二、实证策略

在检验前述假设之前，先经由散点图观察政府高等教育财政拨款与高校人才培养、科技产出间的关系。图2-4反映出，政府高等教育财政拨款数相对集中，因此在变量间关系的描绘上不够直观。从这种不够直观的表现中可间接推断，政府高等教育财政拨款对高校人才培养、科学研究产出的激励效应可能不是很显著。图中描绘的情况是所有普通高校的情况，由于高校间存在规模、类别等的差别，高校对政府财政拨款的反应也会有所区别，仅看图2-4、图2-5，难以直接推断出有价值的结论。

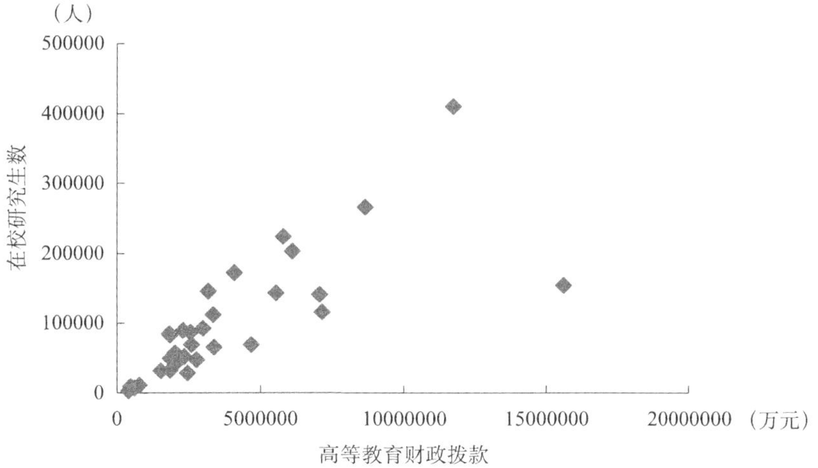

图2-4 高等教育财政拨款与高校人才培养产出（在校研究生数）的散点图

为更准确地检验政府财政拨款对高校人才培养、科学研究的激励效应，这里使用政府财政拨款数据，结合高校科技统计数据和教育统计数据，对变量间关系展开实证探讨。构建基准模型如下：

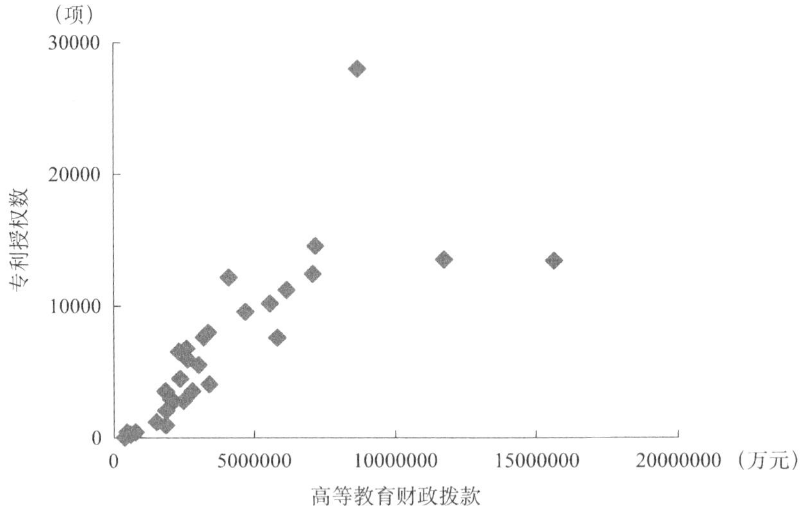

图 2-5　高等教育财政拨款与高校科技产出（专利授权数）的散点图

$$V = \alpha_0 + \alpha_1 input + \sum \alpha_i V_i + w \qquad (式 2-5)$$

式 2-5 中，V 测度高校人才培养、科学研究行为，这里选不同变量展开模型。根据高校人才培养、科研产出的特征，将高校行为划分成 3 个层次：高校投入、中间产出及最终产出，具体对应 4 个变量：高校人才培养与科研投入、在校研究生数、新增论文数、新增专利数。$input$ 表示政府高等教育财政拨款额；V_i代表控制变量，具体涵盖高校类型、高校专任教师数、高校成立年限、高校固定资本投入、高校人力资本投入、高校面积、高校藏书情况、高校课程建设情况、高校技术转让情况、高校国际交流情况等。基于此，考量到政府拨款的激励效应可能与拨款方式、高校类型等因素相关，拓展式 2-5 为式 2-6：

$$V = \alpha_0 + \alpha_1 input + \sum \alpha_i V_i + \alpha_2 V_m + \alpha_3 input \cdot V_m + w \qquad (式 2-6)$$

其中，V_m 指代虚拟变量，$input \cdot V_m$ 指代各交互项，具体涵盖政府高等教育财政拨款及拨款方式、高校特征及其所在省份的交互项。一方面，政府高等教育财政拨款分为竞争性拨款和非竞争性拨款，不同拨款类型对高校人才培养、科研积极性影响不同。竞争性拨款与非竞争性拨款提升了经费使用效率与效益，但冲击了高校办学体制、科研机制的多样性，影响了科研活动基础的活力与广泛性（王建华，2010）[①]，强化了身份与行政地位。另一方面，不同地区、类型的高校在人才培养、科学研究中的优势不同，邱均平、欧玉芳（2016）的研究显示东部地区高校科研实力强于中西部地区高校，理工类、综合类、师范类、农林类高校在ESI收录论文数、论文被引次数、发明专利数上有不同优势[②]。王成端、孙山、陈一君、谢华（2013）的研究反映高校更高的声望有利于高校获得更多政府拨款，不同类别和地区的高校在政策环境与发展水平上存在差别，会影响政府拨款的效果[③]。

因此本部分把高校分为综合类、理工类、农林师范医学类、人文社科类等4类，并把31个省份划分为东、中、西、东北等4个地区。另外，根据高校财政拨款额度，在拓展模型中设定虚拟变量来代替政府高等教育财政拨款这一解释变量，融汇数据的分布特质与态势，分别以10亿元与25亿元为界，区分低中高拨款额度，以此测算政府高等教育财政拨款力度大小的激励效应差异。表2－10为前述变量的具体释义。

表2－10　　虚拟变量的设置和释义

变量	名称	释义
size	高校规模	以专任教师数1000人、2000人为界，区分小中大规模
type	高校类型	综合类、理工类、农林师范医学类、人文社科类
grant	高校财政拨款额大小	以10亿元与25亿元为界，划分低中高拨款额
kind	拨款类别	竞争性拨款、非竞争性拨款
region	高校所在地区	分为东、中、西、东北地区

从政府配置高等教育财政拨款到高校获得拨款，再到高校开展人才培养与科学研究，最终获得产出存在时滞，高校人才培养与科学研究活动都采取滞后一期进行测算。控制变量的遴选依照已有研究的方法，加入高校成立年限变量，高校成立年限越长，在人才培养与科学研究上的基础更雄厚，在使用政府

① 王建华．竞争性与非竞争性——政府部门高教经费投入的一个分析框架［J］．中国地质大学学报（社科版），2010（1）：13－19.

② 邱均平，欧玉芳．面向世界一流大学建设的“985工程”高校科研竞争力评价分析——基于“十二五”期间RCCSE世界一流大学及学科竞争力评价报告［J］．中国高教研究，2016（4）：57－63.

③ 王成端，孙山，陈一君，谢华．西部高校竞争力比较研究［J］．中国大学教学，2013（2）：83－85.

财政拨款开展活动时更有效率，产出更优。高校资本投入为高校固定资产的对数值，人力资源投入则为教职工薪金总额的对数值。资本投入和人力资源投入是投入产出公式中的重要变量，人力资源的累积，能够使高校优化内部和外部的资源配置，提升产出效率。高校面积为占地面积的对数值。高校藏书情况为图书册数的对数值。高校课程建设情况为高校国家级一流本科课程数的对数值。高校技术转让情况为高校技术转让收入的对数值。高校国际交流情况为高校国际学术会议交流论文数的对数值。数据来源于高等教育经费统计年鉴、全国高校科技统计资料汇编、全国高校社科统计资料汇编及各高校官网。表 2 - 11 是对合并后的各变量情况的描述性统计。用于实证分析的样本为 2017—2021 年的横截面样本，有效样本高校 147 所。

表 2 - 11　　　　数据的描述性分析

	变量符号	样本量	平均值	标准差	最小值	最大值
高等教育财政拨款	*input*	147	2. 6405	2. 3464	0. 3646	3. 7982
在读研究生数	*graduate*	147	9. 2782	9. 2063	6. 2897	10. 9341
新增论文数	*paper*	147	8. 7564	8. 8487	5. 2204	10. 2727
新增专利数	*patent*	147	6. 5958	6. 6695	-6. 9078	7. 9168
高校专任教师数	*faculty*	147	7. 6300	7. 4992	5. 2781	9. 4045
高校成立年限	*years*	147	4. 4543	3. 2796	2. 1972	4. 8598
高校固定资本投入	*fixedassetinput*	147	3. 4391	4. 1290	0. 9746	5. 9839
高校人力资源投入	*humancapitalinput*	147	0. 9659	0. 9993	-1. 0351	3. 0912
高校面积	*area*	147	5. 4978	5. 7605	-0. 3369	8. 0226
高校藏书情况	*books*	147	5. 8511	5. 6772	2. 7357	7. 3492
高校课程建设情况	*courses*	147	3. 0910	3. 1257	-6. 2146	5. 1358
高校技术转让情况	*technologytransfer*	147	-0. 6747	0. 4294	-20. 72	2. 4015
高校国际交流情况	*internationalcommunication*	147	5. 8531	6. 4187	0. 6931	8. 0030
高校规模	*size*	147	2. 09	0. 8241	1	3
高校类型	*type*	147	2. 73	1. 0409	1	4
高校财政拨款额大小	*grant*	147	1. 8299	0. 777	1	3
拨款类别	*type*	147	1	0	1	1
高校所在地区	*region*	147	3. 12	1. 2044	1	4

三、实证结果

首先，探讨模型的拟合成效及模型的设置状况。分析结果显示，各解释变量的方差膨胀因子都没有超过5，表明模型没有多重共线性问题。在异方差处置上，考虑到财政拨款数据较为集中，模型分析结果都使用异方差稳健标准误，回归分析结果真实有效。异方差的分析结果显示，处理后的模型不存在异方差问题。基于合理的模型设置，分析核心变量的影响效应。表2－12中，模型（1）至模型（6）以高校新增专利数作为高校产出的代理变量，模型（7）至模型（12）以高校新增论文数为高校产出的代理变量。模型（13）至模型（18）以高校在读研究生数为高校产出的代理变量。新增专利数的分析结果表明，政府财政拨款变量的影响不是很明显，在一定程度上显示，政府财政拨款政策并不能显著增加高校的专利产出，且各交互项的估计结果也不是很显著，可见财政对高校专利产出的作用并不因高校特征及拨款类别不同而受到明显扰动。可能的缘由是政府最主要的财政拨款方式为非竞争性拨款，而非竞争性拨款作为一种财政支持，在分配时确实会把更多资金分配给实力强的高校，但高校在资金实际使用过程中，可能会采取一些取巧的行为，将财政支持用于其他方面而非专利产出，具体的影响因素及机制会在后面展开。政府财政拨款对新增论文数的估计结果表明，系数都在1%的显著性水平上明显大于0，表明在中国高等教育情状下，政府财政拨款对高校持续发表论文具有激励效应。此外，由于政府财政拨款与高校规模的交互项不显著，因此不对新增论文进行去规模化处理。

交互项的结果显示政府财政拨款对高校论文产出的影响不会因拨款类别、高校类型及所在区域发生变动。高校关注的是拨款额大小，高拨款额会激励高校的论文产出增长，表明政府财政拨款激励效应的递增属性。这可能是由于政府财政拨款的收入效应减少了高校转换政府财政拨款用途的成本。

高校在读研究生数的分析结果显示，系数在1%的显著性水平上显著大于0，政府财政拨款对高校的人才培养具有激励效应。

选取的样本是2017—2021年的截面数据，考虑到年度间的样本可能会影响估计结果，对2017年和2021年的样本进行独立估计，结果见表2－13中模

表 2－12　政府财政拨款对高校新增专利数、论文产出及在校研究生数的截面影响

变量	专利数						论文产出						在校研究生数					
	(1)	(2)	(3)	(4)	(5)	(6)	(7)	(8)	(9)	(10)	(11)	(12)	(13)	(14)	(15)	(16)	(17)	(18)
input	0.0169 (0.0211)	0.0138 (0.0086)	0.0163 (0.0134)	0.0136 (0.0129)		0.0147 (1.05)	1.67*** (0.874)	3.52** (0.563)	4.35* (0.672)	2.64*** (0.241)		2.83*** (0.2208)	1.0236*** (0.0105)	3.612*** (0.1797)	1.0141* (0.0524)	2.449*** (0.347)		3.814*** (0.0143)
size		−3.564 (3.262)						1.736 (0.362)						1.628 (0.257)				
input · *size*		0.0378 (0.0326)						3.551 (0.7842)						3.692 (0.6751)				
input · *type2*			−0.0013 (0.0073)						2.282 (0.1402)						2.381 (0.1543)			
type3				−0.0626 (1.354)						1.373 (0.3804)						1.468 0.3762)		
input · *type3*				0.0105 (0.0326)						1.331 (0.4352)						1.594 (0.3284)		
grant2					0.726 (0.537)						2.704 (0.1536)						2.693 (0.1628)	
grant3					1.482 (1.225)						5.037 (0.1172)						4.626 (0.1263)	
region3						−1.637 (2.048)						1.606 (0.3325)						1.597 (0.2916)
input · *region3*						0.0218 (0.024)						2.536 (0.4155)						2.627 (0.3284)
控制变量	是	是	是	是	是	是	是	是	是	是	是	是	是	是	是	是	是	是
F 值	2.42	3.15	2.37	2.46	2.52	2.64	2.73	4.51	3.58	3.67	3.42	4.62	3.76	1.85	2.34	1.83	1.96	2.18
样本数量	147	147	147	147	147	147	147	147	147	147	147	147	147	147	147	147	147	147
R^2	0.0324	0.0245	0.0326	0.0327	0.0205	0.0132	0.0611	0.0603	0.0573	0.0528	0.0326	0.0764	0.0237	0.0534	0.0269	0.0328	0.0417	0.0358

注：括号内是异方差标准误，* $p<0.1$，** $p<0.05$，*** $p<0.01$。

型（19）至模型（24），其中，模型（19）至模型（21）分别是2017年政府财政拨款对高校新增专利数、论文产出及在校研究生数的影响状况，模型（22）至模型（24）分别为2021年政府财政拨款对高校新增专利数、论文产出及在校研究生数的影响状况。重点比对2017年和2021年的情况，可发现政府财政拨款对高校新增专利数的影响差别较小，对于论文产出及在校研究生数，2017年的激励效应显著，到了2021年这一系数仍为正且较为显著，可见政府财政拨款对高校人才培养、科学研究活动的正向影响较为明显。但这只是常规推理，毕竟实证分析没有把所有因素都考虑进来。

表2-13　政府财政拨款对高校新增专利数、论文产出及在校研究生数的独立影响

变量	2017年			2021年		
	(19)	(20)	(21)	(22)	(23)	(24)
input	0.0054 (0.0218)	1.847*** (0.5233)	1.932*** (0.4145)	0.0141 (0.0163)	3.446 (0.225)	2.369 (0.343)
控制变量	是	是	是	是	是	是
F值	3.69	1.73	2.57	2.16	1.69	3.18
样本数量	147	147	147	147	147	147
R^2	0.0346	0.0625	0.0438	0.0157	0.0416	0.0325

四、机制分析

从实证分析中发现，政府财政拨款对新增专利数的影响不是很明显，但对论文产出、在校研究生数有明显的正向激励效应，这与政策预期略有不同。研究的高校为纳入双一流建设的高校，“双一流”高校的审定是教育部组织有关专家展开严格评审而确定的，因此这些高校本身在人才培养、科学研究方面具有较强实力。那么为什么政府拨款未能提高这些高校的专利产出，只是提高了论文产出？缘由可能有三：一是高校未将政府财政拨款用于科学研究；二是高校虽然使用政府财政拨款开展科学研究，但资金使用效率不高，未能将投入转化为科研产出；三是高校激励机制更注重论文，而忽视专利。为探寻这一现象的缘由，并查究政府财政拨款对高校人才培养、科学研究能力的影响机制，这里将展开机制分析。政府财政拨款政策表现为“政府财政拨款→高校投入→

高校人才培养、科学研究能力”三环传递机制。为甄别其真正的作用机制，先分析“政府财政拨款→高校投入”环节。高校在取得政府财政拨款后，面临的是投资决策：如何在人才培养、科学研究上进行分配，各自分配多少。其中，非财政投入小于1亿元的高校分两种情况，直接利用拨款开展人才培养、科学研究，或将部分拨款挪作别用，可经由探究政府财政拨款对高校的人才培养、科学研究具有正向影响与否来展开甄别。对于非财政投入大于1亿元的高校，首先考察政府财政拨款对高校投入的导引功效，再探讨高校投入对高校产出的影响。此外，高校作为不以营利为目的的非营利性机构，更关注社会声望，而社会声望则通过科学研究和人才培养来撑持，因此，最后将补充分析科学研究和人才培养间的关系，考察高校通过什么途径形成社会声望，增强高校竞争力。具体分析如下。

首先，探讨非财政投入小于1亿元的高校。

（1）政府财政拨款→专利产出/论文/人才培养。高校获得政府拨款后，可能存在3种情况，一是所有政府财政拨款都用于人才培养，二是政府财政拨款在人才培养、科学研究上合理配置，三是把政府财政拨款部分用于人才培养，其余挪作别用。基于这3种可能性，无法引导高校增加非财政投入情况下，能否发挥其促进高校产出的功效，建构如下模型：

$$patent1 = \vartheta_0 + \vartheta_1 input + \sum \vartheta_i \delta_i + \sigma \quad （式2-7）$$

$$paper1 = \vartheta_0 + \vartheta_1 input + \sum \vartheta_i \delta_i + \sigma \quad （式2-8）$$

$$graduate1 = \vartheta_0 + \vartheta_1 input + \sum \vartheta_i \delta_i + \sigma \quad （式2-9）$$

其中，*patent1* 指代新增专利数，*paper1* 指代论文产出，*graduate* 指代在读研究生数，*input* 指代政府拨款。

（2）政府财政拨款→人才培养→专利产出/论文。为进一步探讨政府财政拨款对人才培养与科学研究的影响，考虑到政府财政拨款也许经由人才培养，间接影响高校科研产出。因此在前述模型基础上建构如下模型：

$$patent1 = \vartheta_0 + \vartheta_1 graduate1 + \sum \vartheta_i \delta_i + \sigma \quad （式2-10）$$

$$paper1 = \vartheta_0 + \vartheta_1 graduate1 + \sum \vartheta_i \delta_i + \sigma \quad （式2-11）$$

其中，*patent1* 指代新增专利数，*paper1* 指代论文产出，*graduate1* 指代在读研究生数。

其次，考察非财政投入大于1亿元的高校。

（1）政府财政拨款→非财政投入→综合投入→在读研究生数/专利/论文。在高校获取政府财政拨款并增加非财政投入的情况下，政府财政拨款经由影响高校非财政投入，进而影响高校新增专利数、论文产出与在读研究生数。为探讨政府财政拨款对非财政投入的影响，以及高校综合投入对新增专利数、论文产出与人才培养产出的影响，建构如下模型：

$$nonfiscalinput1 = \vartheta_0 + \vartheta_1 input + \sum \vartheta_i \delta_i + \sigma \qquad \text{（式 2-12）}$$

$$patent1 = \vartheta_0 + \vartheta_1 increase + \sum \vartheta_i \delta_i + \sigma \qquad \text{（式 2-13）}$$

$$paper1 = \vartheta_0 + \vartheta_1 increase + \sum \vartheta_i \delta_i + \sigma \qquad \text{（式 2-14）}$$

$$graduate1 = \vartheta_0 + \vartheta_1 increase + \sum \vartheta_i \delta_i + \sigma \qquad \text{（式 2-15）}$$

其中，*nonfiscalinput1* 指代政府拨款后高校的非财政投入，*patent1* 指代新增专利数，*paper1* 指代论文产出，*graduate1* 指代在读研究生数，*increase* 指代高校在获得政府财政拨款后的总投入。

（2）政府财政拨款→非财政投入→综合投入→人才培养→论文/专利。为进一步探讨政府财政拨款对高校人才培养、新增专利数与论文产出的影响，考虑到高校综合投入也许会经由影响高校在校研究生数，间接影响新增专利数与论文产出。因此在前述模型基础上建构如下模型：

$$patent1 = \vartheta_0 + \vartheta_1 graduate1 + \sum \vartheta_i \delta_i + \sigma \qquad \text{（式 2-16）}$$

$$paper1 = \vartheta_0 + \vartheta_1 graduate1 + \sum \vartheta_i \delta_i + \sigma \qquad \text{（式 2-17）}$$

其中，*patent1* 指代高校新增专利数，*paper1* 指代高校论文产出，*graduate1* 指代高校在读研究生数。实证分析结果见表2-14。

表2-14　实证分析结果

变量	*nonfiscalinput* < 1						*nonfiscalinput* > 1				
	(3)	(4)	(5)	(6)	(7)	(8)	(9)	(10)	(11)	(12)	(13)
	patent1	*paper1*	*graduate1*	*patent1*	*paper1*	*nonfiscal-input*	*patent1*	*paper1*	*graduate1*	*patent1*	*paper1*
input	0.0204 (0.0115)	0.2286 (0.1241)	0.2106 (0.1137)			0.1632 (0.0367)					
increase							0.2105 (0.0361)	0.3206 (0.0908)	0.4108 (0.0182)		

续表

变量	*nonfiscalinput* < 1						*nonfiscalinput* > 1				
	(3)	(4)	(5)	(6)	(7)	(8)	(9)	(10)	(11)	(12)	(13)
	patent1	*paper1*	*graduate1*	*patent1*	*paper1*	*nonfiscal-input*	*patent1*	*paper1*	*graduate1*	*patent1*	*paper1*
graduate1				0. 2423 (0. 1284)	0. 2352 (0. 0642)					0. 4042 (0. 0604)	0. 5149 (0. 0816)
控制变量	是	是	是	是	是	是	是	是	是	是	是
F 值	1. 85	1. 81	1. 63	1. 96	1. 72	6. 63	2. 87	1. 68	3. 28	2. 73	2. 16
样本数量	15	15	15	15	15	132	132	132	132	132	132
R^2	0. 0337	0. 0563	0. 1584	0. 0341	0. 0432	0. 0813	0. 1185	0. 1072	0. 0513	0. 2363	0. 1326

模型（3）、模型（4）、模型（5）的实证结果表明，对于非财政投入小于1亿元的高校，政府财政拨款对新增专利数、论文产出和在读研究生数的影响不是很明显，将后期非财政投入较少的高校视为缺乏竞争意识的高校，这类高校预期能够从政府获得稳定的拨款，自身就不再努力发掘其他方面的资金来源，从而不会增加人才培养、科学研究方面的投入，也就难以获取较好的人才培养、科学研究产出。从模型（6）、模型（7）看，非财政投入低的高校，人才培养规模也不是很大，对专利、论文产出的推动作用不是很显著。

将非财政投入大于1亿元的高校视为有竞争意识的积极进取的高校。实证结果显示，尽管积极进取，但财政拨款不会显著增加其非财政投入。有竞争意识的高校对本校用于人才培养、科学研究的非财政资金皆有较为明确的规划，获得政府财政拨款只是增加高校人才培养、科学研究的总投入，对其非财政投入不会产生明显扰动。从样本数据看，政府财政拨款与非财政资金相比而言较多。从模型（9）、模型（10）、模型（11）的实证结果看，政府财政拨款显著增加高校新专利数量、论文产出、在读研究生数，但高校总投入却未对新增专利数、论文产出、在读研究生数产生明显扰动。造成后者结果的缘由可能有二：其一，专利、论文、人才培养产出不仅需要资金投入，还需要时间，短时间内的大量新增难以实现；其二，国内专利的申请费、年费、审查费、维持费、复审费等费用最高可达6万元，若要申请国际专利费用更高，高昂的开支对高校申请专利的积极性也有一定影响。因此，高校总投入中用于增加专利的资金占比不大，对专利增加没有明显扰动。研究生的招录都有一定计划，高校不可能盲目扩大研究生的招生规模，因此高校总投入对在校研究生数的影响不大。

根据模型（12）、模型（13）的实证结果，发现政府高等教育财政拨款在一定水平上增加人才培养规模，并明显增加专利产出与论文产出。高校获得的政府财政拨款与高校规模、总资产有直接关系，但高校产出也与高校规模、资产存在较为明显的正相关关系。因此，规模不大，总资产、人才培养与科学研究产出较少的高校获得的财政拨款会低于规模较大，总资产、人才培养与科学研究产出较多的高校，政府愿意给予这样的高校更多的财政拨款，从而造成政府财政拨款对高校产出的显著正影响。当讨论到高校总投入时，由于政府拨款占高校总投入的比重较大，而非财政拨款通常与高校规模、总资产、人才培养与科学研究产出等存在较明显的正相关关系。因此，高校总投入显著增加高校产出。总的来看，政府拨款对高校产出有激励效应，且由于政府拨款占高校总投入比重较大，对人才培养、科学研究都有正向的促进功效。

总体来看，政府财政拨款对激励高校增加非财政投入的效果不是很显著，但对增加专利产出、论文产出、人才培养产出有较为明显的正向作用。经由机制分析，发现政策存在一定缺点：一是未形成有效机制，甄别高校获得政府财政拨款的真实意图。有的高校利用信息不对称，向政府释放虚假投入信号以获得拨款，拿到拨款后在人才培养与科学研究上未开展积极行动。二是未能有效提升高校新增专利、论文、人才培养的质量，只是数量的堆砌。

此外，高校的社会声望源于高校自身作为。高校通过人才培养、科学研究来获取赖以生存发展的资源，高校的实际表现与社会对其的期待达成一致，履行了高校对社会的应尽职责，在人才培养、科学研究上符合社会期望，会对高校社会声望发生良好影响，进而增进高校的竞争力，高校可凭此获取更多的政府资源、社会资源，产生更多更好的人才培养、科学研究产出，形成良性循环。反之亦然。

五、结论

研究关注政府财政拨款对高校人才培养、科学研究活动的影响，并对其中的机制展开探讨。研究发现，政府财政拨款会提升高校人才培养、科学研究产出，只是在不同的高校效应大小会有差异，说明政府财政拨款对高校人才培养、科学研究有积极推动功效，但要对高校产生显著正向效应，关键在于甄别高校获得政府财政拨款后的真实意愿及可能采取的行动。对于非财政投入小于1亿元的高校，为获取更多政府财政拨款，会事前增加投入，释放虚假积极信号，获得拨款后在人才培养、科学研究上疏于管制，因此人才培养、科学研究产出增长不显著。对于具有竞争意识，即非财政投入大于1亿元的高校，政府财政拨款不会改变其总体投入规划，但能增加用于人才培养、科学研究的投入，并形成相应产出。不足的地方在于，这些高校新增专利、论文产出、人才培养产出难以甄别其品质，难以实现有效的专利转化、高质量的论文发表、高品质的人才培养。同时，还有影响政府财政拨款效果的其他外部因素，其中，高校活动对财政拨款额大小反应较为敏锐，拨款额越大，对高校产出的推动效果越明显。

研究结论可引起对政府财政拨款政策的反思。第一，政府财政拨款的目的是纠正高校活动的外部性，分担高校人才培养、科技创新的成本与风险，激励高校增加人才培养、科学研究投入，培养更多高层次人才，开发出更多科学研究成果。但高校可能会利用信息上的非对称，拿到政府财政拨款后，不仅没有增加投入，还可能挪作别用。经由绩效评价与评价结果的应用来改变这种扭曲是政府拨款政策优化的核心。第二，尽管政府财政拨款会增加高校人才培养、科学研究产出，但是产出离政策预期的一流水平仍有较大距离。就高校而言，还不能在人才培养、科学研究上发生质的转变，高质量的论文、高应用性的转化专利、高层次人才培养上都有待进步。就社会发展来看，表明经济社会进步所需的人才、技术仍难以得到满足。所以提高高校人才培养、科学研究的质量是政府财政拨款政策优化的另一目的。

虽然研究考量了多种因素，但还存在不足。一方面是数据的局限性，样本数据不易获取，匹配收集到的数据量不大，且样本数据的时间跨度不长，难以测算政府财政拨款的最优值，以及政府财政拨款的最优效果。另一方面，对于如何甄别高校获取政府财政拨款的真实意图与可能采取的行动，如何引导高校积极开展人才培养，诱导高校发表论文、申请专利，以及对影响政府财政拨款的其他因素的探讨，如拨款方式、拨款绩效评价等都是值得深入研究的领域。

第三章

高校科技创新能力诊断性实证分析

第一节　基于S-SEM的高校科技创新能力影响因素分析

一、引言

高校包括中央高校和地方高校。高校科技创新能力关系着国家的经济发展与技术进步。地方高校科技创新能力不仅是国家创新能力的重要构成内容，还是地方经济增长的重要驱动，有利于实现技术与知识创新，推动地方经济的可持续发展，因此地方高校科技创新能力是目前需探讨的一个重要问题。科技创新能力具有复杂性、动态性的特点，科技创新主体间、科技创新要素间、科技创新主体与科技创新要素间有着复杂的交互作用。地方高校科技创新能力关联着科技创新主体、科技创新要素、科技创新政策、所处地方的经济环境等，受到多种因素的交互影响，分析地方高校科技创新能力须综合考量各个因素及其交互关系，对地方高校科技创新能力关联的多个因素及其影响机理、影响路径等问题开展系统全面的分析。由于地方政府更为关注地方自身科技创新效率等地方发展愿景，重视科技创新对本地经济社会的直接影响，容易发生地方保护主义及市场割据、各地方间重复建设、产业同构等问题，因此研究地方高校科技创新能力时须考量创新能力的空间效应，这涵盖科技创新能力对本地的增进功效与对其他地方的空间外溢功效两方面，就须基于结构方程模型考量科技创新能力的空间上的作用，即拓展为空间结构方程模型来探讨地方高校科技创新能力。

地方高校科技创新能力是近年来的研究热点。比如：Aithal 等（2020）研究了政策对高校科技创新能力的影响①；Joshi 等（2020）从工学合作的角度探讨高校科技创新能力②；Weeber（2018）探讨财政支持对高校科技创新力的影响③；Wang（2011）从跨国交流的角度探讨高校科技创新力④；Asio 等（2019）认为，高校管理者的支持、教师间的合作有助于高校科技创新能力的提升⑤。Nandamuri等（2011）探讨社会人口因素、创新理念与高校科技创新力间的关系⑥；郑翼等（2021）从制度环境、组织环境和文化环境研究了高校科技创新能力⑦；吴洪富等（2021）从科技成果转化的视角探讨了高校科技创新能力⑧。

---

① Sreeramana Aithal and Shubhrajyotsna Aithal. Implementation Strategies of Higher Education Part of National Education Policy 2020 of India towards Achieving its Objectives [J]. International Journal of Management, Technology, and Social Sciences, 2020, 5 (2): 283 - 325.

② Vijay Joshi and Ashok Panigrahi. National Education Policy a Guideline for Management Education to Gain Competitiveness & Help in Bridging the Industry-Academia Gap [J]. Juni Khyat, 2020, 11 (1): 67 - 72.

③ Stan C. Weeber. Innovation in Austere Times: Louisiana's Call Program [J]. The Journal of Public and Professional Sociology, 2018, 10 (2): 1 - 17.

④ Huiyao Wang. China's New Talent Strategy: Impact on China's Development and its Global Exchanges [J]. SAIS Review, 2011, 31 (2): 49 - 64.

⑤ John Mark R. Asio and Erin Riego de Dios. The College Students' Perspective on What Makes an Educator Well-Qualified [J]. Journal of Pedagogical Research, 2019, 3 (3): 126 - 138.

⑥ Purna Nandamuri and Ch. Gowthami. An Analysis of Entrepreneurial Orientation of Management Students [J]. Vision International Journal, 2011, 1 (2): 15 - 20.

⑦ 郑翼，王钦丽，王宏伟. 高校科研和创新环境有待改进的问题——基于三个维度的调研样本分析 [J]. 中国高校科技，2021 (11): 43 - 48.

⑧ 吴洪富，姜佳莹. 高校科研人员创新创业的职务科技成果产权激励：制度创新与未来展望 [J]. 黑龙江高教研究，2021 (11): 80 - 84.

关于地方高校科技创新能力的空间特征问题，石薛桥等（2020）对中部各省高校科技创新能力从可利用的资源量、科技创新基础、科研产出和成果转化水平分析，显示各省科技创新能力在空间上正相关，各省科技创新能力及效率分为3个不同等级①；王少鹏等（2021）发现高校科技创新能力与区域经济发展存在空间集聚特征②；张蕾等（2021）的研究显示“一带一路”倡议对沿线地区高校科技创新能力有促进作用，区域因素对高校科技创新能力有较大影响③。

关于地方高校科技创新能力效率问题，林筠等（2021）的研究结果表明政策支持、科研经费、内部合作、外部交流、市场需求信息影响着地方高校科技创新能力的效率④；卓泽林（2021）指出产学研合作能极大促进高校科技创新能力的效率⑤；施振佺等（2021）认为大数据驱动的科技管理决策有利于推动高校科技创新能力的效率⑥；康旭东等（2021）从资源投入整合、过程监管与控制、成果分配的制度保障探讨提升高校科技创新能力的效率⑦；李红锦等（2021）从人力资源效率和科研经费利用效率分析高校科技创新能力的效率⑧。

关于地方高校科技创新能力对经济的影响问题，张高波等（2021）从创新价值链的视角出发，发现高校知识创新与科研创新对经济高质量发展的影响有显著正向影响，呈倒V型变动⑨；汪涛等（2021）发现各地大学科技园孵化

---

① 石薛桥，薛文涛．基于生态位理论的中部六省高校科技创新能力评价［J］．经济问题，2020（11）：119－123.

② 王少鹏，苗欣茹，席增雷．高校科技创新、空间溢出与区域经济发展［J］．技术经济，2021（4）：49－57.

③ 张蕾，马占新．基于Malmquist指数的“一带一路”省区高校技术转移效率研究［J］．科学管理研究，2021（2）：38－44.

④ 林筠，吴鹏飞，吴莹莹，祝明伟．科技成果转化过程中高校实验室验证有效性的前因探索［J］．管理评论，2021（12）：24－34.

⑤ 卓泽林．高等教育赋能区域发展战略的现状、挑战与对策——以京津冀、长三角、粤港澳大湾区为例［J］．教育发展研究，2021（11）：14－25.

⑥ 施振佺，郭畅．大数据驱动的高校科技管理决策研究［J］．科技管理研究，2021（11）：24－29.

⑦ 康旭东，谷丽，丁堃．高校构建科技成果转化管理体系的思考——基于高校在国家创新体系中的定位［J］．研究与发展管理，2021（10）：175－182.

⑧ 李红锦，李胜会，许林．科技人才分类评价改革能否促进高校科研水平的高质量发展——基于9所高校改革试点的准自然实验［J］．中国科技论坛，2021（10）：114－124.

⑨ 张高波，胡涵清，李剑玲，商亮．创新价值链视角下高校科技创新对经济高质量发展的影响研究——基于面板分位数空间自回归模型［J］．中国高校科技，2021（10）：55－60.

效率、高校科技创新能力的溢出与经济发展水平呈现类似特征，且高校科技创新能力的外溢对高校科技园发展速率存在正向影响，依托高校科技创能力较大外溢的科技园，更易辐射异地发展，助力经济高质量进步①；徐明波等（2021）指出要发挥企业与高校的能动作用，企业在政策的支持下、社会舆论的激励下积极通过风险投资基金、知识产权维系、经济利益分配推动科技成果从实验室向市场应用的转化，成为高校科技创新成果应用的推动方、承接方，经由市场资源配置，通过高校科技创新成果的市场应用获得更大的成长空间，使新技术、新产品、新工艺、新发明成为经济增长的推动力②。

综上所述，已有文献主要从地方高校科技创新能力的影响因素、空间差异、空间特征、发展效率、对经济的影响等方面展开研究，对地方高校科技创新能力相关因素的交互性、演变性及其影响机理的探讨较少，地方高校科技创新能力是复杂的、动态演变的能力，其影响要素发挥作用的过程是一个不断交叉互动的过程，该过程又会反作用于高校科技创新能力，因此研究地方高校科技创新能力时应考量其系统性、动态演进性、交互作用性的特征。本部分使用探索性空间数据分析法探讨原“211 工程”中的省属高校科技创新能力的空间分布特征及空间上的关联关系，得到地方高校科技创新能力的空间特征；再基于内部和外部经济环境对地方高校科技创新能力的影响，从创新能力的各影响要素交互视角着手，构建空间结构方程模型探讨科技创新主体、科技创新要素、官方政策对地方高校科技创新能力的作用力度与作用方向。

二、研究设计

（一）理论基础与假设

相互分工、相互关联的科技创新主体构成地方高校科技创新能力的实施系统，高校的智力资源、硬件设施、科研团队，确保科研工作及科技创新活动的持续开展，采用专任教师数量、研究生规模作为科技创新主体的测度指标，提

---

① 汪涛，杨雪梅．高校技术创新溢出能力对国家大学科技园孵化效率的影响［J］．华中师范大学学报（自然科学版），2021（9）：876－889.

② 徐明波，荀渊．高校科技成果转化机构定位、职能及其影响因素研究——基于中美研究型大学科技成果转化机构的对比分析［J］．高教探索，2021（11）：34－42.

出理论假设 H_1：

H_1：科技创新主体对地方高校科技创新能力具有正的推动作用。

地方高校科技创新能力的要素涵盖人力资源要素与经济资本要素，高水平人力资源使地方高校具备充裕的知识存储与知识转化能力，是地方高校科技创新能力的基础要件，经济资本要素是地方高校科技创新能力发展的重要物质因素，经济资本要素可推动知识技术的向外溢出，还可提升地方高校科技创新能力及消化吸收能力，经由增加经济资本要素的投入，创造出更多科技创新产出。采用科研经费支出与研发人员全时当量为测度指标，提出理论假设 H_2：

H_2：科技创新要素对地方高校科技创新能力具有正的推动作用。

政府作为地方高校科技创新能力的重要支持者，经由财税政策、科技政策等方式引导地方高校的科技创新活动，不仅经由直接的财政补贴等增加地方高校研发要素投入，还经由政府政策传递强烈的激励信号，引导地方高校主动增加研究开发方面的要素投入，当科技创新出现市场失效时，政府科技政策可弱化科技创新的负面影响，保障地方高校科技创新投入的收益，经由对外部风险的有效管控，降低地方高校科技创新的预期成本，增加地方高校科技创新的期望收益与边际效益。因此科技创新政策不仅会直接作用于地方高校科技创新能力，同时也作用于科技创新主体与科技创新要素。采用财政科技支出、财政教育支出作为政府科技政策的测度指标，提出理论假设 H_3、H_4、H_5：

H_3：政府科技政策对地方高校科技创新能力具有正的推动作用。

H_4：政府科技政策对地方高校科技创新要素具有正的推动作用。

H_5：政府科技政策对地方高校科技创新主体具有正的推动作用。

地方经济发展水平增强，科技创新要素投入增多，对地方高校的科技创新主体正向影响越显著，推动地方高校科技创新能力的提升。若地区居民消费水平较高，则对产品品质、技术、环境保护也会提出较高的要求，这都会推动高校科技创新活动的开展，以满足居民的高要求，进而促进地方高校科技创新能力的增强。内部经济环境测度指标采用社会消费品零售规模、人均国内生产总值与单位面积公路里程等指标，提出理论假设 H_6、H_7、H_8：

H_6：内部经济环境对地方高校科技创新能力具有正的推动作用。

H_7：内部经济环境对地方高校科技创新要素具有正的推动作用。

H_8：内部经济环境对地方高校科技创新主体具有正的推动作用。

外部经济环境经由贸易与投资扰动地方高校科技创新能力。外商直接投资经由带动引领效应与鲶鱼效应对地方高校科技创新能力产生明显的溢出效应，对地方高校科技创新能力具有正向作用。同时外商直接投资引起的激烈竞争可能会挤压国内发展空间，妨碍地方高校科技创新能力提升，贸易开放对地方高校创新能力的作用会因地方资源丰裕度、经济发展水平、文化传统、人力资源、科学技术积累等因素有所差别。采用对外开放度与实际使用外资额作为外部经济环境的测度指标，提出理论假设 H_9：

H_9：外部经济环境对地方高校科技创新能力的作用力度具有不确定性。

地方高校科技创新产出的数量与品质没有可以直接测度的指标，通常使用专利数量来反映科技创新产出，为规避专利申请时从申请至授权的审批时长的扰动，采用专利申请数作为地方高校科技创新力的测度指标，因专利不足以充分反映科技创新成果质量、市场化与商业化水平，因此使用技术转让收入作为测度地方高校科技创新能力的另一指标。

地方高校科技创新能力结构模型见图 3-1。

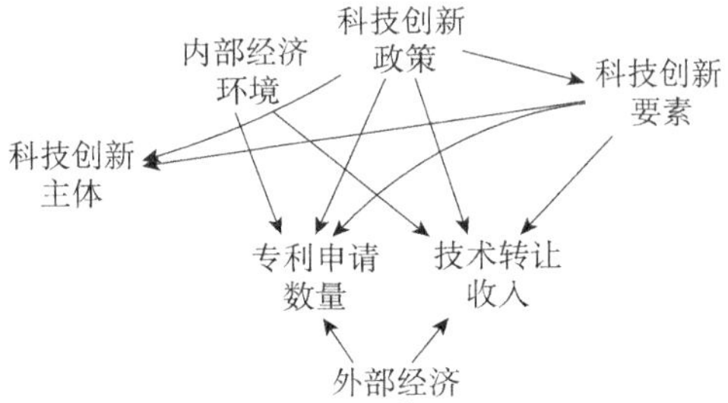

图 3-1 地方高校科技创新能力结构模型

（二）数据构建

选取 2011—2020 年 28 个原“211 工程”的省属高校的科技创新能力数据为样本，基于分析共选择了 13 个指标，数据来自历年《国家统计年鉴》《高等学校科技统计资料汇编》《国家知识产权局中国专利公布公告》及各高校官方网站整理得到。因各观测指标的计量单位不一，对数据实施了标准化处理。

1. 结构方程模型及拓展

结构方程模型涵盖测量模型与结构模型，其中测量模型反映隐变量与显变量间的关系，见式3-1、式3-2。

$$u = A_u r + \phi \quad （式3-1）$$

$$v = A_v \theta + \mu \quad （式3-2）$$

其中式3-1为外生变量测度方程，u是由w个外生观测值构成的$w \times 1$向量，r为外生隐变量因子构成的$m \times 1$向量，A_u是u在r上的$w \times m$因子负荷矩阵，ϕ为误差向量；式3-2为内生变量的测度方程，v为是由q个外生观测值构成的$q \times 1$向量，θ为内生隐变量因子构成的$n \times 1$向量，A_v为v在θ上的$q \times n$因子载荷矩阵，μ为误差向量，ϕ与μ代表隐变量无法解释的部分。

结构模型反映隐变量间及模型内其他变量无法诠释的变异量部分，见式3-3。

$$\theta = \beta\theta + \tau\sigma + \xi \quad （式3-3）$$

其中，θ为内生隐变量向量，σ为外生隐变量向量，β与τ为路径系数矩阵，ξ为误差向量。

用$z_{i,j}$指代区域i与区域j的空间权重系数，则28个地方高校的空间权重矩阵为$Z = [z_{i,j}]$，地方高校科技创新能力数据的一阶空间滞后变量见式3-4。

$$Spatial\_lag = (L_{t,t} \times K_{n,n}) \cdot V_{n_t,1} \quad （式3-4）$$

其中$n = 28$，代表28个地方高校所在区域，t代表样本时间。把一阶空间滞后变量代入结构方程模型组建空间结构方程模型，见式3-5。

$$\begin{cases} u = A_u r + \phi \\ v = A_v(\theta, Spatial\_lag) + \mu \\ \theta = \beta(\theta, Spatial\_lag) + \tau\sigma + \xi \end{cases} \quad （式3-5）$$

2. 探索性数据分析法

经由分位图描述28个地方高校科技创新能力的空间分布属性，使用莫兰（Moran）指数分析各地方高校间的空间相关性，见式3-6。

$$I = \frac{\sum_{i=1}^{n}\sum_{j \neq i}^{n} c_{ij}(u_i - \bar{u})(u_j - \bar{u})}{h^2 \sum_{i=1}^{n}\sum_{j \neq i}^{n} c_{ij}} \quad （式3-6）$$

其中，u_i、u_j分别代表地方高校 i、j 的指标属性值，n 代表空间单元总数，c_{ij}代表地方高校 i 与 j 的空间权重系数，$\bar{u}$代表观测指标均值，$h^2=\frac{1}{n}\sum_{i=1}^{n}(u_i-\bar{u})^2$，$I\in[-1,1]$，当$I<0$时指代空间负相关，$I=0$时指代空间不相关，$I>0$时指代空间正相关。

三、实证结果和分析

（一）地方高校科技创新能力创新空间特征及空间相关性

使用 GeoDa 软件把 28 个地方高校科技创新能力指标分布由高到低分成 4 个部分，见表 3－1。

表 3－1　　地方高校科技创新能力指标空间分布情况

指标		2011 年	2020 年	均值分布	增速分布
专利申请量分布	高	上海大学、北京工业大学、苏州大学、南昌大学、太原理工大学、福州大学、广西大学	北京工业大学、南昌大学、郑州大学、福州大学、上海大学、苏州大学、太原理工大学	北京工业大学、上海大学、南昌大学、苏州大学、福州大学、郑州大学、太原理工大学	西藏大学、青海大学、石河子大学、安徽大学、辽宁大学、郑州大学、福州大学
	↑	郑州大学、贵州大学、四川农业大学、河北工业大学、西北大学、南京师范大学、华南师范大学	河北工业大学、广西大学、安徽大学、贵州大学、华南师范大学、海南大学、西北大学	河北工业大学、广西大学、贵州大学、安徽大学、华南师范大学、西北大学、海南大学	海南大学、河北工业大学、南昌大学、宁夏大学、天津医科大学、湖南师范大学、太原理工大学
	↓	东北农业大学、云南大学、海南大学、新疆大学、安徽大学、湖南师范大学、内蒙古大学	东北农业大学、南京师范大学、石河子大学、辽宁大学、云南大学、四川农业大学、新疆大学	东北农业大学、南京师范大学、四川农业大学、石河子大学、云南大学、辽宁大学、新疆大学	广西大学、华南师范大学、内蒙古大学、东北农业大学、贵州大学、延边大学、苏州大学
	低	辽宁大学、石河子大学、宁夏大学、天津医科大学、延边大学、青海大学、西藏大学	湖南师范大学、内蒙古大学、宁夏大学、天津医科大学、青海大学、延边大学、西藏大学	湖南师范大学、内蒙古大学、宁夏大学、天津医科大学、青海大学、延边大学、西藏大学	新疆大学、西北大学、北京工业大学、南京师范大学、云南大学、上海大学、四川农业大学

续表

指标		2011 年	2020 年	均值分布	增速分布
技术转让收入分布	高	太原理工大学、南昌大学、河北工业大学、东北农业大学、四川农业大学、苏州大学、上海大学	太原理工大学、北京工业大学、河北工业大学、苏州大学、四川农业大学、贵州大学、福州大学	太原理工大学、北京工业大学、河北工业大学、南昌大学、苏州大学、四川农业大学、东北农业大学	石河子大学、宁夏大学、西北大学、北京工业大学、湖南师范大学、辽宁大学、海南大学
		福州大学、广西大学、郑州大学、贵州大学、安徽大学、内蒙古大学、南京师范大学	湖南师范大学、石河子大学、上海大学、华南师范大学、广西大学、辽宁大学、宁夏大学	贵州大学、福州大学、上海大学、广西大学、湖南师范大学、石河子大学、华南师范大学	华南师范大学、云南大学、贵州大学、苏州大学、四川农业大学、太原理工大学、广西大学
		天津医科大学、华南师范大学、北京工业大学、湖南师范大学、新疆大学、云南大学、辽宁大学	南昌大学、安徽大学、海南大学、西北大学、云南大学、南京师范大学、郑州大学	安徽大学、郑州大学、内蒙古大学、辽宁大学、宁夏大学、南京师范大学、海南大学	福州大学、上海大学、南京师范大学、河北工业大学、安徽大学、郑州大学、南昌大学
	低	海南大学、延边大学、西藏大学、西北大学、青海大学、宁夏大学、石河子大学	天津医科大学、内蒙古大学、延边大学、东北农业大学、西藏大学、青海大学、新疆大学	云南大学、西北大学、天津医科大学、新疆大学、延边大学、西藏大学、青海大学	天津医科大学、内蒙古大学、延边大学、东北农业大学、西藏大学、青海大学、新疆大学

表 3－1 中的专利申请量分布情况显示，2011 年专利申请量最高的地方高校涵盖上海大学、北京工业大学、苏州大学、南昌大学、太原理工大学、福州大学、广西大学等 7 所高校，其次是郑州大学、贵州大学、四川农业大学、河北工业大学、西北大学、南京师范大学、华南师范大学等 7 所高校，其中综合类高校占了 8 所，表明综合类地方高校是科技创新的核心高校。专利申请量空间分布从 2011—2020 年间空间格局变化不大，专利申请量增速最高的地方高校包括西藏大学、青海大学、石河子大学、安徽大学、辽宁大学、郑州大学、福州大学等 7 所高校，其次包括海南大学、河北工业大学、南昌大学、宁夏大学、天津医科大学、湖南师范大学、太原理工大学等 7 所高校，专利申增速较高的地方高校主要分布在中西部地区，与这些地方高校的基数小有关。

表 3－1 中的技术转让收入空间分布情况显示，2011 年技术转让收入最高

的地方高校包括太原理工大学、南昌大学、河北工业大学、东北农业大学、四川农业大学、苏州大学、上海大学，2020 年为太原理工大学、北京工业大学、河北工业大学、苏州大学、四川农业大学、贵州大学、福州大学。技术转让收入高的地方高校主要是综合类高校、工科高校，但由于技术转让的不确定性，所以地方高校技术转让收入高低起伏不定，2011 年、2020 年技术转让收入较低的地方高校中都有延边大学、西藏大学、青海大学，反映出我国偏远地区高校的科技活动不论是产出还是成果转化都有待于发展。

地方高校专利申请量与技术转让收入空间分布上存在重叠，主要集中在中东部的综合性高校、工科类高校，但从科技创新能力的发展看，西部高校增速较快，具有较大发展潜力。

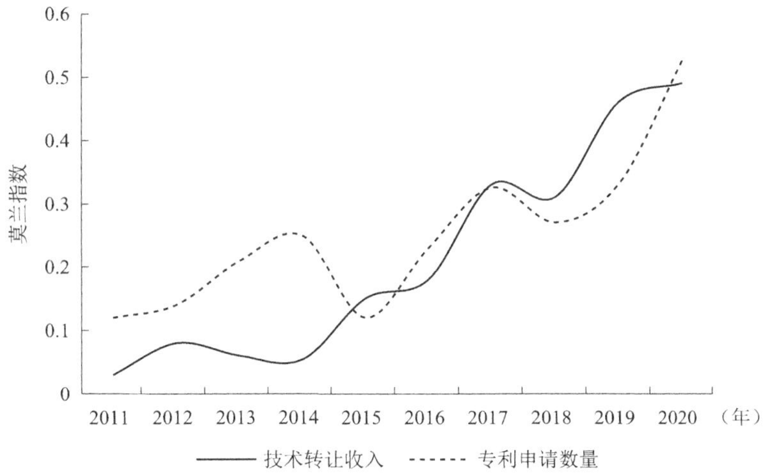

图 3－2 2011—2020 年地方高校科技创新能力空间关联度

地方高校科技创新能力莫兰指数见图 3－2，可看到 2015 年是地方高校科技创新能力空间相关性发生变动的时间节点，2015 年之前专利申请量空间关联度有波动，2015 年之后空间关联度表现为平稳增长态势。技术转让收入空间关联度变化恰好相反，2015 年以前表现为小幅变动状态，2015 年之后增长较快，总体看来，专利申请量与技术转让收入指标，地方高校空间关联度均表现为较强的正相关性，且近年来该趋势更为显著。

（二）模型分析结果

考虑到地方高校科技创新能力空间相关特征，实证分析中分别使用了结构方程模型与空间结构方程模型，运用 R 语言编程后的实证分析结果见表 3－2。

表 3－2　　结构方程模型的实证分析结果

受影响因素		影响因素	结构方程模型			空间结构方程模型		
			回归系数	标准化	P 值	回归系数	标准化	P 值
专利申请数量	←	科技创新主体	－0.018	－1.026	0.00	－0.013	－0.372	0.00
	←	科技创新要素	0.004	0.192	0.00	0.012	0.332	0.00
	←	科技创新政策	0.026	0.235	0.03	0.034	0.352	0.00
	←	内部经济环境	0.103	0.878	0.00	0.053	0.588	0.00
	←	外部经济环境	0.024	0.215	0.00	0.008	0.079	0.00
	←	专利空间滞后量	—	—	—	0.153	0.196	0.00
技术转让收入	←	科技创新主体	－0.012	－0.285	0.00	－0.004	－0.103	0.01
	←	科技创新要素	0.013	0.296	0.00	0.019	0.528	0.00
	←	科技创新政策	0.039	0.351	0.00	0.34	0.296	0.00
	←	内部经济环境	0.031	0.138	0.00	0.019	0.156	0.00
	←	外部经济环境	0.029	0.235	0.00	0.008	0.067	0.00
	←	技术转让空间滞后量	—	—	—	0.086	0.105	0.00
科技创新要素	←	科技创新政策	3.053	0.816	0.00	3.145	0.895	0.00
	←	内部经济环境	－0.706	－0.247	0.00	－0.583	－0.196	0.00
	←	科研经费支出	0.051	1.013	0.00	0.051	1.006	0.00
	←	研发人员全时当量	0.067	0.853	0.00	0.057	0.863	0.00
科技创新主体	←	科技创新政策	－0.668	－0.336	0.00	－1.317	－0.332	0.00
	←	内部经济环境	3.182	0.834	0.00	0.046	0.537	0.00
	←	专任教师数量	0.082	0.995	0.00	0.079	0.993	0.00
	←	研究生数量	0.068	0.897	0.00	0.079	0.978	0.00
科技创新政策	←	财政教育支出	0.142	0.845	0.00	0.143	0.827	0.00
	←	财政科研支出	0.063	0.086	0.00	0.079	0.861	0.00
内部经济环境	←	社会消费品零售总额	0.138	0.896	0.00	0.173	0.762	0.00
	←	人均 GDP	0.153	0.783	0.00	0.162	0.764	0.00
	←	单位面积公路里程	0.025	0.135	0.02	0.035	0.153	0.01
外部经济环境	←	对外开放度	0.142	0.493	0.00	0.182	0.773	0.00
	←	实际使用外资额	0.216	0.957	0.00	0.135	0.703	0.00

注：P 值为 0.00，代表 $P<1\%$。

表3－2显示，科技创新政策、科技创新主体、单位面积公路里程的系数在5%水平下较为显著，其他系数都在1%水平下较为显著。模型的比较拟合指数都大于0.7，近似误差均方根在5%水平下较为显著，综合系数估计结果显示结构方程模型与空间结构方程模型拟合效果不错。依照图3－1的结构模型与表3－2的实证分析结果，得到各要素对地方高校科技创新能力的扰动路径与扰动系数见表3－3。

表3－3　　地方高校科技创新能力的影响路径与影响系数

	变量	结构方程模型			空间结构方程模型		
		影响方式	影响路径数	影响系数	影响方式	影响路径数	影响系数
专利申请数量	创新主体	直接	1	－0.1035	直接	1	－0.383
	创新要素	直接	1	0.196	直接	1	0.341
	创新政策	直接/间接	3	0.793	直接/间接	3	0.891
	内部经济环境	直接/间接	3	0.041	直接/间接	3	0.134
	外部经济环境	直接	1	0.246	直接	1	0.079
	空间滞后量	——	——	——	直接	1	0.216
技术转让收入	创新主体	直接	1	－0.293	直接	1	－0.105
	创新要素	直接	1	0.399	直接	1	0.614
	创新政策	直接/间接	3	0.891	直接/间接	3	0.872
	内部经济环境	直接/间接	3	－0.162	直接/间接	3	－0.063
	外部经济环境	直接	1	0.236	直接	1	0.073
	空间滞后量	—	—	—	直接	1	0.126

第一，实证结果和前面的理论假设有一定区别。科技创新主体对专利申请数量与技术转让收入具有负向影响，与理论假设 H_1 并不完全一致，科技创新主体对专利申请数量与技术转让收入具有负向影响，这与理论假设 H_1 不符，表明地方高校科技创新能力中科技创新主体的作用还需进一步挖掘。地方高校科技创新能力建设中须在政策上加强对教师的科技创新激励，教学科研活动中须注重培养研究生的科技创新能力，经由知识产权保护、科技创新资金支持等增强地方高校科技创新主体的科技创新意愿与科技创新能力，科技创新要素、科技创新政策、外部经济环境对专利申请数量与技术转让收入具有正向影响，验证了理论假设 H_2、H_3。内部经济环境对专利申请数量具有正向推动作用，

对技术转让收入是负向推动作用，表明理论假设 H_6 成立，反映了内部经济环境对于科技创新产出有正的推动作用，但对于科技创新产出的转化存在负向影响，须加强地方高校科技创新产出的市场化应用水平，加强知识产权交易平台、技术转化机制、专利交易平台等的建设。表 3－2 显示科技创新政策对科技创新要素存在正的促进作用，对科技创新主体存在负向作用，表明理论假设 H_4 成立，理论假设 H_5 不成立。内部经济环境对科技创新要素存在负向作用，对科技创新主体存在正的推动作用，表明理论假设 H_7 不成立，理论假设 H_8 成立。实证分析显示外部经济环境对地方高校科技创新能力具有正向的推动作用，消弭了理论假设 H_9 的两可性，体现了地方高校所在地的对外贸易、外资利用、对外开放等对地方高校科技创新能力的正向作用。

第二，传统结构方程模型与空间结构方程模型的实证分析结果相比较而言，空间相关性对地方高校科技创新能力的作用路径不发生影响，各因素依然经由原有路径对地方高校科技创新能力发生作用，但对地方高校科技创新能力的作用水平发生变动。考量空间相关因素后，科技创新主体对科技创新能力的负向作用水平下滑，对外开放与利用外资等外部经济环境因素对地方高校科技创新能力的正向作用水平下滑，内部经济环境对科技创新能力的正向作用水平有所提高。

第三，测度指标对各隐变量的扰动存在明显不同，科技创新政策与科技创新要素的测度指标作用水平类似，科技创新主体、内部经济环境与外部经济环境测度指标作用水平有不小的差异。科技创新主体中高校教师、研究生对地方高校科技创新能力的影响较大，反映出人力资本是科技创新主体的重要影响因素。内部经济环境的测度指标中，社会消费品零售规模与人均国内生产总值的扰动作用较大，单位面积公路里程的影响较小，表明随着社会消费升级，社会成员对消费品的品质有了更高要求，推动着科技创新，人均国内生产总值则为科技创新提供了经济基石。伴随互联网、物联网的发展，公路等基础设施的完善，科技创新能力发展中交通的影响力度下滑，外部经济环境的测度指标中，实际外资使用额有较强作用，与经济开放度相比，实际外资使用额更能推进地方高校科技创新能力的进步。

第四，内部经济环境对科技创新要素的扰动、科技创新政策对科技创新主体的影响都为负。内部经济环境对科技创新要素影响为负的缘由在于，地方粗放的经济发展模式造成地方高校科研投入不足，不利于科技创新能力的提高，虽然近年来各地都实施了不同程度的改革举措，以推动产业结构转型升级，但尚未完全消弭该不利影响。科技创新政策对科技创新主体的负向影响的缘由在于，政策实施具有一定的滞后性，须进一步探讨政策的有效性，另外各地产业转型升级也对地方高校科技创新有一定的冲击。

四、小结

研究基于地方高校科技创新主体、科技创新要素、科技创新政策、内外经济环境和科技创新活动交互的视域，使用探索性空间分析法探讨地方高校科技创新能力空间分布与相关性，经由建构结构方程模型与空间结构方程模型探讨了28个原“211工程”的地方高校科技创新能力的影响因素与影响机制，可得到如下结论。

第一，科技创新政策对地方高校科技创新能力的正向影响最大，其次为科技创新要素，外部经济环境的扰动作用最小。研究结果显示，各地科技创新政策对地方高校科研投入存在挤入效应，可在一定程度上消弭市场失效造成的负向扰动作用，有利于减轻科技创新活动中的负溢出性，强化地方高校科技创新动机与科技创新行为，进而增加地方高校科技创新投入，推动地方高校科技创新能力的提升。研究结果还显示，科技创新要素的扰动作用存在空间外溢情形，考虑空间相关影响之后，科技创新要素的扰动作用系数有一定提高。对外贸易开放不仅推动各地经济增长，还经由技术扩散与外溢效应，成为影响地方高校获得国外先进技术、施展比较优势、达成自主创新、提升科技创新能力的重要路径。

第二，科技创新主体对地方高校科技创新能力有负面影响。研究显示科技创新主体对地方高校科技创新能力未发生正面影响，缘由在于地方高校规模虽在扩张，但未实现内涵式发展；造成地方高校科技创新能力与规模未能同步发展；加上科技创新主体中的教师、研究生在科技创新活动中的互动与配合有待加强，可通过产学研合作，让教师、研究生成长发展，科技创新成果与市场需求衔接，这是地方高校科技创新能力发展中亟须解决的一个问题。

第三，内部经济环境对专利申请数量存在扰动作用，对技术转让收入存在负向影响。尽管内部经济环境对专利申请数量与技术转让收入的直接扰动作用都为正，但综合影响效果显示不利于技术转让收入。发生路径为：内部经济环境对科技创新要素存在负向影响，进而对技术转让收入产生负向影响。这揭示了各地在经济社会发展中，经济水平、消费水平在快速提高，但科技创新要素的投入并未与经济、消费同步同速增长，甚至有所滑落，造成对地方高校科技创新能力的负面影响。

第四，空间相关性对地方高校科技创新能力发生着明显的正向作用。研究结果显示，空间相关性对地方高校科技创新能力存在显著正向作用，反映了地方高校间的科技创新存在良性的竞争与合作，使得地方高校间在科技创新方面相互促进，正向外溢效应持续扩展。也要关注专利申请数量的正相关性近年来在地方高校间趋于平缓，政府应引导地方高校间在科技创新中的协作。

基于实证分析结论，在地方高校科技创新能力发展中须注意：

第一，引入适当的外商直接投资，限制引进设有技术壁垒的外资，增进外资使用效益。地方不可只管外商投资的数量与规模，还要考虑引进外资带来的技术外溢性。改革开放早期引进外资的规模与速度对地方高校科技创新能力有明显推进功效，但在外资存量较大的情况下，仅仅寻求扩张外资规模，不利于地方高校科技创新能力的发展，因此须适度管控引入外资的规模与速度，特别要限制存在技术壁垒的外资，以提升外资实际使用效益，引导地方合理有效地利用外资，增进地方高校科技创新能力。

第二，改进地方高校科技创新能力的评价与激励机制，推动地方高校科技创新能力内涵式发展。地方高校科技创新能力的评价主要看论文、课题、专利等，须对评价与激励机制进行改进，评价中注重课题、专利的效益产出，赋予科研人员充分的物质与精神激励，采用多元的科技创新评价体系与合理科学的激励机制，推动地方高校及其科研人员的科技创新意愿与科技创新能力发展。

第三，加快建设地方高校科技创新公共平台，推动科技创新主体间的合作和共赢，提升科技创新成果转化效率，通过政府主导创设科技创新公共平台，推动地方高校与科研机构、企业间的协作，经由产学研的交流沟通，实现科技创新的信息交互、分工合作、协同发展，推动科技创新成果的供求匹配，实现科技创新成果基于平台的转化应用。

第四，加大对教育与科技的财政支持力度，政府要继续加强对教育与科技的支持力度，营造良好的科技创新环境，建设高校科技创新创业基地、孵化器等，引导高校与企业、科研机构一道开展齐头并进的科技创新活动，培养科技创新人才，增进教师与研究生的科技创新意识与行动力，通过科技创新环境的营造、产学研的合作、科技创新人才的培养，综合推进地方高校科技创新能力更上一层楼。

第二节　职务科技成果权属改革试点高校的实证分析

一、引言

优化科研人员职务科技成果权属，不仅关系到职务科技成果转化效率，还对防范化解职务科技成果转化风险有着重要意义。职务科技成果转化风险防范化解的关键在于职务科技成果权属合理分配的有效性，职务科技成果转化效率决定了职务科技成果资源和复杂经济系统间的协调度与适配性。虽然我国科研人员职务科技成果权属分配呈现向发明人倾斜的态势，职务科技成果权属配置的正向效应愈发显现，但职务科技成果权属僵化的负外部性仍扰动着职务科技成果的转化，职务科技成果权属配置问题已成为扰动我国职务科技成果转化效率的重要因素。科技部等 9 部门发布的《赋予科研人员职务科技成果所有权或长期使用权试点实施方案》（国科发区〔2020〕128 号）在北京工业大学等 29 所高校进行试点，以期提升职务科技成果转化效率。

在学界，研究人员对职务科技成果转化效率的探讨历经从简单至复杂、从狭义至广义的知悉过程。关于职务科技成果转化效率的内涵有多种看法。不同于科技成果转化率（已实现转化的科技成果数量的占比），转化效率指在职务科技成果转化进程中，产出价值（涵盖新产品、经济效益、新科技成果等）

和投入资源（涵盖人力、物力、财力资源等）的比（宋凯平，2022）[①]，沈伟、刘立伟（2017）对前瞻性研究类、自主技术研发类、产业化类、适用性研究类、基础性工作类科研成果提出不同的定性转化标准[②]。已有研究依据科技成果转化的类型与特征，提出了不同的科技成果转化效率的测度方法。有综合指标法，周世新、于淑秀、王玉卓（2022）使用数据包络分析法来测算科技成果转化效率，建立涵盖全要素生产率、技术水平变化、技术效率变化、纯技术效率变化的动态效率指数[③]；还有基准回归法，林青宁、毛世平（2022）在分析战略新兴产业投资对科技成果转化效率影响的基础上，构建基准回归模型测度科技成果转化效率[④]。关于科技成果转化效率的内涵及其测度探讨，已有研究从对外开放程度、产业结构、人力资本投入、知识产权护卫、财政科技投入等方面探讨了职务科技成果转化效率的影响因素。董会忠、曹正旭、张仁杰（2022）的研究显示知识产权对科技成果转化效率没有明显影响，人力资本投入对成果转化效率有显著影响[⑤]。

职务科技成果权属配置的关键所在是怎样达成成果转化效率的最大化。已有研究主要就职务科技成果权属的内涵、配置与风险效应进行探讨。第一，已有研究指出职务科技成果所有权包括使用权、处置权与收益权（楚道文，丛培虎，余晓龙，2021）[⑥]。职务科技成果权属配置有多种方式，大类可分为纯粹国有模式与人格化模式（康慧强，2020）[⑦]，在人格化模式中，国家、单位、

① 宋凯平．基于层次分析法的科技成果转化率影响因素研究［J］．产业创新研究，2022（4）：12－14.

② 沈伟、刘立伟．国有大型企业集团对成员企业科技成果转化率评估考核的研究与实践［J］．科技管理研究，2017（14）：77－84.

③ 周世新，于淑秀，王玉卓．中国医药制造业技术研发与成果转化阶段创新效率评价及建议［J］．江西社会科学，2022（1）：145－154.

④ 林青宁，毛世平．互补还是替代？——技术引进、自主创新与涉农企业科技成果转化效率［J］．科技管理研究，2022（3）：1－9.

⑤ 董会忠，曹正旭，张仁杰．中国高技术产业两阶段绿色创新效率及影响因素识别［J］．统计与决策，2022（6）：44－49.

⑥ 楚道文，丛培虎，余晓龙．职务科技成果共有权的政策要义及制度路径［J］．中国科技论坛，2021（3）：36－43.

⑦ 康慧强．职务科技成果权属混改中的引致风险与对策研究［J］．科技管理研究，2020（2）：1－7.

发明人间共同所有的比例有所不同（刘鑫，穆荣平，2020）[①]，但与职务科技成果共有权的最初获取相比，因赋权形成的所有权共有是继受获取，是基于单位独占所有权与单位让渡所有权的意志而发生的（葛章志，2022）[②]。第二，职务科技成果权属配置的测度主要是从最优委托权安排的角度展开探讨。顾志恒、王玲（2021）聚焦于激励约束下职务科技成果引发的社会福利总水平[③]。刘鑫（2020）从技术与法律维度比较职务科技成果转化效率[④]。第三，职务科技成果权属配置失当的风险效应。李昕（2020）指出单位主义下知识产权转化落实存在障碍，风险分担机制不足以吸引风险资本的进入，价值评估公信力制约着成果转化，奖励机制难以满足利益相关者需求，政府介入权的非规范性造成成果转化的不自主，都导致职务科研成果转化难、转化没有积极性，落入动辄得咎的困境[⑤]。

如前所述，现有研究大多选择职务科技成果权属国有化配置和人格化配置模式、法律、转化风险等单一视角分析职务科技成果权属配置和转化效率或实体经济间的关联关系，较少从科研人员职务科技成果所有权或长期使用权试点高校整体层面直接分析职务科技成果权属配置对成果转化效率的影响机理与经验证据，也没能深入探讨职务科技成果权属配置对不同区域成果转化效率的空间效应。因此，在已有研究的基础上，本部分运用2017—2021年12个省29个试点高校数据，建构一个涵盖职务科技成果权属配置确权度、专利授权数、专利转让收入、研发人员全时当量、研发投入、人均GDP的职务科技成果转化效率指标体系，直接探讨职务科技成果权属配置影响成果转化效率的理论机制与实证经验，分析职务科技成果权属配置对不同区域职务科技成果转化效率

---

① 刘鑫，穆荣平．基层首创与央地互动：基于四川省职务科技成果权属政策试点的研究［J］．中国行政管理，2020（11）：83－91.

② 葛章志．赋权改革背景下职务科技成果共同所有权的行使逻辑［J］．科技进步与对策，2022（7）：1－9.

③ 顾志恒，王玲．新时期高校科技成果权属与处置相关问题探讨［J］．中国高校科技，2021（8）：85－89.

④ 刘鑫．科技成果权属改革背景下的高校专利发展状况——以四川省20所高校为例［J］．中国高校科技，2020（8）：77－81.

⑤ 李昕．我国公立大学职务科技成果权属分置制度的困境与完善［J］．湖南师范大学教育科学学报，2020（3）：11－19.

的空间效应，从而丰富对职务科技成果转化效率源泉与机制探索的高校视域，也为已有文献关于职务科技成果转化效率的空间传递及整治探索提供直接的经验证据。

二、理论基础

我国依然存在职务科技成果权属配置和成果转化不相称的现象，造成职务科技成果转化效率低下，抑制高校科技创新能力的发展，成为职务科技成果转化的阻碍因素。从职务科技成果权属配置的视角看，职务科技成果的使用权、收益权、处置权如何在政府、高校、科研人员、转化部门间分配存在着合作与竞争关系，会对职务科技成果转化效率造成直接影响。这里具体阐释职务科技成果权属配置经由各利益相关方的影响演变进而扰动职务科技成果转化效率的过程。

职务科技成果权属在利益相关者间的错配造成高校欠缺科技成果转化动力。高校职务科研成果作为国有资产，受国有无形资产制度的严格约束，经历冗长的评估、审批流程，评估形式重于实质。职务科技成果转化应在成果合作双方商定价格之后，由中介机构开展评估。但在实际运作中，评估价格和商定价格相差无几，造成评估只是一种形式，唯一结果只是增加了额外的评估费用开支。评估备案流程也较为漫长，技术转让、技术许可的评估时间虽然较长，有的技术可能需要三个月才可评估完毕，但备案程序较为简洁；而技术作价入股的评估、备案程序相当繁杂，不仅要评估无形资产与公司的价值，还要在财政部备案，并进行产权登记、报送国有股权管理计划，历时半年以上，且各环节没有严格时限与详尽管理规范，造成整套流程管理不确定性强，一套流程下来一两年的时光就没了，科技成果时效性强，审批繁杂会造成成果转化不及时，经济价值滑落，而高校对国有资产流失承担责任，在重压下，高校秉持多一事不如少一事，对科技成果转化并不上心。

职务科技成果权属在利益相关者间的错配造成科研人员科技成果转化积极性不高。科技成果的创新度、成熟度、产业化水平、市场发展前景、经济价值等有较大的不可预见性，科技成果转化可能会遭遇短期不见收益、长期不能转化等风险，造成科技成果价值缺乏可靠的评估参照与定价体系，不同评估机构对同一科技成果有着相差甚远的估值。若科技成果估值与定价低，成果转化后取得不同于预期的市场高价，科研人员就存在低卖侵害国有资产之嫌；若科技成果估值与定价高，企业不愿投资或投资后转化铩羽，科研人员又存在国有资产流失之嫌。怎么做都有风险，影响了科研人员的职务科技成果转化积极性。虽然职务科技成果权属配置中关注科研人员的收益分配，但科研人员要获取自己应得收益还要历经种种繁杂程序，比如职务科技成果以作价入股方式开展成果转化之后，科研人员不能直接拿到收益，收益要由高校向国有投资公司增资，国有投资公司再按国有股份管理制度开展申报与审批，科研人员需等待较长时间才能拿到股权收益。科研人员在职务科技成果权属配置中拥有所有权，但该所有权是与高校共有，实际上还是高校拥有所有权，可能会引发科研人员在实际行使收益权利时受到所在高校的限制。若高校不愿进行成果转化，科研人员通常不具备与高校抗衡的实力，可能会面临成果转化想而不得的难题。高校在职务科技成果共有权中处于支配性地位，可能存在利用自身权利压制科研人员，要求科研人员用收益权换共有权的不合理做法。在职务科技成果转化收益分配方式与税收支持举措不够完善的情况下，造成科研人员不能完全享受职务科技成果收益配置的政策益处。加上高校对职务科技成果存在重量不重质、重申请轻转化的倾向，一个专利申请抵得上多篇学术论文的发表，科研人员为达成年度考核要求，专注于专利申请而非发表学术论文，专利申请完就告一段落，不能进行有效的专利转化。高校对项目研发非常支持，但不重视项目成果的转化应用，科研人员的项目成果拿到专利授权就算完成，对授权后的专利的开发应用置之不理，造成高校专利申请数量和授权数量每年都在上升，但专利转化率却屈指可数。

职务科技成果权属在利益相关者间的错配造成科技成果转化机构服务能力和动力不足。职务科技成果权属配置赋予科研人员职务科技成果所有权或长期使用权，以增进科研人员的科技成果转化积极性，但过于关注科研人员的利益，对转化机构及其人员的利益不够重视。科研人员与成果转化人员有着不同分工，在科技成果转化中都起着重要作用，转化收益分配中过于偏向科研人员，会造成其他利益相关方责权利的不均衡，有损于科技成果转化。赋权后科研人员对科技成果的市场化运作不够了解，对成果转化有畏难情绪，科技成果转化机构及其人员的收益占比过低，难以吸纳专业化的成果转化人员，造成成果转化人员转化服务意愿、动力与专业性不足，不利于成果转化。因此，要注意维护成果转化机构及其人员的收益权，利益相关者的转化能力和动力的对称是提升职务科技成果转化效率的症结所在，只有实现利益相关者间利益分配的合理化，才能推动职务科技成果转化效率的切实提升。

三、数据、变量和模型

（一）模型设定

为探讨职务科技成果权属配置对成果转化效率的影响，建构模型如下：

$$Z_{it} = \beta_0 + \beta_1 AR_{it} + \beta_2 PA_{it} + \beta_3 RE_{it} + \beta_4 PO_{it} + \beta_5 DE_{it} + \beta_6 GDP_{it} + \theta_i + \rho_i + \varphi_{it}$$

（式 3－7）

其中，因变量是职务科技成果转化效率，核心自变量是职务科技成果确权度 AR，控制变量分别是专利授权数 PA、专利转让收入 RE、研发人员全时当量 PO、研发投入 DE、试点高校所在省份人均国内生产总值 GDP，i 指代各试点高校的样本数据（$i=1, 2, \cdots, 29$），t 指代不同年份（$t=2017, 2018, \cdots, 2021$），$\beta$ 是截距项，φ 是随机扰动项，ϑ 指代省份固定效应，ρ 指代时间固定效应。

为深入探讨职务科技成果权属配置对职务科技成果转化效率影响的空间溢出扰动，建构空间计量模型如下：

$$Z_{it} = \beta_0 + \tau W Z_{it} + \alpha_1 AR_{it} + \alpha_2 PA_{it} + \alpha_3 RE_{it} + \alpha_4 PO_{it} + \alpha_5 DE_{it} + \alpha_6 GDP_{it} + \delta_1$$
$$WlnAR_{it} + \delta_2 WPA_{it} + \delta_3 WRE_{it} + \delta_4 WPO_{it} + \delta_5 WDE_{it} + \delta_6 WGDP_{it} + \theta_i + \rho_i + \varphi_{it}$$

（式 3－8）

其中，α_n 指代第 n 个变量对本省的影响系数，δ_m 指代自变量空间滞后项系数，τ 指代因变量空间滞后项系数。通过 Wald 与 LR 检验来判断空间杜宾模型（Spatial Dubin Model，SDM）是否会退化为空间滞后模型（Spatial Lag Model，SLM）或空间误差模型（Spatial Error Model，SEM）。

（二）数据和变量

1. 因变量

职务科技成果转化方式主要有专利授权与专利权转移，这里采用试点高校向企业授权专利及转移专利数额，即职务科技成果转化总数指代试点高校职务科技成果转化效率，并进行标准化处理。选取试点高校 2017—2021 年数据为样本。

2. 自变量

Alchian 和 Demsetz（1973）认为，只有在行动方合理收益得到确保的情况下，才能实施产权、发挥绩效，经由权能的行使或处置给其他行动方代为经营标的物或使用权能进而获得收益，由此产权包含使用权、收益权与处置权①。这里借助科研人员对职务科技成果产权的认知来代表职务科技成果的使用权、收益权与处置权。职务科技成果产权对科研人员行为决策的影响是经由科研人员对职务科技成果产权安全主观认识起作用，以职务科技成果产权认知为媒介和行动的关联性更直白。North（1994）认为，制度施行的成效取决于其刻画的可体悟的现实和行动主体意愿及偏爱的同一性水平，即科研人员对职务科技成果的主观认识是领会其行动决策的要件，这较法律与实际上的产权安全更关键②。职务科技成果确权度，涉及问题“科研人员对职务科技成果拥有长期使用权”“科研人员不能没有科研成果所有权，科研人员拥有职务科技成果产权并使用是天经地义的”“科研人员可以从职务科技成果所有权中获得收益”“科研人员可以从职务科技成果使用权中获得收益”“科研人员可以有偿转让职务科技成果”和“科研人员可以将职务科技成果进行投资来获得股权”，选项“1 = 不认同；2 = 部分认同；3 = 认同”，前两个问题加权平均指代职务科技成果使用权，中间两个问题加权平均指代职务科技成果收益权，后两个问题加权平均指代职务科技成果处置权。

3. 控制变量

专利授权数为试点高校当年的授权专利数量。专利转让收入为试点高校当年专利转让收入。研发人员全时当量为试点高校当年研发人员全时当量。研发投入为试点高校当年研发投入。人均 GDP 为试点高校所在省份人均国内生产

---

① Armen Aichian, Harold Demsetz. The Property Right Paradigm [J]. The Journal of Economic History, 1973, 33 (1): 16-27.

② Douglass North. Economic Performance through Time [J]. American Economic Review, 1994, 84 (3): 359-368.

总值。

四、实证分析

（一）基准回归分析

表3-4列（1）结果表明，职务科技成果确权度系数在1%水平上显著大于0，即职务科技成果确权度提高有利于增进职务科技成果转化效率，当职务科技成果确权度提高1个单位时，试点高校职务科技成果转化效率提高0.566个单位。在列（2）引入控制变量之后，职务科技成果确权度仍然激励职务科技成果转化效率，但该系数不显著。当职务科技成果确权度提高1个单位时，试点高校职务科技成果转化效率提高0.381个单位。这表明职务科技成果确权度的提高有助于职务科技成果更好地转化应用，可有效减弱高校职务科技成果中看不中用的问题，提高职务科技成果的收益，实现职务科技成果的可持续发展。从控制变量来看，专利授权数对职务科技成果转化效率的影响呈显著正向，表明专利授权数量的增长可以有效促进职务科技成果转化效率。专利转让收入对职务科技成果转化效率存在显著正向影响，专利转让收入是职务科技成果转化的必然结果，专利转化收入的提高显示了职务科技成果转化效率的上升。研发人员全时当量对职务科技成果转化效率有正向影响，缘由在于科技人才是支持职务科技成果转化效率的基石，成果的转化离不开人力资本的投入。研发投入显著促进职务科技成果转化效率的上升，表明职务科技成果的转化需要资金的支持。人均GDP对职务科技成果转化效率表现出正向影响，表明经济发展水平的变化会激励职务科技成果转化效率的变动。

表3-4　　基准回归结果

	（1）	（2）
因变量 / 自变量	职务科技成果转化效率	职务科技成果转化效率
职务科技成果确权度	0.566*** （6.185）	0.381（4.314）
专利授权数		0.418*** （2.873）
专利转让收入		1.152** （3.362）
研发人员全时当量		0.262*** （4.854）

续表

	(1)	(2)
因变量 自变量	职务科技成果转化效率	职务科技成果转化效率
研发投入		1.134* (1.857)
人均 GDP		0.507* (1.965)
常数项	1.125*** (6.237)	1.359*** (9.347)
观测值	28	28
R^2	0.497	0.706
F 值	24.356	121.352
时间效应	是	是
模型设定	FE	FE
省份固定效应	是	是

注：括号里为 t 值，***、**、* 分别指代在 1%、5% 与 10% 的水平上显著。

（二）空间溢出效应分析

从空间视角对各省试点高校职务科技成果权属配置与科技成果转化效率的关系展开探索，运用地理距离的倒数测度空间权重矩阵，经由莫兰指数验证其空间自相关性，使用空间杜宾模型探讨职务科技成果权属配置对不同地区职务科技成果转化效率的异质性影响和空间溢出效应，并区分直接和间接影响。总体看不同省试点高校职务科技成果转化效率指数表现出明显的空间正相关，这反映职务科技成果转化效率具有显著的空间正外溢效应，即目标分析省对邻近省试点高校职务科技成果转化效率具有正向溢出效应，本省试点高校职务科技成果权属配置确权度的提高能激励邻近省试点高校职务科技成果转化效率的提升。

在开展空间面板计量分析之前，须事先设定适当的分析模型，这里选取时间、个体双固定模型的空间杜宾模型来探析职务科技成果权属配置对各省试点高校职务科技成果转化效率的影响。各省试点高校职务科技成果转化效率不仅受到该省试点高校职务科技成果权属配置确权度和其他控制变量的影响，还受周边省试点高校职务科技成果权属配置确权度等变量影响。表 3－5 右侧两列为周边省相关自变量对试点高校职务科技成果转化效率的影响参数。如表 3－5 所示，从试点高校职务科技成果转化效率层面看，职务科技成果转化效率系数均大于0，且在5%水平下显著，验证了各省试点高校职务科技成果权属配置确权度的提高对本省试点高校职务科技成果转化效率均发挥着促进作用。就空间影响而言，W·职务科技成果权属配置确权度系数皆显著为正，反映出本省试点高校职务科技成果权属配置确权度的提高有利于提升相邻省试点高校职务科技成果转化效率。缘由可能是各省试点高校职务科技成果权属配置确权度存在空间非均衡特质，试点高校职务科技成果权属配置会对其他省试点高校职务科技成果权属配置产生外溢性，促进邻近省试点高校职务科技成果权属配置确权度的提高，促使其职务科技成果转化效率的提升。

表3-5 空间分析结果

自变量 \ 因变量	职务科技成果转化效率	自变量 \ 因变量	职务科技成果转化效率
职务科技成果确权度	0.617** (7.062)	W·职务科技成果确权度	0.425*** (2.504)
专利授权数	0.407** (5.136)	W·专利授权数	0.462** (1.347)
专利转让收入	0.463** (2.674)	W·专利转让收入	1.258*** (3.176)
研发人员全时当量	0.516** (3.714)	W·研发人员全时当量	0.816** (1.043)
研发投入	4.182** (2.384)	W·研发投入	6.378* (1.586)
人均GDP	1.875** (2.681)	W·人均GDP	3.657** (1.328)
观测值	28		
R^2	0.263		
省份固定效应	是		
时间固定效应	是		

注：括号里为t值，***、**、*分别指代在1%、5%与10%的水平上显著。

（三）稳健性分析

为验证前述实证结果的稳健性，这里展开稳健性检验。考虑到内生性问题，职务科技成果转化效率不仅受当期职务科技成果权属配置的扰动，还可能受过去因素的扰动，将职务科技成果权属配置确权度滞后一期纳入模型对内生性问题进行处置。结果显示职务科技成果权属配置对试点高校职务科技成果转化效率有显著正向影响。

五、小结和建议

研究基于职务科技成果转化总数、职务科技成果确权度（职务科技成果使用权、收益权、处置权）、专利授权数、专利转让收入、研发人员全时当量、研发投入、人均 GDP，使用综合指数法构建职务科技成果转化效率指数，探讨职务科技成果权属配置对职务科技成果转化效率的影响，研究结论如下。

第一，研发转让收入对试点高校职务科技成果转化效率的正向影响最大，其次是研发投入，研发人员全时当量的影响最小。研究结果显示各试点高校研发转让收入对职务科技成果转化效率存在挤入效应，可在一定程度上消除职务科技成果权属配置失当引发的不利影响，减轻试点高校科技创新负的外部性，强化试点高校科技创新动力，进而增加试点高校研发投入，增进研发人员全时当量投入，推动试点高校职务科技成果转化效率的提升。

第二，职务科技成果转化效率的影响因素存在空间外溢效应。考虑空间相关影响之后，职务科技成果转化效率影响因素的系数有一定提高，专利授权数、专利转让收入、研发人员全时当量、研发投入、人均 GDP 对职务科技成果转化效率的影响水平都有所提高，只有职务科技成果权属配置确权度是个例外，但仍为正向影响，可能确权度作用的发挥需较长的时间来考察。

基于实证分析结论，在职务科技成果转化效率发展中须注意：

第一，优化职务科技成果权属配置激励高校科技成果转化动力。高校职务科技成果转化不单是许可、转让与作价入股，职务科技成果的处置也不单发生在成果形成并明确权属之后。繁杂的职务科技成果转化与多变的市场需要，使高校职务科技成果处置发生于科研活动全过程。因此，要全面激励高校职务科技成果转化动力，须扩大高校职务科技成果处置权，使高校在职务科技成果上获取更大的自主权，一方面要扩张高校职务科技成果处置权的对象，把高校直接治理并从事职务科技成果股份代持的知识产权运作企业视为高校本身，允许其直接享有高校职务科技成果所有权；职务科技成果完成人的代理人或所控企业，也可视作职务科技成果完成人径直取得成果所有权；对于参与高校职务科技成果确权且有较大份额资本投入的第三方，也可直接分配给高校职务科技成果权属。另一方面要拓展高校职务科技成果权利处置范围，高校可处置非转化进程中的职务科技成果，如放弃知识产权、变更知识产权权属等，高校获得更多的职务科技成果处置自主权，达成高校完整拥有职务科技成果权属处置自主权。

第二，优化职务科技成果权属配置激励科研人员科技成果转化积极性。在职务科技成果的资金奖励、税收减免、审批流程简化上给予支持，打造顺应体制机制要求与科研成长规律的职务科技成果转化样式，采用股权销售、股权激励、股票期权、项目收益分成及岗位提成等形式实施职务科技成果转化，增加职务科技成果完成人在成果转化收益中的份额，增进科研人员科技创新活力，增强其职务科技成果转化动力。强调科技创新的问题导向，鼓舞科研人员研制实用科技成果，明确职务科技成果的评判标准，科技服务阶段性产出属于科技成果。评价不仅仅看成果、看专利，而要看成果能够转化与否、转化效益如何。构建基于自主知识产权、产业化绩效、创新能力可持续的价值评估体系，促进科研人员着重于成果转化。职称评聘中基于行业、产业特色，设置多元或细致的评聘要求，科研人员可从中选择适当的评聘标准参评，而非单一唯论文的评聘要求。

第三，优化职务科技成果权属配置激励科技成果转化机构的转化能力与动力。职务科技成果收益权的配置短期可激励转化主体，长期可有效推动成果转化机制的建立。经由指定实施制度化、规范化的收益配置方案，可明晰职务科技成果转化的核心利益主体、配置形式及配置占比，保证职务科技成果转化收益在科研、教学和成果转化上的“雨露均沾”。职务科技成果收益权的配置体系不仅要考量职务科技成果研发进程中科研人员的作用，科研人员在成果产出中也发挥决定性功效，有权参与收益分配。还要考虑职务科技成果转化进程中高校的作用，高校为职务科技成果研发与转化提供所需条件，具有职务科技成果所有权，有权参与成果转化收益的分配，助力高校的学科专业发展。也要考虑科技成果转化机构的作用，成果转化机构是职务科技成果转化的重要驱动者，有权在成果转化收益中分一杯羹，收益的共享也推动着成果转化机构市场敏感度、专业性成果转化能力的成长。注重科技成果转化人才的培育，关切成果转化人才的学科交融、知识创新、特色发展，培育具有理工科专业知识、熟悉法律金融知识、了解经营管理的综合型技术转移人才，打破高校事业编制在人才引进上的不足，经由薪酬激励制度设定科技成果转移岗位，按照类似于高校高水平师资人才引进方式，聘用技术转移高层次人才搭建专职技术转移队伍，实行高校科技成果转化人员专项弹性编制，进而增进成果转化机构的成果转化实力。

第四，拓展科技融资渠道。职务科技成果转化中，资金起着不可或缺的作用。高校要重视拓展资金渠道，以利于职务科技成果转化的各个环节活动的开展。一要增加各级财政对高校职务科技成果转化的资金投入，合理配置研发经费，确保科技经费稳步增长，政府要实施激励机制，对高校职务科技成果转化给予税收减免，给予信贷担保，扶持高校职务科技成果的市场拓展，并有效控制市场风险。二要全面分析高校重大职务科技成果，搭建国家科技成果转化基金，推进风险投资，严明规划举措，整合企业、银行等外部资源，改进职务科技成果转化条件，提升职务科技成果转化效率。三要扶助高校经由多种途径筹措职务科技成果转化经费，防止出现因资金短缺而影响高校职务科技成果转化的问题。

第四章

高校人才培养发展机制

第一节　基于人才培养模式冰山理论的 CET@I 案例分析

一、引言

人才培养模式是在现代教育理论与思想指引的基础上，遵循特定人才培养目标与人才培养规格，以规范的教学内容与课程体系、管理制度与评估方式，培养人才的全过程。人才培养模式具体涵盖 4 个方面：人才培养目标与规格；为达成人才培养目标与规格的教育全过程；为完成人才培养全过程的管理与评价制度；与人才培养目标与规格相匹配的科学的教学方式、方法与手段。人才培养模式用公式可以表达为“目标 + 过程和方式”（教学内容与课程 + 管理与评价制度 + 教学方式与方法）。

这里借鉴 Osterwalder 和 Pigneur 的商业模式画布，构建人才培养模式画布，从价值主张、学生细分、校生关系、渠道途径、资金来源、成本结构、关键资源、核心业务、主要合作等方面，对高校人才培养模式展开较全面的分析；并认为人才培养模式画布为描绘人才培养模式，图形视觉化人才培养模式，评估人才培养模式及变革人才培养模式的通用方式。但人才培养模式画布有一定的局限性：忽视利益相关者的重要作用，较少探讨与高校人才培养模式相关联的机构实体或个人实体；作为静态分析框架，难以全面清晰地描绘其他因素对高校人才培养模式的扰动作用。

在经济社会全球化发展背景下，高校发展的外部环境日益繁杂，人才培养模式在外部环境的作用下不断发生变动。已有研究在一定水平上可描绘人才培养模式，但欠缺学科类别、地域环境、科技水平等因素对人才培养模式扰动作用的分析。而且，我国作为发展中国家，高校人才培养的外部环境不同于发达国家高校，若无视地域环境、文化传统等因素，对国外研究框架简单地采取拿来主义，无法得到针对我国高校人才培养模式的清晰明确的分析结论。本书的研究提出基于知识管理的人才培养模式的分析方法，重点探讨人才培养模式隐性知识教育，从而对人才培养模式做出全方位的系统分析。

研究的结构框架为：首先提出人才培养模式冰山理论；接着提出 CET@ I 人才培养模式研究方法，并在人才培养模式冰山理论的架构下运用 CET@ I 方法展开案例探讨；最后作出结论和管理启示。

二、人才培养模式冰山理论

（一）冰山理论

冰山理论产生自心理学，弗洛伊德把人格比喻为冰山，意识层面为冰山水上部分，潜意识层面为冰山水下部分，水下部分的人格特质对个体发展和个体行为表现起着决定性作用。

Polanyi 把知识划分成显性知识与隐性知识，显性知识为人类可用符号系统来进行全面陈述的知识；隐性知识为个人的、受制于特定情状的、可感受到但难以描述的知识。Nonaka 把隐性知识分成两类，一个是以非正式、难以驾驭的窍门类知识为代表的技能类，还有一个是以思维范式、观念与信仰为代表的认知类。

高校人才培养的重点在知识的环节，具体内容涵盖知识教育、技能教育、意识教育、价值观教育。可借鉴冰山理论，分析人才培养模式中的显性知识教育和隐性知识教育，为人才培养模式的研究提供理论指导。将心理学和管理学的知识运用于人才培养模式研究的知识之中，构建高校人才培养模式的结构和系统。

（二）人才培养模式冰山理论

人才培养模式是一个繁杂系统，涵盖易于剖析的显性知识教育和难以剖析的隐性知识教育，恰如冰山水下部分（隐性知识教育）远大于水上部分（显性知识教育）（见图 4－1）。对于同一高校，在不同的时间、空间维度中，有着不同的人才培养模式，当时空维度出现变动时，其人才培养模式也会相应发生变动。因此，人才培养模式冰山理论认为，高校的人才培养模式可视为一个复杂的系统，能够经由冰山理论进行分析；其中，人才培养模式的显性知识教育可以采用人才培养模式画布等方式展开分析探讨，人才培养模式的隐性知识教育需要采用新的研究方法展开分析。这里提出人才培养模式冰山理论，用系统整合的手段探析人才培养模式的显性知识教育和隐性知识教育。人才培养模式的隐性知识教育涵盖高校文化、外部环境、专业类别、技术水平等因素。已有文献在人才培养模式探讨中不常对这些因素展开分析，但这些因素的确对高校人才培养模式有影响。

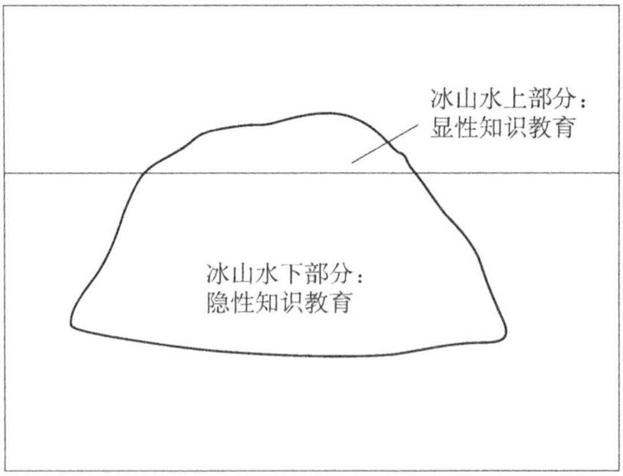

图 4－1 人才培养模式复杂系统

人才培养模式冰山理论可对已有人才培养模式分析框架进行延展，以顺应高校环境变动的状况。Porter 的五力模型指出，执法机关等当地权力结构会影响进入障碍、替代品威胁、需求方议价能力、供给方议价能力及现有竞争者间的竞争这五种力量。随着此五种能力的变动，世界逐步转向参与、创新、合作与共享的新权力与新价值观，由此发生国家治理危机及新的人才培养模式颠覆传统人才培养模式等现象。为适应新环境，高校需要改变过时的价值观和人才培养模式，原有的人才培养模式分析手段也应改进，以应对高校所面临的变动。

人才培养模式冰山理论可以用于解释“为什么成功的高校人才培养模式不能被复制”这一管理学难题。不同高校用人才培养模式画布或人才培养模式六要素模型进行分析可能得到相似的结论，这些高校受区域差异、社会制度、地理位置、气候、教育、行为规范、语言、文化、习俗等因素的影响，有的高校在人才培养上取得显著成就，有的高校在人才培养上只是普普通通。这说明对高校进行人才培养模式分析需要进一步挖掘隐性知识教育，将显性知识教育和隐性知识教育相结合才能得出更加科学合理的结论。

除了隐性知识教育外，为使一定的人才培养模式和管理实践符合高校发展实际，在实践中对人才培养模式进行调整和变革也是必然的，这个过程中还需要情境智慧（contextual intelligence）：掌握已有知识的适用领域，并在合理的时候进行调整，使其适应不同环境状况。要获得情境智慧就需分析高校所在地的制度环境与经济社会情状，并把管理原理与运作逻辑成功转化为实践。由于在现有人才培养模式的研究中，不同情境下的经济发展水准、语言文化习俗、地理环境等因素不同，难以设立统一的标准，造成对情境智慧的重要性出现系统性低估。同时，缺失情境智慧会让人才培养模式的实施方忽视外部环境，造成相同的人才培养模式有着不同的运作结果。因此，把情境智慧纳入人才培养模式的探讨分析中，对于人才培养模式的践行具有重要的实际意义。

随着我国学者不断深入研究人才培养模式，怎样合理运用人才培养模式提升我国高校竞争力，成为一个亟待解决的问题。我国人口规模庞大，学生基数大，学生需求有着显著差异，这种独特的社会环境为我国高校人才培养模式的调整与创新带来了挑战与机遇，但我国还未出现国际一流高校，主要缘由在于人才培养模式与管理的相对落后。

依据人才培养模式冰山理论，高校不仅要从人才培养模式显性知识教育中进行突破，还要把人才培养模式作为一个复杂系统，结合人才培养模式的隐性知识教育开展分析。

利用人才培养模式冰山理论对人才培养模式展开研究的意义在于：一是界定并明晰相关概念，从不同视域，全面了解高校人才培养的某一模式奏效或难以复刻再现的缘由，二是避免了研究者与高校内外部的观察者在主观上对特定高校人才培养模式的感知存在差异，三是强调了高校外部环境对人才培养模式形成与变化有着重要影响。

可知，人才培养模式的隐性知识教育对于成功的高校人才培养模式分析非常重要，为此这里提出用于分析人才培养模式隐性知识教育的 CET@ I 方法论。

三、CET@I 方法论及其应用

CET@ I 方法论的分析基础是把高校人才培养模式视为复杂系统，把人才培养模式的隐性知识教育分为学科类别（Category）、地域环境（Environment）与科技水平（Technology）三个维度，再把分析结果和显性知识教育的人才培养模式的分析结果进行合成（@ Integration ），进而获得更为完整的人才培养模式。这里从理论基础、方法提出与实践运用来阐释 CET@ I 方法论。

（一）理论基础：TEI@I 方法论

在复杂系统中，各组成要素间彼此发生作用，外部因素也在起作用，使用复杂系统呈现突变式发展、曲线发展状态，传统的线性研究范式难以对复杂系统的相关问题进行有效处理。基于此，众多研究人员在复杂系统领域展开探索性研究，发展出一个新的交叉学科：复杂性科学，并由此延伸出许多新兴理论。

TEI@ I 方法论作为一种探讨复杂系统的理论架构，是基于文本挖掘（Text mining）、计量经济（Econometrics）、人工智能（Intelligence），@ 集成技术（Integration）形成的，此方法论用“@”替代“+”，是为强调集成的重要贡献。该理论架构体系融汇文本挖掘方法、计量经济模型、人工智能及系统集成技术。在探讨复杂系统时，TEI@I 方法论展示了先分割后整合的理念，先分解复杂系统，采用计量经济模型探析复杂系统的主要发展态势，使用人工智能技术探究复杂系统的曲折性和模糊性，通过文本挖掘手段剖析复杂系统的骤变性和非平稳性，再基于集成理念，把复杂系统各部分融合在一起，形成对复杂系统的全面认知，达到剖析复杂系统的目标。此方法论已在市场供求预测及区域经济剖析与市场风险管理等领域取得较好的应用效果。

（二）CET@I 方法论

如图 4－2 所示，CET@I 方法论基于集成思想，整合扰动高校人才培养模式的诸多内因和外因，是 TEI@I 方法论在人才培养模式领域的拓展应用。

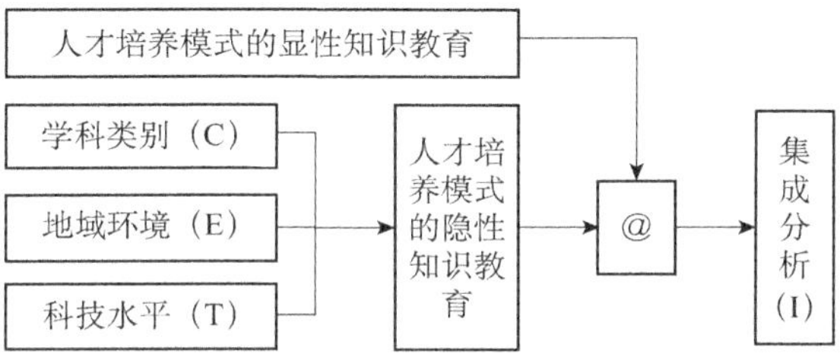

图 4－2　CET@I 方法论

1. C：Category

C 代表学科类别（Category），为属性维度。

学科类别对人才培养模式有重要的扰动作用。理工科和人文社科在教学内容、教学方式上有较大差异，进而人才培养模式也不相同。通常理工科在人才培养中有较多的实验教学，消耗较多的教学耗材。

对人才培养模式中学科类别的评判和分析可使用教育经济学的研究手段，比如投入产出法、成本效益分析法、激励机制设计法、博弈论、数量经济法与案例探讨法等，在实际中可根据具体情况进行最适化选择。

2. E：Environment

E 是地域环境（Environment），涵盖文化、地理、习俗等要素，为空间维度。

分析人才培养模式常需考虑三种环境：

一是法律政治环境。通常政治环境不稳定的国家，高等教育发展会因动荡剧变的政治形势而遭遇政治不确定性的影响，且这些政局不稳定的国家会对高等教育进行过多的政治叨扰。

二是经济环境。高校管理者的人才培养决策与行为会受到所在国经济体制的束缚，不同国家、地区，实行不同的经济管理体制，对高校人才培养模式的影响也不尽相同，其他经济因素如通货膨胀、税收政策、汇率等也会对人才培养模式产生一定影响。

三是文化环境。文化环境中民族文化是最重要的因素，是一国居民的共同价值观，民主文化影响着社会成员的行为及其世界观，民族文化对高校人才培养对象的扰动远大于高校组织文化。

Hofstede从个人主义和集体主义、权力距离、不确定性规避、长期导向、男性化与女性化、自身放纵和自我节制等六个维度进行民族文化的分析。全球领导力与组织行为效力倡议（Global Leadership and Organizational Behavioral Effectiveness，GLOBE）提出社会文化涵盖9个维度：绩效导向、未来导向、果敢性、权利距离、人情导向、不确定性回避、小团体集体主义、机构集体主义、性别平等。

3. T：Technology

T是科技水平（Technology），指代学科层面共享的科学技术，为时间维度。

人的技能和经济增长是古典经济学研究的重点内容。20世纪50年代，尽管在某些条件下技术更具私人产品的性质，但经济增长理论把技术视作公共产品。80年代，新古典主义学派与进化经济学探讨人类科技术水平与经济增长间的相关性，对高校人才培养模式产生了巨大扰动。因此，对人才培养模式整体进行分析时，须考虑技术水平因素。

4. I：Integration

@I（Integration）是把学科类别、地域环境、科技水平等因素作为人才培养模式隐性知识教育的主要影响因素展开探讨，把其结果与人才培养模式显性知识教育分析结果整合，获得更为明确的结论的过程。整合的本质为情境智慧的呈现，涵盖对高校内外资源、价值理念、文化与治理的融汇。

CET@I分析法立足于冰山理论，从整体视角为人才培养模式分析增添了学科类别、地域环境、科技水平等三个高校的外部因素作为人才培养模式的隐性知识教育的影响因素，某一因素的变动可能会造成整个人才培养模式的人才培养结果的截然不同。CET@I分析法关注于隐性知识教育和显性知识教育的融会贯通，打造系统的人才培养模式分析架构。

（三）CET@I方法论在H高校C学院面向公共部门立体化人才培养模式中的应用

根据对高校人才培养模式的案例调研，选取H高校C学院面向公共部门人才培养模式作为典型案例。

H高校C学院自2010年起就开始实施“三维度、八模块”立体式人才培养模式，致力于为政府部门培养人才，获得一连串的典范性人才培养成果：2019年，财政学专业被教育部批准为国家一流专业建设点，财政学教学团队被省教育厅批准为省级教学团队；2020年，财政学课程被教育部认定为国家一流线下课程；2021年，税收学专业被省教育厅批准为省级一流专业建设点，财税系被省教育厅批准为省级优秀基层教学组织，且财政学专业在校友会高校财政学专业中排名从2020年的4星上升到5星。

H高校C学院早期人才培养模式不算成功，直到2019年财政学专业被批准为国家级一流专业建设点，2021年在校友会高校财政学专业中排名升至5星，在人才培养上逐步取得累累硕果。应用人才培养模式画布对该院前期与后期的人才培养模式展开比对，发现前期（不够成功的）人才培养模式和后期（较为成功的）人才培养模式间的区别在于后期的人才培养模式细分模块中价值主张模块顺应公共部门对人才的需要，培养学生的公共情怀，提升学生的宏观思维、创新精神，增进学生在逻辑思考、清楚写作、严谨演讲方面的能力，在对政府部门用人需要进行充分调查研究的基础上，着力推动学生理论知识的实际运用能力的提升，调和课内与课外学习，整合校内教师与校外专家，打造三维度、八模块的立体式人才养成模式（见表4－1）。理论教学和实验实践教学结合，校内教师与校外专家共同参与。具体的人才培养举措有：思政为基，强化国情教育，培养学生公共服务认知与责任担当认知；改进课程设置，不仅设置有经济学类、公共管理类理论课程，还专门针对学生的政府部门任职需求，设置“申论”“行政职业能力测试”“公文写作”“公共礼仪”“科学思维方法”“演讲与口才”等课程；鼓励学生参与社会实习、志愿服务、专业性国际竞赛、创新活动、创业实干、国内外访学交流等，让学生的理论知识得到夯实，实践能力与政府部门的人才需求相匹配，实干精神得以塑造，实践能力获得提升。但价值主张模块不能完全说明该院人才培养模式取得进步的真正原因，也难以给其他高校人才培养模式提供建设性的发展建议。

表 4－1　　H 高校 C 学院人才培养模式画布

<table>
<tr><th>重要合作</th><th>关键业务</th><th>价值主张</th><th>院生关系</th><th>学生细分</th></tr>
<tr>
<td>• 政府
• 企业</td>
<td>• 教学
• 科研
• 社会服务

核心资源
• 师资队伍
• 国家级一流专业
• 国家级一流课程
• 省优势学科群
• 湖北省品牌专业
• 省级人文社科重点研究基地</td>
<td>• 公共情怀
• 宏观思维、创新精神
• 逻辑思考、清楚写作、严谨演讲</td>
<td>• 服务与管理

渠道通路
• 思政教育
• 理论教学
• 实验实践教学
• 导师制</td>
<td>• 财政学
• 财政学（拔尖人才实验班）
• 税收学
• 行政管理
• 医疗保险</td>
</tr>
<tr>
<td colspan="3">成本结构
• 基本支出
• 项目支出</td>
<td colspan="2">收入来源
• 一般公共预算财政拨款收入
• 政府性基金预算
• 事业收入
• 其他收入</td>
</tr>
</table>

利用 CET@ I 方法论，对该人才培养模式再次分析后发现：

1. 学科类别

社科类学科在各国高等教育中已发展出较为成熟的人才培养模式。如哈佛大学肯尼迪学院人才培养以案例教学为主，并对学生进行潜移默化的道德及励志教育，推动学生树立公共价值理想，立志服务于社会，培养学生的领导力，开设“领导艺术”等课程，支持学生致力于改变世界的理念塑造与践行，从各方面挖掘学生的潜能，使学生成长为有益于社会的人。伦敦政治经济学院在人才培养中，重视学生基本理论与理性思维能力的养成，着眼于大众教育，培养合格的毕业生，为弥补社科类高校学科设置的局限性，与其他高校合作开设课程，对学生进行多元文化教育和综合性教育，开拓学生的国际视野，提高学生从多元、多角度、多系统处置问题的能力，注重学生挑战创新精神的培养，对社会影响反应更为敏锐。从时间来看，欧美高校都有百年社科发展历史，而我国正处于高等教育快速发展时期，高校社科类学科发展只有三四十年的历史。

H 高校 C 学院的人才培养，始终得到湖北省政府的关注与支持，省人大、省财政、省税务等部门积极参与学院的人才培养活动。从 2013 年起，实施综合导师制，设置学业导师、学术导师、实业导师与项目导师。辅导员与班主任担当学业导师，引导新生更好地适应大学生活，专任教师担当学术导师，指导学生的社会实践、科研申报、中期论文、公务员备考、研究生报考、毕业论文写作、就业工作等。设置研究生备考、公务员备考、证书备考（初级会计证、注册会计师、证券从业资格证、注册税务师等）、专业竞赛等项目组，对学生进行专门性指导。实务部门专家作为学生的实业导师，进行实务性知识的讲解，指导学生的社会实习活动，参与人才培养方案的制定与修正。

2. 地域环境

第一，政策环境层面。湖北省于 2017 年批准 H 高校 C 学院成为第四批试点改革学院，在学生招收遴选方式、人才培养模式、专业教师聘任、考核评价制度及学院的治理结构等方面有更大的自主权。新生采取财政学大类、公共管理大类招生，设置财政学拔尖人才试验班，二年级时根据学生意愿及综合测评成绩进行专业分流与调整。

第二，地理环境方面。学校地处武汉，有丰富的教育资源，高校间可进行资源共享，通过培养方案互通、课程互选、教师互聘、学生交流和短期访学，推动学生共享优质教育资源。加上学校位于光谷，附近就是金融港，学生实习实践就业都有着便利的条件，有利于人才培养的质量提升。

3. 科技水平

随着科技水平的发展，推动着高等教育人才培养模式的个性化、数字化发展。通过科学技术实现高校内部、高校间、高校和社会间资源的共享，实现处处可学、时时可教、低成本、高产出的人才培养。利用科学技术呈现人才培养信息，突破时空的限制，展现强烈的感染力与表现力，增进学生的认同，有效提高人才培养质量。通过科学技术，向众多学生进行人才培养信息的传递，节约了师资、教学资源，扩张了人才培养规模，实现交互式集体协同学习。同时将科学技术应用于高等教育体制改革，增进改革的效率与效益。

从人才培养模式画布来看，H 高校 C 学院人才培养模式的进步主要是由于综合导师制的应用，早期人才培养只是单纯地注重教学活动，忽视对学生的全方位培养及学生服务社会意识的潜移默化的熏陶。用人才培养模式显性知识教育分析中国各高校社科类人才培养项目或同一社会类人才培养模式的不同时期不易找到其中的明显差异，但将隐性知识教育与显性知识教育整合探讨就能得出人才培养模式为何取得显著进步的明晰论断。CET@ I 方法论经由融汇人才培养模式内部要件与外在要件，成体系整合显性知识教育和隐性知识教育来探讨人才培养模式，能更好地诠释为什么相似人才培养模式的复制并不能确保成功。

四、小结与管理借鉴

本部分研究提出人才培养模式冰山理论这一创新性的人才培养模式研究架构，指出人才培养模式涵盖显性知识教育与隐性知识教育的内容，应全面合理地对人才培养模式展开探讨。人才培养模式冰山理论的提出，诠释了为什么奏效的人才培养模式难以复现，为高校进行人才培养模式的变革提供了借鉴。在冰山理论架构下，提出 CET@ I 方法论来探析人才培养模式的隐性知识教育。综合运用冰山理论及 CET@ I 方法论，对 H 高校 C 学院人才培养模式进行案例分析，指出政府的政策支持与环境因素等隐性知识教育内容是该院人才培养模式奏效的重要因素。

人才培养模式冰山理论关注外部因素和机构自身的交互，重视对机构整合能力与情境智慧的提升。对于未来高校人才培养模式的创新，高校需注重学科专业、经济社会环境、科学技术等隐性因素，找寻能实现高校人才培养规模与质量并进的可持续人才培养模式。随着中国高等教育普及化，结合我国高等教育的政策氛围、地区文化、科学技术发展水平等全面科学地开展人才培养模式设计，中国高校中有望产生更多的新兴人才培养模式。期盼未来中国高校可以发展出更多的人才培养新理念和人才培养模式的新观点、新理论、新方法。

第二节　基于自组织理论的国际化人才培养模式

“十四五”规划提出，要依照人才成长与科研活动规律，培养国际一流的战略科技人才、科技领军人才与创新团队，培养具有国际竞争力的青年科技人才后备军。国际化人才培养离不开国际化的人才培养模式。从理论上来看，高校国际化人才培养是触及若干子系统和若干要素的复杂系统，会引发传统人才培养模式的创新与高等教育界限的突破。研究高校国际化人才培养运用教育经济学理论及线性分析方法存在一定局限性，可加强非线性理论与演变经济论等在高校国际化人才培养研究中的应用。自组织理论作为探讨复杂自组织演变机制的理论，探讨非平衡性、非线性的复杂系统的产生与演化机制问题，在国际化人才培养研究中使用自组织理论有利于深入高校内部分析国际化人才培养的规律。这里基于自组织理论，结合中国高等教育的特点，运用耗散结构理论、协同学理论等探讨中国高校国际化人才培养的自组织特征和动力机制，并提出推动我国高校国际化人才培养发展的路径，为高校国际化人才培养的蓬勃发展提供意见与建议。

一、研究的理论基础

（一）自组织理论与耗散结构理论

自组织理论探讨自组织现象和规律的一系列理论，涵盖耗散结构、突变、协同学、分形、超循环、混沌等理论。其中的耗散结构理论是探讨自组织的条件问题的解决方式，耗散结构法起到建构自组织系统所需要件的作用。耗散结构理论认为，非均衡、非线性的开放系统，经由同外部的物质与能量交换，在外部条件变动到一定水平时，有可能从原有的杂乱无章混沌状态，演变为时空、功能上的有序情状，这种从非均衡过渡到有序的新结构，称为耗散结构。耗散结构理论是诠释自组织发生演变的条件及创建自组织的条件。系统是否为自组织，可从系统的开放性、非均衡性、非线性与涨落性进行甄别。协同学理论主要探讨体系内部所有要素间的协作配合机制，认为体系各要素间的协作配合是自组织过程的基石，体系内各序参量间的竞争与协同活动是体系出现新架构的直接缘由。涨落是体系要素的独立运动或局部的协作配合运动及环境因素的随机干扰所造成的，体系实际状态值总是会偏离平均值，该背离波动的程度就叫涨落。当体系从一种稳定状态向另一种稳定状态变动时，体系要素间的孤立运动与协作配合运动进入势均力敌的状态时，任何些微的涨落都会快速放大形成影响整个体系的巨幅涨落，推动体系进入有序情状。

（二）高校国际化人才培养的自组织特征

高校国际化人才培养作为一个动态的繁杂体系，该体系的自组织属性可基于耗散结构的基本原理从体系的开放性、非均衡性、非线性与涨落性展开探讨。

1. 高校国际化人才培养的开放性

高校国际化人才培养具有极强的开放性和兼容性，与个人、家庭、政府、企业、国际社会有着极强的关联性。高校国际化人才培养模式的产生和发展，带动了产学研、国际社会的发展，充分体现了高校国际化人才培养模式极具开放性的结构。在政府的引导下，我国高校国际化人才培养迅速发展，中央和地方政府都对高校国际化人才培养注入大量人、财、物，以推动国际化人才的培养。中外合作办学机构、中外合作办学项目不断增加，满足了家庭对高质量的教育需求，迎合了国际社会对人才的需要。

2. 高校国际化人才培养的非均衡性

高校国际化人才培养的开放性使得高校可与其外部社会开展物质、能量与信息交流。国际社会对高校人才培养提出个性化和多样化的要求，高校国际化人才培养模式出现短期访学、引进国外课程、国外教授境内授课、国外教授线上授课、双语教学、参加国际会议、参与国际专业竞赛、跨国企业实习等多种形式，为国际化人才培养的发展打造了良好条件，使本就开放的系统在互联网、国际社会等外力的推动下，外部负熵进入高校内部，增加了系统内部的非稳定性，出现结构失衡，造成高校国际化人才培养系统从线性均衡状态的结构发展为非线性均衡状态的结构，促使高校间非线性竞争关系的形成，加速新的国际化人才培养模式的扩散，提供新的教育服务，由此，高校国际化人才培养呈现非均衡的结构。高校国际化人才培养发展的非均衡性体现为不断满足国际社会需求的高等教育服务的铸新淘旧和高校自组织的“均衡—非均衡—再均衡”的不断演变进程。

3. 高校国际化人才培养的非线性

高校国际化人才培养作为一个开放的体系，内部各要素间通过网络相关关联、相互作用，而非仅个别要素间的交互，这时系统内各要素间呈现非线性的交互，各子系统的各要素间也呈现非线性关系和交互。系统的各子系统、各要素间存在各种交互的变量，变量间呈现非线性关系，会破坏系统内的均衡状态，出现起伏涨落。起伏涨落指系统在运转进程中出现些微偏差，发生随机性，推动关联变量彼此间呈现竞争与合作状态。高校国际化人才培养涉及国际社会的方方面面，高校国际化人才培养的各要素间并不是简单的因果关系，而是繁复的非线性关系。高校国际化人才培养影响着国际社会人才的供给，国际社会提供的产品、服务也影响着高校国际化人才培养的发展，高校与国际社会间存在竞争与合作共存的非线性相关关系。高校与其他企业、组织、政府间存在人才、资源等各方面的竞争与合作，且表现为非线性相关关系，随着高校与国际社会的竞争与合作规模的扩大，彼此间非线性作用被放大，推动着高校国际化人才培养与国际社会的突变，进而引发高校国际化人才培养与国际社会间结构的失衡，引发高校国际化人才培养的大幅起伏涨落。

4. 高校国际化人才培养的涨落性

就体系存在的状态而言，涨落偏离了体系的稳定状态。就体系演变而言，该偏离是发展进程中的非均衡因素，是稳定中的不稳定因素。在高校国际化人才培养系统中随机要素的非线性因素作用的干扰，造成高校国际化人才培养的发展中存在不确定性，任一要素的干扰都可能会引发系统的小幅涨落，系统内外诸多要素交互中发生的若干小幅涨落的累积，可能会引发高校国际化人才培养的质变，出现巨大的涨落，高校国际化人才培养的涨落主要源于高校自组织的变革和他组织的推动。比如，高校国际化人才培养的发展，带来餐饮、住宿、图书、航空等相关行业的发展，而相关行业的发展也使得高校国际化人才培养越来越蓬勃发展。

二、高校国际化人才培养的耗散结构机理

高校国际化人才培养作为复杂的耗散结构运作系统，就其演变进程与内在活动机制而言，高校国际化人才培养如何发生、内在作用机理、新的国际化人才培养模式如何实现有序运转，都需要进一步探讨。

（一）高校国际化人才培养自身特点使然

高校国际化人才培养作为新型人才培养形式，具备多层次、综合性的特质，是开放性较强的高等教育服务，与相关行业有较强的关联性。高校国际化人才培养中，在培养人才的同时，推动着交通、住宿、餐饮、金融、信息网络、教学设施、科研设备等相关行业的发展，高校国际化人才培养模式的发展过程就是与相关行业互动促进的过程，高校国际化人才培养发展是开放性系统自身动态演变的必然结果，是高等教育服务业属性的体现，不同行业的强关联性是高校国际化人才培养蓬勃发展的基础与前提条件。

（二）信息技术创新是高校国际化人才培养的直接推动力

高校国际化人才培养的发展需要创新，高校国际化人才培养作为新的高等教育服务是在科技创新和技术进步的进程中发展演变的。伴随互联网、人工智能、云计算等信息技术形成的线上教育、线下教育的快速发展，高校国际化人才培养的传统模式发生了变动，信息技术创新推动着高校国际化人才培养的前行与变革，推动着高等教育服务和关联行业的共同发展。同时，技术创新有助于推动各行各业间关联性技术和替代性技术的更新换代，使新技术在各个行业得到普遍推广应用，并对高校国际化人才培养原有技术进行更新，形成高校国际化人才培养模式发展的技术基础，推动着高校国际化人才培养的发展，促进高等教育服务的内部供求与外部行业的价值延伸，极大增加高校国际化人才培养的竞争力。

（三）范围经济是高校国际化人才培养的重要驱动力

范围经济是高校国际化人才培养扩张后，经由资源与要素的共享，降低人才培养的单位成本，节约运营资金，并通过多元化运作，获取更多收益。高校经由提升国际化人才培养质量，增强社会服务水平，提高师资力量，增进社会声望，进而吸引更多的学生，通过科学研究、社会服务、图书出版、举办会

议、住宿、餐饮等方式获取资金，进而可以把更多经费投入人才培养，增进人才培养的竞争力，形成良性循环。

（四）教育需求升级是高校国际化人才培养发展的关键拉动力

随着经济发展，人们物质生活水平提高，对高等教育的需求也发生了从量到质的转变，希望能够接受高品质的价格合理的国际高等教育服务，且人们对高等教育的需求从被动接受转向主动选择的阶段，对高等教育服务的需求从简单到多样化、个性化转变。教育需求升级使得高校国际化人才培养在满足社会成员体验性和绩效性需求的同时，与相关行业共同发展，高等教育服务转型至个性化、体验性、绩效性服务，教育需求升级成为高校国际化人才培养发展的关键拉动力。

（五）高等教育发展政策是高校国际化人才培养发展的重要助推力

高等教育政策对高校国际化人才培养的发展具有引导性，加上信息技术创新的推广和应用，高校国际化人才培养与相关行业间的竞争与合作愈演愈烈，高等教育政策是高校国际化人才培养发展的重要推动力。1982 年的《中华人民共和国宪法》指出鼓励各种社会力量在法律规范下参与人才培养。1983 年，邓小平同志提出教育要面向世界，为高校国际化人才培养的发展牢固思想基础。1985 年，中共中央作出改革教育体制的决策，提出要扩大高等教育自主权，增强高校培养国际社会、未来、现代化所需的各类专业人才的主动性与积极性。1993 年《关于境外机构的个人来华合作办学问题的通知》对高校国际化人才培养活动予以规范。1995 年《中外合作办学暂行规定》构建了高校国际化人才培养发展的基本架构。1996 年《关于加强中外合作办学活动中学位授予管理的通知》对国际化人才培养中学位授权权限进行规制。2002 年《关于加强中外合作办学管理的紧急通知》重申高校国际化人才培养的管理规范。2003 年《中华人民共和国中外合作办学条例》对高校国际化人才培养项目或机构的设立、架构和治理、教学活动、资产管理和财务经管、实体变动和停止、法律职责义务等进行明确。2004 年《中华人民共和国中外合作办学条例实施办法》对高校国际化人才培养的管理进行细化。2006 年《教育部关于当前中外合作办学若干问题的意见》对高校国际化人才培养中的办学的公益性、教育主权、优质教育资源引进与收费等问题进行明确。2009 年《中外合作办学评估方案》开始对高校国际化人才培养活动进行评估，以评促建。2010 年《国家中长期教育改革和发展规划纲要（2010—2020 年）》明确要提高高校国际化人才培养的质量水平。2013 年《关于进一步加强高等学校中外合作办学质量保障工作的意见》要求高校国际化人才培养机构、项目、课程在质与量上双管齐下。2014 年《关于部分中外合作办学项目违规超规模招生处理办法的函》对高校国际化人才培养中的不规范行为进行整顿。2015 年《关于进一步加强中外合作办学监管工作的通知》构建了高校国际化人才培养机构与项目的年度信息报告制度。2016 年《关于做好新时期教育对外开放工作的若干意见》提出高校国际化人才培养要走质量和效益之路，注重服务国际社会，增进人才培养能力。2017 年政府提出要对高校思想政治工作加强管理，要求高校国际化人才培养中不放松党建与思想政治要求。2021 年的“十四五”规划与 2035 年远景目标纲要明确要培养国际一流专业人才队伍。中央政府有关高等教育国际化发展政策的制定和实施为高校国际化人才培养的发展指明方向，成为高校国际化人才培养发展的重要动力。以上高等教育国际化政策的颁布实施为高校国际化人才培养的发展提供了政策保障，通过对高等教育国际化发展的引导和人才培养效益的协调推进，在激励引导和政策保障上加以支持。在资金政策方面，经由导引社会资金的进入，扶持高校国际化人才培养项目和机构，并经由贴息或补助、政府购买服务等方式推动高校国际化人才培养的发展。在财税政策方面，经由奖励、减税、支持和补贴等方式推动高校国际化人才培养的发展。此外，在保障高校国际化人才培养的用地、组织实施等方面大力提供支持。在政策落实中，常常通过多个部门（发改委、教育、财政、税务、外事等）协同配合，通力为高校国际化人才培养的发展提供政策助推力。

在高校国际化人才培养发展进程中，前述五个序参量在国际化人才培养发展的不同时期的主导序参量会扰动其他序参量，不同时期的主导序参量会发生变动，但并无变动规律，呈现混沌性。且同一时期并不是只有一个序参量发挥主导作用，因国际化人才培养发展的不同时期，涉及的高校、专业、行业不同，在各子系统各要素相互竞争和合作中出现序参量，多个序参量共同推动国际化人才培养的发展，系统内的各序参量间协同作用是系统内自组织形成的直接缘由，因此，高校国际化人才培养的发展是多个序参量相互作用、相互交错的结果，即多个序参量协同是高校国际化人才培养发展的动力机制。

高校国际化人才培养与国际社会相关行业的强关联性特质、技术创新、范围经济、教育需求升级在市场机制作用下持续、内隐地作用于国际化人才培养的演进过程，推动高校国际化人才培养的发展，有着市场自发性的特点，为自组织。而政策导引是我国政府相关政策对高校国际化人才培养的调控与干预，显性地作用于高校国际化人才培养，有着政府导引的属性，为它组织。在高校国际化人才培养的发展演变之中，市场机制和政府调节的互补功效是推进国际化人才培养的重要保障，二者在高校国际化人才培养发展的不同阶段的有机融汇是高校国际化人才培养实现有序发展的关键。同时，在高校国际化人才培养前行的历程之中，自组织和他组织交汇作用于高校国际化人才培养进程，一道构成高校国际化人才培养发展的动力机制，即高校国际化人才培养发展是自组织和他组织一道发生作用的结果。

三、中国高校国际化人才培养的发展新格局

高校国际化人才培养发展的进程是不断推进国际化人才培养模式创新变革的进程，政府部门颁布实施的许多关于国际化人才培养的制度规范，为国际化人才培养指出了前行的导向，同时融汇国际化人才培养教育需求的更迭，推动了国际化人才培养新模式的出现与发展，卓有成效地促进了国际化人才培养的创新与进步。经由前面的探讨可知，高校国际化人才培养具有自组织的耗散结构属性，其发展恪守自组织耗散结构的变动规律，市场与政府都在其中发挥了较好的导引功效。因此，在推动高校国际化人才培养发展的进程中，应持续优化其耗散结构，加大国际化人才培养系统结构的开放度，进一步增进市场和政府在国际化人才培养中的互补功用，促进国际化人才培养体系结构调整。因此，要从如下环节着手，开创高校国际化人才培养发展的新格局。

（一）促进形成高校国际化人才培养新模式

开放性对高校国际化人才培养负熵流入与非线性竞争合作关系的形成相当关键。国际化人才培养新模式的产生，不仅能针对社会需求实现高等教育服务的有效供给，还能吸引更多相关行业的介入，增进国际化人才培养各子系统与

各要素的开放性。

其一，要加大高校国际化人才培养新模式的开放供给力度，并要增强国际化人才培养模式的浸入性与习得性。推动国际化人才培养中本科学位培养、硕士学位培养、博士学位培养等形式的发展，通过举办跨境游学、国际课程体验、国际竞赛、文化交流等方式增加国际化人才培养的参与人数，从创新发展视域丰富国际化人才培养的教育功能。

其二，要加强建设国际化人才培养项目、机构等人才培养载体，引导国际化人才培养优势地区建设国际化人才培养特色项目、中外合作办学机构；建设具有国际化人才培养特色的大学城，以及建设集餐饮、住宿、教育、文化体验、浸入式实践于一体的国际化人才培养综合系统。开发境外访学、国际竞赛、境外文化体验、境外实习、国际会展、暑期项目等多种国际化人才培养模式与特色人才培养路线。

其三，要融汇各类国际化人才培养项目的特质和各种参与人群的需要，设计与提供浸入式、学习产出高的国际化人才培养模式，发展创新要以数字化、智能化、高层次为基准，开展各种富有吸引力的跨境游学体验活动，来吸纳社会成员的普遍参与，打造跨境游学体验、寒假文化浸入、暑期学分教育等多种国际化人才培养模式。

（二）加大中国高校国际化人才培养政策的落实和组织协调力度

中国国际化人才培养政策的落实是推动高校国际化人才培养项目、机构发展的重要力量，对调节国际化人才培养内部各要素的竞争合作关系有重要作用。在推进高校国际化人才培养发展的进程中，一要进一步制定高校国际化人才培养发展的专项政策，建立健全高校国际化人才培养的监管、财政、税收、金融等方面的政策。二要创新体制机制，建立高校国际化人才培养社会组织和国际化人才培养协同发展的推进机制，制定与政府相关部门职能联系密切的高校国际化人才培养的发展政策。三要加大对高校国际化人才培养项目、机构的宣传力度，构建多功能一体化的高校国际化人才培养项目、机构的推广平台，充分通过各类媒介，制作高校国际化人才培养项目、机构的宣传片，促进高校国际化人才培养的发展。四是政府相关部门要加大对高校国际化人才培养领域的监管力度，确保国际化人才培养的规范化、绩效化发展。

（三）鼓励中国高校国际化人才培养重点模式的发展

国际化人才培养作为复杂系统，其结构具有相当强的开放性，这造成了高校国际化人才培养的自组织在运行时会受到相关部门等他组织的扰动。在高校国际化人才培养发展的早期，尽量发挥国际化人才培养自组织和他组织的联合作用，支持国际化人才培养重点模式的发展，发展水平会较快提高。在扶持高校国际化人才培养重点模式即学位教育的发展进程中，要制定合理的政府导引政策，加强对国际化人才培养模式的顶层设计，引导高校国际化发展。要多渠道筹措资金，加大投入力度，促进高校国际化发展。充分发挥市场优化配置资源的功效，改善与提升国际化高等教育服务供给效率，经由政府投资、购买国际化教育服务等多种形式，增加国际化人才培养模式与国际化高等教育服务的供给。还要构建高校国际化人才培养创新服务平台，建设高校国际化孵化器，为初创国际化人才培养项目、机构的发展创造有利条件。

（四）加快中国高校国际化人才培养和信息技术的交融

使用信息技术可有效促进高校国际化人才培养服务与国际化教育需求的匹配，并经由国际化教育供给方与需求方的互动，促进国际化人才培养结构的调整。在国际化人才培养与信息技术融汇进程中，一要加强高校国际化人才培养项目、机构的信息网络设施建造与信息网络系统构建。二要建立智慧教育，综合应用互联网、5G、VR、云计算等虚拟平台，打造互联网 + 高校 + 人才培养服务模式，提供智慧教育服务和智慧管理服务，满足社会成员对国际化教育的多元需求。三要采用大数据技术分析预测国际化人才培养活动，为社会成员提供多种多样的国际化教育服务，实现个性化教育服务与精准化人才培养服务，经由网络形成“线上提要求、线下实地感受”的 O2O 的国际化教育服务模式，并构建实时、高效的教育需求：提供教育服务—满足需求—新教育需求—提供新教育服务—满足新教育需求的信息回应系统，使社会成员获得良好的国际化人才培养教育体验。

四、小结

国际化人才培养是高等教育服务变革创新的过程。本部分的研究基于自组织理论，探讨了中国高校国际化人才培养发展的原理，认为中国高校国际化人才培养体系具有自组织的属性，是具有非均衡性和开放性的系统内部各个要素间存在曲折交互作用的耗散结构的系统。采用自组织协同学理论诠释中国高校国际化人才培养发展演变的驱动机制，主张中国高校国际化人才培养的演进是序参量——比如高校国际化人才培养体系与相关领域的强烈的相关性、教育需求多元化、范围经济、技术进步、高等教育规制等——相互扰动的结果，也就是说，多个序参量协调配合间的相互作用是中国高校国际化人才培养发展的驱动机制。在我国高校国际化人才培养发展演变进程中，市场自发作用和政府人为调节的互补作用是推动高校国际化人才培养不断创新的关键保障，两者在高校国际化人才培养演进的各阶段的有机结合是高校国际化人才培养实现有序发展、不断创新的主要作用力。基于此，提出推进高校国际化人才培养发展演变应从推动形成高校国际化人才培养新模式、加大高校国际化人才培养有关政策落地、驱动组织调配得当、鼓励国际化人才培养的重点模式发展、加快高校国际化人才培养和信息技术的交融等着手，推动中国高校国际化人才培养更好、更快地蓬勃发展，以为中国相关政府部门完善国际化人才培养政策和促进高校国际化人才培养发展提供理论借鉴。

第三节　新一轮“双一流”建设高校人才培养的实证分析

一、引言

《中华人民共和国国民经济和社会发展第十四个五年规划和 2035 年远景目标纲要》作出了“提升高等教育品质，分类打造一流大学和一流学科，推进高层次人才培养模式改革”的重要战略部署。教育部指出要根据党的二十大报告，推进教育强国、科技强国、人才强国建设，推动建设世界重要人才中心和创新高地各项决策部署在高校、在高等教育系统的贯彻落实，培养一大批符合科技产业变革的各类卓越人才，全面提升人才自主培养质量。2021 年中国高等教育财政投入规模达8580.62亿元，高校在“双一流”建设中取得了累累硕果，2022年US News全球高校排名中，中国大陆有338所高校入围，其中4所高校入围前100。“双一流”建设给高校人才培养带来了发展的机遇与挑战，一方面，“双一流”建设在提高人才培养规模、改进人才培养效率、增进人才培养品质等方面发挥着重要作用；另一方面，“双一流”建设也激励着双非高校的人才培养，对人才培养造成了冲击。“双一流”建设是高校应对教育强国、人才强国建设与经济全球化的需要，但同时也对人才市场产生夯实作用。2016—2021年中国高等教育财政投入规模逐年增长，人才培养规模在上升，人才培养质量也在提高。

从理论上看，“双一流”建设对人才培养的影响比较繁杂，“双一流”建设会影响生源质量，进而影响经费投入、培养制度，从而影响人才培养质量。“双一流”建设强调人才培养质量而非规模，可能会对人才培养规模产生消极影响，“双一流”建设是否对人才培养产生夯实效应须经由实证研究来检验。

本部分的研究使用柯氏评估指数来度量“双一流”建设水平，探讨“双一流”建设对人才培养的影响。实证结果显示，“双一流”建设对人才培养有夯实效应，“双一流”建设指数每增加一单位标准差，会导致人才培养规模相对于其平均值增加0.182%，且“双一流”建设也引发人才培养质量的增长。从人才培养质量上看，“双一流”建设持续推动了高校人才培养升级，表现为增强高层次人才培养规模，硕士及以上学历的人才培养规模增长较快。且有弱证据表明，“双一流”建设显著增加硕士以上的人才培养规模，而异质性分析结果发现，“双一流”建设的人才培养夯实效应主要存在于市场化水平高、科技发达地区的高校中。影响机制检验结果显示，在“双一流”过程中，高校主要通过增加学位授权点来扩大人才培养规模。研究结果还表明，“双一流”建设的人才培养夯实效应主要是由组织维度的“双一流”建设引起的，认知维度的“双一流”建设也对人才培养夯实效应有一定的作用。

本部分研究的学术贡献主要有以下两点。

第一，丰富了“双一流”建设的人才培养后果的相关研究。孙科技（2022）研究了“双一流”建设对人才培养的影响，结果发现，“双一流”建设可能会造成人才培养的同质化[①]。雷金火和黄敏（2022）发现，高校开展“双一流”建设能够改善自身人才培养绩效[②]。吴宇川和丁延庆（2022）的分析表明，“双一流”建设对学科整体的生源质量影响不明显，对不同学科的生源质量有不同影响[③]。本部分研究则拓展“双一流”建设的人才培养后果的研究。

第二，拓展了“双一流”建设对人才培养影响的相关研究。关于“双一流”建设如何影响人才培养的相关研究主要集中在不同学科或高校整体学科的影响。比如从一般视角着眼，已有研究探讨了学生需求、课程内容与教学方法对人才培养的影响（胡莉芳，2022）[④]；还有从特定视角着眼，已有研究探讨学费、投资收益等经费来源（陆一，2022）[⑤]、量化人格和整全人格（王慧敏，2022）[⑥]、教育与生活、沟通和交往（刘旭东，2022）[⑦]对人才培养的影响。本部分的研究聚焦于“双一流”建设高校，补充“双一流”建设对高校人才培养影响的微观证据。

本部分研究的结构安排为：首先为研究背景和假设；其次为研究设计、实证结果和分析；然后为作用机理检验、异质性分析和深入检验；最后为结论。

二、研究背景和假设

（一）高校“双一流”建设背景

“双一流”建设遴选的背景，是中央政府在高等教育领域的简政放权，以打破桎梏高等教育发展的体制阻碍，让高校获得更大办学自主权。教育部、中

① 孙科技．“双一流”建设中的政府与大学关系协调：基于资源依赖视角的分析［J］．教育与经济，2022（1）：69－77.

② 雷金火，黄敏．中国拔尖创新人才培养：实践、困境、优化——基于中国部分一流大学人才培养实践的研究［J］．上海师范大学学报（哲社版），2022（4）：126－135.

③ 吴宇川，丁延庆．“双一流”建设对本科专业生源质量的影响——基于山东省高考录取数据的实证研究［J］．中国高教研究，2022（6）：57－63.

④ 胡莉芳．教育性与研究性——一流大学研究生课程建设的内在逻辑［J］．清华大学教育研究，2022（1）：62－69.

⑤ 王慧敏．两次世界大战之间美国科学与教育语境中“人格”概念的兴起［J］．北京大学教育评论，2022（1）：116－131，191.

⑥ 陆一．衡量世界一流大学的尺度［J］．复旦教育论坛，2022（3）：149.

⑦ 刘旭东．论行动视域下的教育回归原点［J］．教育研究，2022（11）：66－76.

央编办、国家发展改革委、财政部、人力资源社会保障部联合发文《关于深化高等教育领域简政放权放管结合优化服务改革的若干意见》（教政法〔2017〕7号），明确赋予高校在学科专业设置、编制及岗位管理、师资聘任、教师职称评审、薪资分配、经费使用管理及内部治理上有更大的自主权，打造政府、高校、社会间的新型关系。2016—2020年第一轮"双一流"建设实施中，共140所高校，一流大学中有36所A类，6所B类，一流学科高校105所，38所高校的44个学科为自定学科。高校自主发展，高等教育强国建设进入新征程，但还是有高层次创新人才供给有欠缺、服务国家战略需求欠精准、资源配置有待调整等问题，15所"双一流"建设高校中的16个建设学科受到警示，其中有10个为第一轮的自定学科，这些高校需对受警示学科开展整改，在2023年进行再评定。2021—2025年第二轮"双一流"建设中，共147所高校，新增7所高校（山西大学、湘潭大学、南京医科大学、上海科技大学、华南农业大学、广州医科大学、南方科技大学），共有331个建设学科，包括数学、化学、物理、生物学等59个基础学科，180个工程类学科，92个哲学社会科学学科，北京有90个建设学科，上海有64个建设学科，江苏有48个建设学科，北京大学、清华大学自行公布本校的建设学科，第二轮"双一流"建设没有单独区分自定学科。继续落实高校办学自主权，营造权责匹配、放管相济的体制机制氛围，培养高层次人才、基础研究人才、卓越工程师与高水平复合型工科人才，优化学科专业与人才培养布局，率先推进学科专业调整，夯实基础学科建设，加强应用学科与行业产业、区域发展的互动，建设有中国特色的哲学社会科学体系，推进跨学科融汇，培育高水平的师资队伍与创新人才，扩大国际合作交流的深度与广度，发展多元多维成效评价体系，对"双一流"建设高校实施稳定的差异化财政支持机制。

本部分研究涵盖第二轮"双一流"建设遴选的147所高校，这些高校培养了全国80%以上的博士生，在软科中国大学排名和US News世界大学排名中都有不错的排名，拥有一级学科博士点，一流的大平台，有国家自然科学奖项等大成果，在我国高校中有着很强的代表性。

图4-3展示了不同类型高校"双一流"建设变动态势。从2016年到2021年，各类高校"双一流"建设水平均不断提升，但不同类型高校的"双

一流”建设水平存在一定差异。其中，综合类高校“双一流”建设水平最高，综合类高校的规模、资金与科技水平可能助推了其“双一流”建设水平。理工类高校的“双一流”建设水平次之，农林类、医药类、师范类高校的“双一流”建设水平紧随其后，经管、艺术、民族、体育等其他类高校的“双一流”建设水平相对较低。

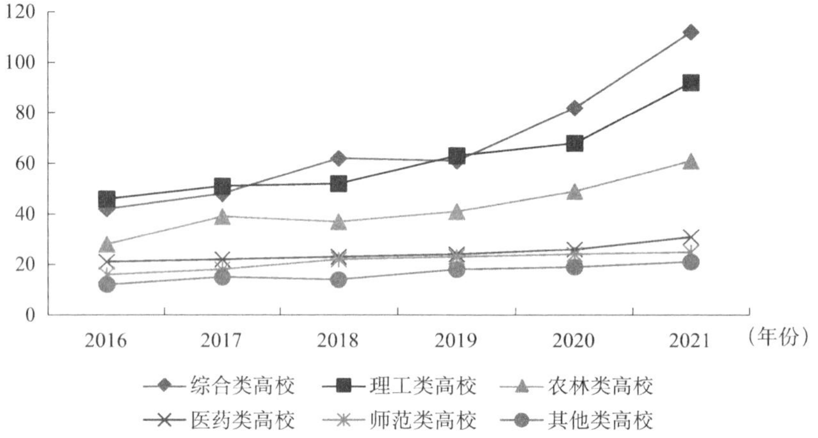

图 4-3　各类高校“双一流”建设总指数变动趋势

高校“双一流”建设总指数包含 3 个二级指数，这些二级指数分别为认知指数、组织指数和产出指数。其中，认知指数反映了高校对“双一流”建设的认识与重视程度；组织指数关注高校是否开展了与“双一流”建设相关的组织方面的革新；产出指数衡量的是高校是否在“双一流”建设中取得了人才培养的成就，反映了高校在“双一流”建设中对人才培养的优化和创新能力。

“双一流”建设的关键在于人才培养，是高校在人才培养的战略制定、组织管理、运营、产出等方面，对人才培养活动开展变革的过程。高校通过人才培养保持其在“双一流”建设中的竞争力。相应地，“双一流”建设可分解为认知、组织、产出等 3 个维度。其中，认知维度是高校“双一流”建设的基础，组织和产出则是“双一流”建设高校认知的落地。同时，组织管理可以进一步促进产出的创新，并强化“双一流”建设的认知思维，从而在三者间塑造出一个相互促进的整体。因此，为了衡量高校“双一流”建设进程，本部分研究基于认知、组织和产出等 3 个维度，对高校“双一流”建设情况与发展态势展开全面、客观的衡度。

关于认知维度的衡度，关注高校整体战略层面对“双一流”建设的关注程度。具体经由计算“双一流”建设高校发展规划文本中对人才培养相关关键词的提及进行构建。参照 Hassan 等（2019）的文本学习法[①]，以教育部、财政部、国家发展改革委发布《关于深入推进世界一流大学和一流学科建设的若干意见》（教研〔2022〕1 号）等相关文件作为“双一流”建设人才培养相关文本库，以 1995 年、2009 年、2015 年、2021 年四版《中华人民共和国教育法》的文本作为描述高校基本活动的“双一流”建设高校人才培养不相关文本库，经由文本搜集、jieba 中文分词、求取差集、人工选择等步骤，共甄别了 86 个“双一流”建设人才培养相关词汇，构造了较为客观的关键词词库。在明确关键词列表之后，运用 Python 对“双一流”建设高校发展规划正文基于同样的词典开展 jieba 分词，计数前述关键词的提及次数与发展规划的总词数，进而测算各“双一流”建设高校发展规划中对人才培养的提及频率。提及频率越高，表明高校对“双一流”建设的关注度越高。

关于组织维度的衡度，关注高校“双一流”建设将人才培养融合于治理结构与组织管理的程度。在管理活动中，“双一流”建设改变高校组织内部人才培养模式，并引发组织形态、治理机制等的根本性变革。因此，经由组织架构对“双一流”建设高校的组织管理进行衡量，“双一流”建设高校人才培养组织架构调整，涵盖设置内部人才培养委员会、外部人才培养资源拓展中心、校内人才培养资源集成中心等。

关于产出维度的衡度，关注高校将“双一流”建设融合于自身提供的人才培养服务的程度。“双一流”建设扩展了高校与人才间的触达通路，赋予高校满足长尾需求、实现个性化人才培养变革的能力，改善了高校人才培养方向。因此，基于“双一流”建设引发的人才培养服务变动，经由人才培养投入、人力产出、科研产出、社会服务产出四个维度，对“双一流”建设高校的人才培养展开衡量。首先，在人才培养投入方面，经由高校当年教育经费支

① Tarek A. Hassan, Stephan Hollander, Laurence van Lent, and Ahmed Tahoun. Firm-level Political Risk: Measurement and Effects [J]. Quarterly Journal of Economics, 2019, 134 (4): 2135-2202.

出进行判断，该数据来自各高校信息公开网。其次，在人力产出方面，选取在校生数的情况，对“双一流”建设高校的人力产出进行描绘。再次，在科研产出方面，选择 R&D 课题数、论文数、出版著作数、国家级成果奖数的情况，对科研产出进行评判。最后，在社会服务产出方面，使用有效发明专利数、R&D 成果应用项目数、科技服务项目数、技术转让合同实际收入、专利所有权转让及许可收入的情况，来识别高校的社会服务产出状况。

为了便于对各“双一流”建设高校人才培养水平开展横向与纵向比对，使用下列指标转换公式：

$$x_{i,j,k,t}^{*} = \frac{x_{i,j,k,t} - x_{j,k,2016}^{\ l}}{x_{j,k,2016}^{\ h} - x_{j,k,2016}^{\ l}} \times 100 \qquad (式4-1)$$

其中，$x_{i,j,k,t}$表示 t 期 i 高校在 j 维度的 k 指标的值，$x_{i,j,k,t}^{*}$表示无量纲化之后的值。各年指标计算中，下限$x_{j,k,t}^{\ l}$及上限$x_{j,k,t}^{\ h}$都以 2016 年的固定值代入来测算。下限$x_{j,k,2016}^{\ l}$取 2016 年各“双一流”建设高校 j 维度 k 指标数据实际值的最小值，$x_{j,k,2016}^{\ h}$取 2016 年实际值的最大值。在基准年 2016 年，各“双一流”建设高校的各维度指标的数值范围在 0 和 100 之间。$x_{i,j,k,2016}^{*}$取值越大，表该高校 2016 年在相应指标上表现越佳。2016 年之后年份的数据，各“双一流”建设高校的各维度指标数值也许会小于 0 或超过 100。KMO（Kaiser-Meyer-Olkin）值为 0.703，高于 0.6，指标通过了巴特利特（Bartlett）球形检验（p 值 < 0.05），表明该指标体系可采用主成分分析法。各指标权重如表 4－2 所示。

表 4－2　　高校“双一流”建设指标体系权重

一级指标	权重	二级指标	权重
认知指数	15.78%	人才培养提及	100%
组织指数	32.66%	内部人才培养委员会	31.73%
		外部人才培养资源拓展中心	34.52%
		校内人才培养资源集成中心	33.75%
产出指数	51.56%	人才培养投入	22.73%
		人力产出	27.46%
		科研产出	29.34%
		社会服务产出	20.47%

采用加权平均合成手段，经由自下而上逐级加权平均汇总指数。汇总公式为：

$$I_{i,t} = \sum_{j=1}^{3} w_j z_{i,j,t} = \sum_{j=1}^{3} w_j \sum_{k=1}^{n} m_{j,k} x^*_{i,j,k,t} \qquad (式4-2)$$

其中，$I_{i,t}$指代t期i高校“双一流”建设总指数，$z_{i,j,t}$指代t期i高校在j子维度上的“双一流”建设子指数，j的取值1、2、3分别对应认知、组织、产出等3个子指数，w_j为认知、组织、产出等3个维度在总指数中的权重（一级指标权重），经由高校“双一流”建设子指数的加权求和得到“双一流”建设总指数。$x^*_{i,j,k,t}$指代无量纲化后的t期i高校在j维度k指标上的值，$m_{j,k}$为j维度中k指标的权重（二级指标权重），经由各指标的加权求和得到认知、组织、产出维度的“双一流”建设子指数。

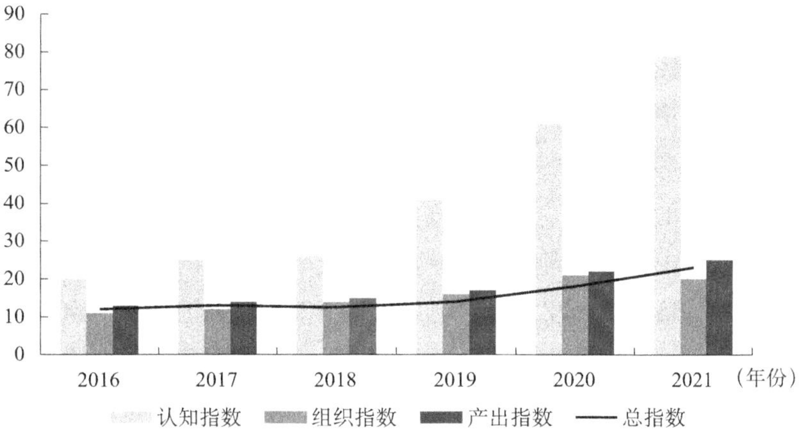

图4－4　2016—2021年高校“双一流”建设时间趋势

图4－4绘制了各指数在2016—2021年的变动态势。可发现，我国高校“双一流”建设各个维度的发展水平都有一定进步。特别是在2018年以后，高校“双一流”建设产出速度有所提升，这可能是由于动态流转的“双一流”建设评估冲击着高校的“双一流”建设活动，加快了高校的“双一流”建设产出效率。就细分指数而言，认知指数水平最高，增加也较快，反映了“双一流”建设高校对人才培养的重视。组织指数水平最低，增加也不快，可见“双一流”建设高校人才培养相对薄弱环节主要是组织维度。

（二）高校“双一流”建设与人才培养

“双一流”建设对人才培养可能有负向的妨碍效应，也可能有正向的夯实效应。

妨碍效应。从理论上看，就高校来说，“双一流”建设主要通过以下两个方面对人才培养产生妨碍效应。一方面，人才的竞争可能会使优质人才出现无序流动，造成有的高校尤其是东部高校吸引到更多人才，而西部高校出现人才的大量流失。另一方面，高校为争创一流，贪大求全，资源有限，“雨露均沾”，影响着人才培养质量。

夯实效应。从理论上看，“双一流”建设主要经由两个方面对人才培养产生夯实效应。一方面，“双一流”建设可经由增加资源投入，扩大人才培养规模。另一方面，“双一流”建设还可能创新人才培养模式，提升人才培养效率，而培养出适应中国式现代化的人才。这意味着，“双一流”建设通过提升人才培养效率与增加人才培养规模，在科学研究、社会服务上提供了所需人才。

分析“双一流”建设对人才培养的影响，需结合特定的学科专业及社会需求进行具体考察。因此，本部分研究主要从两个方面探讨高校“双一流”建设对人才培养的影响。一方面，高校“双一流”建设可经由资源的配置影响人才培养。在中国特色高等教育持续深入、争创一流的背景下，原本依靠常规经费开展人才培养的高校，得到中央和地方政府的特别支持，如“双一流”建设专项资金等，实现人才培养更上一层楼，但这存在苦乐不均的现象，人才培养要花费几十年的时间，人才引进则快得多，东部经费更富足的高校凭借优厚的待遇、环境吸引到西部高校的人才，西部高校则存在大量人才的流失。这表明，高校在“双一流”建设中把更多资源用于人才培养，但培养来得不比直接吸引快，造成西部高校人才规模的减少。另一方面，“双一流”建设高校得到资金后，还要拿一部分用于支持本校新兴学科、弱势学科的发展，增加专业，摊薄了政府对高校的资金支持，妨碍了优势学科的发展，影响着优势学科的人才培养。在产出效益的权衡中，高校引进人才，平衡不同学科的人才培养。

上述分析表明，“双一流”建设对人才培养的夯实效应对不同高校可能并不一样。有偏的“双一流”建设会增加优势高校的人才规模，劣势高校的人才则处于流失之中，高校内部优势学科因为资源的分散，人才培养可能没有达到预期。因此，在“双一流”建设中，人才从非“双一流”建设高校向“双一流”建设高校转移，从“双一流”建设的劣势高校向优势高校转移，从西部高校向东部高校流动，资源在高校内一流学科与非一流学科中分散，对一些高校与学科产生人才培养的夯实效应，而对另一些高校和学科人才培养发生妨碍效应。基于分析，本部分研究提出假说：“双一流”建设会夯实高校人才培养，但不同高校取得的人才培养实绩有差异。

三、研究设计

（一）样本和数据

本部分研究以第二轮“双一流”建设高校为研究对象，探讨“双一流”建设对人才培养的影响。研究数据来自各高校信息公开网，以2016—2022年为样本区间，部分缺失值经由高校官网及教育部网站、高校科技统计资料汇编等整理获得。样本包括147所高校，2058个观测值。为减少异常值的扰动，高校层面全部连续变量在1%水平上实施缩尾处理。

（二）模型设定和变量定义

$$Talent_{i,t+1} = \beta_0 + \beta_1 IND_{i,t} + \beta_2 Control_{i,t} + \lambda_p + \varphi_t + \varepsilon_{i,t} \quad \text{（式4-3）}$$

在式4-3中，i指代高校，t指代年份，*Talent*是高校“双一流”建设相关变量，包括在校生数量、在校本科生数量、在校研究生数量、专任教师数量、副高以上专任教师数量，为减少当期变量间内生性问题，自变量与控制变量皆滞后1期。*IND*是高校“双一流”建设水平指数。*Control*为控制变量构成的向量，包含高校规模、生师比、高校存续期、经费多样性、发展潜力和高校类型。各变量的度量如表4-3所示。为控制遗漏变量可能引发的偏差，研究还控制了年份固定效应与省份固定效应。

表4-3　主要变量定义

变量名称	变量符号	变量定义
在校生数量	*SQ*	在校生数加1后取对数
在校本科生数量	*BSQ*	在校本科生数加1后取对数
在校研究生数量	*MSQ*	在校研究生数加1后取对数
专任教师数量	*FQ*	专任教师数加1后取对数

续表

变量名称	变量符号	变量定义
副高以上专任教师数量	*PFQ*	副高以上专任教师数加1后取对数
总指数	*TI*	高校“双一流”建设水平
认知指数	*RI*	高校“双一流”建设的认知维度
组织指数	*OrgI*	高校“双一流”建设的组织维度
产出指数	*OutpI*	高校“双一流”建设的产出维度
高校规模	*UniS*	高校总资产的自然对数
生师比	*SFR*	学生数/专任教师数
收入来源多样性	*IDiv*	非财政拨款/高校经费
高校存续期	*UniL*	当年距离高校成立时间的年数
高校类型	*UniT*	综合类高校，*UniT* = 1；理工类高校，*UniT* = 2；农林类高校，*UniT* = 3；医药类高校，*UniT* = 4；师范类高校，*UniT* = 5；经管、艺术、民族、体育等其他类高校，*UniT* = 6

（三）描述性统计特征

表4-4描述了主要变量的统计特征。高校“双一流”建设相关变量中位数与均值相近，减少了变量分布对实证研究结果的扰动。高校“双一流”建设总指数的均值为21.054，其中认知指数的均值为26.716，组织指数的均值为68.724，产出指数的均值为20.576，与图4-4一致。高校资产规模对数平均值为23.147，平均存续期为99年，高校类型平均值为2.682，这与“双一流”建设高校多为综合类、理工类高校相符。

表4-4　主要变量描述性统计

变量	观测值	均值	标准差	最小值	中位数	最大值
SQ	147	9.881	1.029	7.964	10.208	11.172
BSQ	147	9.184	1.106	6.884	9.563	10.830
MSQ	147	8.891	1.212	6.377	9.042	10.934
FQ	147	7.311	0.918	5.464	7.375	9.405
PFQ	147	6.843	1.085	4.317	6.829	9.398

续表

变量	观测值	均值	标准差	最小值	中位数	最大值
TI	147	21.054	1.253	17.687	20.987	23.180
RI	147	26.716	22.605	0.000	21.814	78.365
OrgI	147	68.724	71.253	0.000	45.523	298.715
OutpI	147	20.576	21.028	0.000	15.836	82.673
UniS	147	23.147	21.736	0.015	20.687	98.645
SFR	147	14.785	5.921	2.186	16.685	29.150
IDiv	147	0.147	0.111	0.002	0.140	0.405
UniL	147	99.324	82.632	9	92	1046
UniT	147	2.682	10.777	1	2	6

四、检验结果和分析

（一）主回归结果分析

表4－5报告了高校“双一流”建设影响人才培养的检验结果。检验结果反映，高校“双一流”建设与人才培养总数在5%水平上显著正相关，且“双一流”建设总指数每增加1个单位的标准差，会造成高校人才培养相对于其平均值增加0.183%。检验结果表明，“双一流”建设对人才培养产生了实质性的正面冲击。同时，表4－5第（2）列、第（3）列的结果反映，“双一流”建设水平和在校本科生数量、在校研究生数量在10%水平上显著正相关，这表明“双一流”建设促进高校培养更多的本科生和研究生。

表4－5　　“双一流”建设与人才培养

变量	(1)	(2)	(3)	(4)	(5)
	SQ	*BSQ*	*MSQ*	*FQ*	*PFQ*
TI	0.388** (1.742)	0.116* (1.165)	0.418* (1.087)	0.682 (1.673)	0.224*** (2.115)
UniS	0.001** (1.638)	0.002** (0.374)	0.015* (0.167)	0.038** (0.327)	0.004** (1.275)
SFR	0.006** (1.527)	0.315* (1.248)	0.356* (1.385)	0.037** (1.167)	0.349** (1.684)
IDiv	5.152* (2.746)	1.138 (0.479)	1.653** (0.457)	1.528 (0.572)	6.317*** (0.689)

续表

变量	(1)	(2)	(3)	(4)	(5)
	SQ	*BSQ*	*MSQ*	*FQ*	*PFQ*
UniL	0.027 ** (1.326)	0.106 * (0.482)	0.228 * (1.461)	0.075 ** (0.618)	0.083 ** (1.053)
UniT	0.268 ** (1.742)	0.072 *** (1.548)	0.026 *** (0.243)	0.065 ** (1.306)	0.024 ** (0.627)
常数项	10.603 ** (1.601)	8.135 * (1.338)	16.241 * (0.352)	11.713 *** (1.415)	8.839 *** (0.719)
Year/Province	是	是	是	是	是
Adj-R^2	0.832	0.486	0.813	0.684	0.816
N	147	147	147	147	147

注：*、**、***分别指代10%、5%、1%的显著性水平，括号内是双尾检验的t值，标准差经过鲁棒调整（Robust Adjustment）。

（二）内生性问题

为减少模型（3）的内生性问题，分别使用高校至北京的距离与高校所在地人才聚集度作为工具变量展开检验。首先，使用高校至北京的距离（*BJ-Distance*）作为工具变量。北京作为我国的高等教育中心，高等教育发展水平处于全国领先地位，引领全国高等教育的发展。从工具变量的相关性看，高校所在地和北京的地理距离越短，高校越容易吸收其人才培养的溢出效应，该工具变量与高校“双一流”建设间有一定的相关性。从外生性看，各高校所在地和北京的距离是既定的自然因素，可较好地减少反向因果问题。表4－6是运用工具变量调整后两阶段最小二乘法（2 stages least square method）的估计结果，其中，B组是第一阶段回归结果，A组是第二阶段回归结果。第一阶段回归结果反映，高校至北京的距离和高校“双一流”建设水平呈现负相关关系，且F值高于经验值10，表明工具变量符合相关性要求。第二阶段回归结果显示，在控制可能发生的内生性问题后，“双一流”建设显著增加了人才培养数量，特别是研究生培养数量。

表4-6 高校至北京的距离作为工具变量的检验结果

变量	(1)	(2)	(3)	(4)	(5)
	SQ	*BSQ*	*MSQ*	*FQ*	*PFQ*
A组：第二阶段回归结果					
TI	0.014** (1.186)	0.013* (1.214)	0.035* (1.763)	0.014*** (1.707)	0.046*** (2.415)
UniS	0.764** (1.613)	0.025** (0.649)	0.015* (0.625)	0.864** (0.681)	0.807** (1.773)
SFR	0.045** (1.181)	0.023* (1.439)	0.025* (1.267)	0.045** (1.629)	0.042** (1.514)
IDiv	0.526* (2.348)	0.063** (0.574)	0.323** (0.629)	0.673*** (1.604)	0.265*** (0.628)
UniL	0.352** (1.428)	0.063* (0.372)	0.634* (1.752)	0.536** (0.853)	0.042** (1.134)
UniT	0.004** (1.245)	0.002*** (1.168)	0.024*** (1.153)	0.006** (1.176)	0.003** (0.446)
常数项	9.131** (1.649)	7.418* (12.623)	15.863* (8.581)	11.832*** (7.644)	3.572*** (5.238)
Year/Province	是	是	是	是	是
Adj-R^2	0.817	0.271	0.813	0.783	0.785
N	147	147	147	147	147
B组：第一阶段回归结果					
BJ_Distance	-0.036*** (-1.649)	-0.038*** (-2.652)	-0.014*** (-2.325)	-0.026*** (-1.571)	-0.037*** (-2.173)
F值	13.731	13.125	11.772	10.263	11.835

注：*、**、***分别指代10%、5%、1%的显著性水平，括号内是双尾检验的t值，标准差经过鲁棒调整（Robust Adjustment）。

其次，使用高校所在地人才聚集度（*Talent_cluster*）作为工具变量展开检验，表4-7是运用工具变量调整后的估计结果。用高校所在地本科以上人口在总人口中的占比度量，高校所在地人才聚集度越高，高校“双一流”建设水平可能越高；人才聚集度与高校人才培养无直接关联，有一定外生性，因此使用人才聚集度作为工具变量进行检验，结果无实质性变更，表明在控制有存在可能性的内生性问题后，结果仍然稳健。

表 4－7　　人才聚集度作为工具变量的检验结果

变量	(1)	(2)	(3)	(4)	(5)
	SQ	*BSQ*	*MSQ*	*FQ*	*PFQ*
A 组：第二阶段回归结果					
TI	0.015** (1.248)	0.014* (1.583)	0.036* (1.193)	0.021*** (1.206)	0.002*** (0.245)
UniS	0.771** (1.472)	0.032** (0.724)	0.039* (0.435)	0.024** (0.176)	0.013** (1.513)
SFR	0.421** (1.278)	0.026* (1.543)	0.014* (1.426)	0.036** (1.813)	0.057** (1.736)
IDiv	0.718* (2.564)	0.182** (0.793)	0.549** (0.814)	0.451*** (1.827)	0.538*** (0.842)
UniL	0.617** (1.618)	0.523* (1.534)	0.819* (1.916)	0.753** (0.945)	0.317** (1.528)
UniT	0.103** (1.536)	0.127*** (1.627)	0.241*** (2.184)	0.216** (3.261)	0.513** (0.641)
常数项	8.358** (1.837)	6.364* (11.416)	12.642* (9.763)	13.751*** (8.536)	5.752*** (7.156)
Year/Province	是	是	是	是	是
Adj-R^2	0.935	0.563	0.936	0.865	0.964
N	147	147	147	147	147
B 组：第一阶段回归结果					
Talent_cluster	0.051*** (3.467)	0.154*** (2.834)	0.116*** (4.516)	0.317*** (2.753)	0.415*** (2.451)
F 值	15.556	14.238	13.664	12.436	13.719

注：*、**、*** 分别指代 10%、5%、1% 的显著性水平，括号内是双尾检验的 t 值，标准差经过鲁棒调整（Robust Adjustment）。

（三）新一轮审核评估试点的外生冲击

2022 年 10 月，国务院教育督导委员会办公室印发《关于做好“十四五”期间普通高等学校本科教育教学审核评估工作的通知》，共有 834 所高校参加新一轮审核评估，先行参加试点的有 7 所学校：清华大学、上海交通大学、中国农业大学、安徽大学、辽宁石油化工大学、常熟理工学院、衢州学院。审核评估（*Audit_Evaluation*）是评估高校人才培养水平的重要手段，以试点作为外生冲击，清华大学、上海交通大学、中国农业大学、安徽大学作为“双一流”建设高校中的试点高校，视作实验组，没参与试点的“双一流”建设高校作为控制组，采用双重差分模型，分析“双一流”建设对高校人才培养的影响。表4-8为双重差分模型的检验结果，反映了审核评估的压力下，可能会加快高校“双一流”建设，增进人才培养效率，且“双一流”建设主要增加了对高学历人才的培养。

表4-8　　审核评估试点对高校人才培养的外生冲击

变量	(1)	(2)	(3)	(4)	(5)
	SQ	*BSQ*	*MSQ*	*FQ*	*PFQ*
Audit_Evaluation	0.124** (1.169)	0.237* (1.172)	0.115* (1.371)	0.216*** (1.327)	0.328*** (0.513)
UniS	0.816** (1.431)	0.176** (0.628)	0.479* (2.518)	0.507** (1.614)	0.613** (1.516)
SFR	0.905** (1.618)	0.207* (1.419)	0.317* (1.832)	0.249** (1.528)	0.315** (1.726)
IDiv	0.658* (2.151)	0.275** (0.792)	0.326** (1.513)	0.247*** (1.812)	0.214*** (1.804)
UniL	0.447** (1.613)	0.426* (2.815)	0.513* (2.916)	0.718** (2.154)	0.416** (2.527)
UniT	0.206** (1.903)	0.215*** (1.625)	0.132*** (2.521)	0.114** (3.165)	0.913** (1.716)
常数项	5.246** (11.428)	6.143* (13.119)	12.402* (9.906)	14.411*** (11.305)	8.531*** (6.034)
Year/Province	是	是	是	是	是
Adj-R^2	0.914	0.825	0.718	0.927	0.934
N	147	147	147	147	147
F值	16.358	15.119	14.841	13.362	11.507

注：*、**、***分别指代10%、5%、1%的显著性水平，括号内是双尾检验的t值，标准差经过鲁棒调整（Robust Adjustment）。

（四）稳健性检验

1. 调整自变量

为验证“双一流”建设指数是否有效测度了高校“双一流”建设水平，

本部分研究采用“双一流”关注指数（*Double_ Focus*）对表4－5所示结果展开稳健性检验。该指数测度了高校相关报道中“双一流”词汇出现的强度。在“双一流”建设如火如荼进行的态势下，高校“双一流”建设受到媒体的广泛关注，“双一流”建设活动常常会以新闻报道形式出现于网络上。因此，将“双一流”关注指数代替“双一流”建设指数展开稳健性检验。表4－9的检验结果反映，虽然“双一流”关注指数与在校生总数、在校本科生数间无显著关联关系，但是与在校研究生数在1%水平上显著正相关，与副高以上专任教师数在5%水平显著正相关。

表4－9　　　　调整自变量后的检验结果

变量	(1)	(2)	(3)	(4)	(5)
	SQ	*BSQ*	*MSQ*	*FQ*	*PFQ*
Double_Focus	0.001 (1.057)	0.002 (1.103)	0.319*** (1.593)	0.015*** (1.416)	0.416** (0.738)
UniS	0.652** (1.753)	0.251** (0.413)	0.154* (0.617)	0.216** (0.352)	0.339** (1.731)
SFR	0.713** (1.526)	0.314* (1.715)	0.206* (1.615)	0.128** (1.635)	0.236** (1.514)
IDiv	0.579* (2.342)	0.182** (0.571)	0.317** (1.604)	0.236*** (1.608)	0.307*** (1.621)
UniL	0.568** (1.405)	0.317* (2.725)	0.604* (2.704)	0.539** (1.736)	0.208** (2.306)
UniT	0.217** (1.714)	0.105*** (1.837)	0.126*** (2.103)	0.138** (3.147)	0.701** (1.527)
常数项	6.137** (12.519)	7.258* (13.162)	13.416* (8.917)	13.651*** (12.165)	9.627*** (8.126)
Year/Province	是	是	是	是	是
Adj-R^2	0.806	0.945	0.824	0.738	0.815
N	147	147	147	147	147

注：*、**、*** 分别指代10%、5%、1%的显著性水平，括号内是双尾检验的t值，标准差经过鲁棒调整（Robust Adjustment）。

2. 调整因变量

“双一流”建设的人才培养效应可能会滞后显现，所以需考察高校“双一流”建设对人才培养的长期影响。因此，研究把主检验的自变量与控制变量滞后 2 期代入式 4-3 再次展开回归分析。表 4-10 为回归分析结果，与主检验结果相比较而言，在“双一流”建设指数滞后 2 期时，“双一流”建设指数对人才培养仍有显著的夯实效应，但系数有所减小，对专任教师总数无显著影响。从人才学历结构看，长期来看“双一流”建设会充分扩充研究生人才培养规模，本科生培养规模也会增长，但增长速度可能会减缓。该结果表明“双一流”建设高校人才培养结构升级态势具有一定的持续性。

表 4-10　　调整因变量后的检验结果

变量	(1)	(2)	(3)	(4)	(5)
	SQ	*BSQ*	*MSQ*	*FQ*	*PFQ*
TI	0.273** (1.637)	0.103* (1.128)	0.307* (1.074)	0.561 (1.605)	0.128*** (2.103)
UniS	0.002** (1.607)	0.003** (0.369)	0.013* (0.172)	0.027** (0.308)	0.003** (1.164)
SFR	0.015** (1.416)	0.204* (1.328)	0.313* (1.274)	0.029** (1.056)	0.324** (1.573)
IDiv	4.247* (2.637)	1.046 (1.368)	1.426** (0.643)	1.317 (1.461)	5.226*** (2.572)
UniL	0.105** (1.214)	0.147* (0.391)	0.139* (1.273)	0.052** (2.427)	0.061** (1.329)
UniT	0.254** (2.681)	0.161*** (1.736)	0.106*** (1.352)	0.048** (1.517)	0.153** (0.815)
常数项	12.316** (1.576)	9.037* (1.425)	14.358* (0.634)	12.631*** (1.629)	9.615*** (0.831)
Year/Province	是	是	是	是	是
Adj-R^2	0.916	0.573	0.905	0.719	0.825
N	147	147	147	147	147

注：*、**、*** 分别指代 10%、5%、1% 的显著性水平，括号内是双尾检验的 t 值，标准差经过鲁棒调整（Robust Adjustment）。

3. 调增控制变量

高校面临的社会环境也是影响高校人才培养的重要因素。在式 4-3 的基础上，加入高校所在地的 GDP 增长率（*GDPGrowth*）、第二产业生产总值占比

(*Second*)、第三产业生产总值占比(*Third*)、人均 GDP(*PerGDP*)作为控制变量，进行稳健性检验。表 4-11 的检验结果表明关键自变量的系数还是较为显著，检验结果没有发生实质性变化。

表 4-11　调增控制变量后的检验结果

变量	(1)	(2)	(3)	(4)	(5)
	SQ	*BSQ*	*MSQ*	*FQ*	*PFQ*
TI	0.106** (1.931)	0.203* (1.615)	0.637* (1.374)	0.213 (1.851)	0.326*** (2.063)
UniS	0.002** (1.816)	0.015** (0.593)	0.024* (0.347)	0.146** (0.519)	0.013** (1.451)
SFR	0.013** (1.714)	0.204* (1.381)	0.337* (1.273)	0.019** (1.692)	0.316* (1.835)
IDiv	4.231* (2.518)	2.027 (1.364)	1.746** (1.236)	1.417 (0.751)	5.128*** (1.305)
UniL	0.013** (1.518)	0.026* (1.329)	0.319* (1.254)	0.052** (0.507)	0.064** (1.162)
UniT	0.251** (1.637)	0.127*** (1.732)	0.216*** (0.438)	0.034** (1.517)	0.115** (0.819)
GDPGrowth	0.143** (1.962)	0.258* (1.573)	0.516* (1.451)	0.162** (1.584)	0.237* (1.619)
Second	3.158* (1.437)	1.164 (2.157)	1.537** (1.418)	1.306 (0.536)	4.037*** (1218)
Third	0.205** (1.348)	0.019* (1.217)	0.246* (1.549)	0.037** (0.614)	0.184** (1.076)
PerGDP	0.136** (1.556)	0.154*** (1.914)	0.284*** (0.527)	0.057** (1.316)	0.183** (0.604)
常数项	11.581** (1.527)	9.243* (1.516)	15.335* (0.836)	12.637*** (1.639)	8.611*** (0.9579)
Year/Province	是	是	是	是	是
Adj-R^2	0.918	0.573	0.892	0.736	0.907
N	147	147	147	147	147

注：*、**、*** 分别指代 10%、5%、1% 的显著性水平，括号内是双尾检验的 t 值，标准差经过鲁棒调整（Robust Adjustment）。

五、影响机制

理论分析显示，“双一流”建设在高校的推行可经由增加学科授权点提高人才培养规模，为验证“双一流”建设进程中经由扩张学科授权点增加人才培养规模，使用高校的学科授权点数的自然对数以因变量展开检验。表 4 - 12 第（1）列的检验结果反映，“双一流”建设中高校增加了学科授权点。在加入高校学科授权点（Degree Authorize Units，DegreeAU）变量后，关键自变量在 5% 的水平上仍然显著。检验结果反映，高校“双一流”建设能经由增加学科授权点来增加人才培养规模。

表 4 - 12　　影响机制的检验结果

变量	(1)	(2)	(3)	(4)	(5)	(6)
	DegreeAU	*SQ*	*BSQ*	*MSQ*	*FQ*	*PFQ*
TI	0. 109 ** (1. 534)	0. 328 ** (1. 814)	0. 119 * (1. 206)	0. 325 ** (1. 352)	0. 416 (1. 413)	0. 527 ** (2. 326)
UniS	0. 112 ** (1. 538)	0. 163 ** (1. 216)	0. 218 ** (1. 257)	0. 132 * (2. 309)	0. 036 ** (1. 514)	0. 139 ** (1. 429)
SFR	0. 152 ** (1. 213)	0. 204 ** (1. 391)	0. 319 * (1. 516)	0. 537 * (1. 452)	0. 142 ** (1. 827)	0. 416 ** (2. 516)
IDiv	3. 172 * (2. 318)	2. 539 * (2. 526)	1. 315 (1. 457)	1. 208 ** (0. 531)	1. 563 (1. 249)	4. 157 *** (2. 854)
UniL	0. 216 ** (1. 816)	0. 268 ** (1. 329)	0. 325 * (0. 564)	0. 357 * (1. 455)	0. 108 ** (2. 263)	0. 226 ** (1. 517)
UniT	0. 227 ** (2. 892)	0. 319 ** (2. 463)	0. 283 *** (1. 915)	0. 251 *** (1. 573)	0. 163 ** (1. 735)	0. 271 ** (0. 927)
常数项	11. 624 ** (1. 754)	12. 882 ** (1. 653)	9. 716 * (1. 812)	13. 246 * (0. 829)	11. 554 *** (1. 843)	9. 832 *** (0. 962)
Year/Province	是	是	是	是	是	是
Adj-R^2	0. 856	0. 937	0. 792	0. 824	0. 796	0. 914
N	147	147	147	147	147	147

注：*、**、*** 分别指代 10%、5%、1% 的显著性水平，括号内是双尾检验的 t 值，标准差经过鲁棒调整（Robust Adjustment）。

六、异质性分析

（一）市场化水平

我国各地的市场化水平各异，市场化水平较高的地区，对人才要求更高，为高校“双一流”建设对人才培养的夯实作用的发挥提供适宜环境，而在市场化水平较低的地区，非市场因素的扰动造成对人才的需求不那么强烈，高校“双一流”建设对人才培养的影响可能不是很强劲。为验证这种推测，把样本根据市场化水平分为高低两组，省级层面市场化指数位于中位数之上的为高组，之下的为低组，数据来源为《中国分省份市场化指数报告（2021）》。其中2021年和2022年的数据根据2016—2020年各省市场化指数的平均增长速度外推获取①。区域市场化指数分组回归得到的分析结果见表4－13。与预期相同，表明市场化水平高的样本中高校“双一流”建设对人才培养有着显著的夯实效应。

表4－13　　区域市场化水平分组的检验结果

变量	(1)	(2)	(3)	(4)	(5)	(6)	(7)	(8)	(9)	(10)
	SQ		*BSQ*		*MSQ*		*FQ*		*PFQ*	
	高	低	高	低	高	低	高	低	高	低
TI	0.008**	0.003**	0.131*	0.001*	0.326*	0.236*	0.402	0.314	0.004***	0.012***
	(1.526)	(1.428)	(1.358)	(2.162)	(2.175)	(1.265)	(1.452)	(1.714)	(2.323)	(2.115)
UniS	0.015**	0.205**	0.103**	0.241**	0.129*	0.216*	0.153**	0.218**	0.013**	0.005**
	(1.517)	(1.436)	(1.352)	(0.367)	(1.358)	(0.255)	(0.516)	(0.427)	(3.154)	(1.153)
SFR	0.015**	0.214**	0.537*	0.423*	0.249*	0.437*	0.125**	0.046**	0.458**	0.316**
	(2.529)	(1.164)	(1.563)	(1.326)	(1.173)	(1.264)	(1.447)	(1.127)	(1.973)	(1.572)
IDiv	4.328*	3.264*	2.256	1.346	1.041**	0.547**	0.716	1.243	5.235***	4.226***
	(2.357)	(1.928)	(1.367)	(0.351)	(1.346)	(0.365)	(0.751)	(0.654)	(0.774)	(0.653)
UniL	0.214**	0.361**	0.253*	0.135*	0.416*	0.327*	0.342*	0.253**	0.172**	0.074**
	(2.519)	(1.634)	(1.261)	(0.371)	(1.543)	(1.352)	(0.852)	(0.637)	(2.146)	(1.242)

① 王小鲁，胡李鹏，樊纲．中国分省份市场化指数报告（2021）［M］．北京：社会科学文献出版社，2021.

续表

变量	(1)	(2)	(3)	(4)	(5)	(6)	(7)	(8)	(9)	(10)
	SQ		*BSQ*		*MSQ*		*FQ*		*PFQ*	
	高	低	高	低	高	低	高	低	高	低
UniT	0.247 ** (2.361)	0.354 ** (1.523)	0.163 *** (1.429)	0.093 *** (1.336)	0.135 *** (0.336)	0.217 *** (0.215)	0.127 ** (1.515)	0.106 ** (1.327)	0.135 ** (0.716)	0.017 ** (0.528)
常数项	11.736 ** (2.534)	10.825 ** (1.852)	9.247 * (1.526)	8.359 * (1.227)	15.134 * (0.541)	13.263 * (1.248)	12.514 *** (1.637)	11.625 *** (1.243)	8.716 *** (0.925)	7.617 *** (0.836)
Year/Province	是	是	是	是	是	是	是	是	是	是
Adj-R^2	0.916	0.854	0.574	0.563	0.905	0.858	0.763	0.662	0.927	0.838
N	74	73	74	73	74	73	74	73	74	73

注：*、**、***分别指代10%、5%、1%的显著性水平，括号内是双尾检验的t值，标准差经过鲁棒调整（Robust Adjustment）。

（二）科技发展水平

地区的科技发展水平越高，对人才培养的要求越高，高校间人才培养创新的竞争越激烈，"双一流"建设引发的人才培养调整也越显著。本部分研究使用省级科技企业产值占该省同年度企业产值的比来测度科技企业发展水平，并以各年各省科技发展水平的中位值作为分组依据，分析结果见表4－14。在科技发展水平高的地区，高校"双一流"建设对人才培养具有明显的夯实效应，分析结果验证了该推测。

表4－14　　　　区域科技发展水平分组的检验结果

变量	(1)	(2)	(3)	(4)	(5)	(6)	(7)	(8)	(9)	(10)
	SQ		*BSQ*		*MSQ*		*FQ*		*PFQ*	
	高	低	高	低	高	低	高	低	高	低
TI	0.007 ** (5.415)	0.001 ** (1.637)	0.021 * (1.547)	0.203 * (2.051)	0.106 * (2.352)	0.315 * (1.814)	0.317 (1.641)	0.207 (1.523)	0.003 *** (2.546)	0.101 *** (1.329)
UniS	0.139 ** (2.625)	0.316 ** (1.217)	0.218 ** (1.548)	0.3065 ** (0.445)	0.216 * (1.446)	0.193 * (0.147)	0.276 ** (0.516)	0.193 ** (0.427)	0.106 ** (2.843)	0.004 ** (1.042)
SFR	0.324 ** (2.417)	0.108 ** (1.053)	0.725 * (1.752)	0.316 * (1.219)	0.336 * (1.356)	0.217 * (1.157)	0.217 ** (3.351)	0.037 ** (1.418)	0.361 ** (1.754)	0.275 ** (1.461)

续表

变量	(1)	(2)	(3)	(4)	(5)	(6)	(7)	(8)	(9)	(10)
	SQ		*BSQ*		*MSQ*		*FQ*		*PFQ*	
	高	低	高	低	高	低	高	低	高	低
IDiv	5.119* (3.135)	3.356* (1.726)	2.149 (1.716)	1.238 (0.238)	1.239** (1.525)	0.732** (0.253)	0.907 (0.913)	1.341 (0.743)	4.136*** (0.562)	3.127*** (0.437)
UniL	0.429** (3.423)	0.254** (1.413)	0.319* (1.458)	0.128* (0.547)	0.524* (1.462)	0.416* (2.236)	0.427* (0.647)	0.357** (0.728)	0.459** (1.335)	0.116** (1.921)
UniT	0.215** (2.153)	0.301** (1.416)	0.251*** (1.507)	0.086*** (1.215)	0.237*** (1.527)	0.217*** (1.016)	0.113** (1.428)	0.246** (1.215)	0.129** (0.935)	0.006** (0.347)
常数项	10.624** (2.307)	11.618** (1.641)	9.138* (1.615)	8.243* (1.026)	14.027* (0.734)	12.152* (1.147)	13.427*** (1.856)	12.514*** (1.136)	9.605*** (0.714)	7.749*** (0.925)
Year/Province	是	是	是	是	是	是	是	是	是	是
Adj-R^2	0.819	0.867	0.693	0.581	0.896	0.742	0.851	0.752	0.816	0.917
N	74	73	74	73	74	73	74	73	74	73

注：*、**、*** 分别指代10%、5%、1%的显著性水平，括号内是双尾检验的t值，标准差经过鲁棒调整（Robust Adjustment）。

七、进一步检验

（一）高校“双一流”建设细分维度的扰动

进一步使用“双一流”建设指数的3个子指数——认知指数（RI）、组织指数（OrgI）、产出指数（OutpI）等3个维度，检验高校“双一流”建设子指数对人才培养的影响。检验结果见表4－15至表4－18，A、B、C组分别从认知、组织、产出维度分析“双一流”建设对高校人才培养的扰动，D组把3个维度置于同一模型中展开检验。

表4－15　认知维度“双一流”建设对人才培养的影响（A组）

变量	(1)	(2)	(3)	(4)	(5)
	SQ	*BSQ*	*MSQ*	*FQ*	*PFQ*
RI	0.267** (1.631)	0.203* (1.358)	0.326* (1.165)	0.571** (1.852)	0.107*** (2.461)

续表

变量	(1)	(2)	(3)	(4)	(5)
	SQ	*BSQ*	*MSQ*	*FQ*	*PFQ*
UniS	0.021** (1.827)	0.014** (0.549)	0.011* (1.253)	0.027** (0.459)	0.019** (1.548)
SFR	0.005** (1.716)	0.518* (1.537)	0.527* (1.563)	0.017** (2.051)	0.538** (1.863)
IDiv	4.246* (2.935)	1.257 (0.643)	1.842** (0.734)	1.346 (1.158)	5.243*** (2.574)
UniL	0.019** (1.824)	0.215* (0.663)	0.417* (1.539)	0.053** (0.892)	0.071* (2.139)
UniT	0.356** (1.931)	0.053*** (1.736)	0.015*** (2.137)	0.037** (1.635)	0.016** (0.518)
常数项	12.514** (2.539)	9.248* (3.349)	15.167* (1.571)	13.524*** (1.826)	9.618*** (2.916)
Year/Province	是	是	是	是	是
Adj-R^2	0.917	0.736	0.806	0.762	0.535
N	147	147	147	147	147

注：*、**、*** 分别指代 10%、5%、1% 的显著性水平，括号内是双尾检验的 t 值，标准差经过鲁棒调整（Robust Adjustment）。

表 4-16　　组织维度"双一流"建设对人才培养的影响（B 组）

变量	(1)	(2)	(3)	(4)	(5)
	SQ	*BSQ*	*MSQ*	*FQ*	*PFQ*
OrgI	0.416** (1.927)	0.208* (1.383)	0.526* (1.361)	0.461 (1.892)	0.138*** (2.319)
UniS	0.103** (1.816)	0.014** (0.657)	0.005* (1.061)	0.024** (0.719)	0.002** (1.553)
SFR	0.213** (1.716)	0.538* (1.439)	0.516* (1.652)	0.103** (1.549)	0.527** (1.863)
IDiv	4.363* (2.568)	1.051 (0.627)	1.834** (1.617)	1.713 (0.774)	5.235*** (1.573)
UniL	0.016** (1.549)	0.218* (0.661)	0.416* (1.751)	0.036** (2.509)	0.061** (1.372)
UniT	0.317** (1.928)	0.051*** (1.836)	0.014** (1.162)	0.043** (1.616)	0.106** (0.748)

续表

变量	(1)	(2)	(3)	(4)	(5)
	SQ	BSQ	MSQ	FQ	PFQ
常数项	11.729** (1.837)	9.413* (2.637)	15.169* (0.545)	10.608*** (1.927)	8.916*** (0.943)
Year/Province	是	是	是	是	是
Adj-R^2	0.953	0.659	0.927	0.747	0.924
N	147	147	147	147	147

注：*、**、***分别指代10%、5%、1%的显著性水平，括号内是双尾检验的t值，标准差经过鲁棒调整（Robust Adjustment）。

表4-17　产出维度“双一流”建设对人才培养的影响（C组）

变量	(1)	(2)	(3)	(4)	(5)
	SQ	BSQ	MSQ	FQ	PFQ
OutpI	0.517 (1.631)	0.103 (1.381)	0.226 (1.264)	0.371 (1.858)	0.319 (2.539)
UniS	0.011 (1.726)	0.103** (0.653)	0.029* (0.845)	0.027** (2.159)	0.125** (1.857)
SFR	0.013** (1.916)	0.528* (1.461)	0.539* (1.672)	0.096** (1.558)	0.518** (1.763)
IDiv	3.232* (2.835)	1.253 (0.652)	1.573** (1.347)	0.927 (2.364)	5.239*** (0.816)
UniL	0.016** (1.515)	0.218* (0.673)	0.319* (1.758)	0.054** (2.327)	0.033** (1.578)
UniT	0.159** (1.924)	0.063*** (1.837)	0.017*** (0.539)	0.036** (1.619)	0.091** (0.716)
常数项	12.712** (1.914)	9.251* (1.519)	15.163* (0.819)	10.627*** (1.638)	9.716*** (0.937)
Year/Province	是	是	是	是	是
Adj-R^2	0.971	0.617	0.927	0.723	0.924
N	147	147	147	147	147

注：*、**、***分别指代10%、5%、1%的显著性水平，括号内是双尾检验的t值，标准差经过鲁棒调整（Robust Adjustment）。

表4－18　“双一流”建设子维度对人才培养影响的比较（D组）

变量	(1)	(2)	(3)	(4)	(5)
	SQ	*BSQ*	*MSQ*	*FQ*	*PFQ*
RI	0.226** (1.516)	0.135* (1.482)	0.607* (1.719)	0.571 (1.819)	0.143*** (2.091)
OrgI	0.273** (1.916)	0.143* (1.554)	0.526* (1.142)	0.763 (1.952)	0.315*** (2.812)
OutpI	0.517 (1.438)	0.317 (1.826)	0.609 (1.375)	0.461 (1.763)	0.314 (2.428)
UniS	0.192** (1.816)	0.243** (0.562)	0.316* (0.917)	0.416** (2.429)	0.514** (1.693)
SFR	0.217** (1.716)	0.517* (1.528)	0.313* (1.672)	0.126** (1.816)	0.537** (1.573)
IDiv	4.349* (2.935)	1.073 (0.662)	1.237** (0.673)	1.713 (1.771)	5.209*** (0.792)
UniL	0.116** (1.619)	0.319* (0.662)	0.169* (1.653)	0.615** (0.927)	0.103** (1.162)
UniT	0.213** (1.925)	0.131*** (1.739)	0.239*** (2.137)	0.319** (1.827)	0.208** (0.913)
常数项	12.218** (1.728)	9.257* (1.416)	14.163* (0.567)	13.605*** (1.629)	9.127*** (0.937)
Year/Province	是	是	是	是	是
Adj-R^2	0.996	0.673	0.857	0.743	0.967
N	147	147	147	147	147

注：*、**、***分别指代10%、5%、1%的显著性水平，括号内是双尾检验的t值，标准差经过鲁棒调整（Robust Adjustment）。

B组与D组的检验结果显示，高校“双一流”建设对人才培养的扰动主要源于组织维度。缘由可能在于，高校的组织调整在“双一流”建设中发挥着关键功效。对于传统高校而言，组织变革有助于“双一流”建设的有效开展。若相关院系与高校领导层负责“双一流”建设的开展，不仅有利于新的人才培养模式的施行，也可向内外部展示变革的决心与果敢。比如，许多高校在校级层面设置专门的人才培养委员会，由高校负责人直接管理该委员会，这有助于高校制定与实施“双一流”建设人才培养发展战略。且组织维度的“双一流”建设意味着高校立足于“双一流”建设视角对现有组织架构展开审视与调整，这与人才培养直接相关。

A组与D组的检验结果反映，高校“双一流”建设对人才培养的扰动部分来自于认知维度。认知维度能对高校人才培养产生影响，可能与高校在“双一流”建设人才培养方面的认知与关注相关。对于“双一流”建设人才培养的认知度越高，说明高校越注重“双一流”建设，越有可能对人才培养开展调整，以适应“双一流”建设人才培养的需要。

C组与D组的检验结果显示，产出维度的“双一流”建设对高校人才培养无显著影响。可能缘于，一是，“双一流”建设人才培养产出中科研产出、社会服务产出，可能只是少数人才产出的成果，二是，人力产出作为人才培养产出之一，在“双一流”建设中虽有所增长，但与前面的作用相互抵减，造成产出维度的“双一流”建设对人才培养的影响不够明显。

（二）“双一流”建设对人才培养结构的影响

在“双一流”建设进程中，高校学科人才培养结构面临变更，不同学科的可替换性取决于学科人才产出在“双一流”建设中的重要性。通常来看，理工科人才的产出更具应用性、可量化性，在“双一流”建设中的硬加分项更多，人文社科人才的产出相较理工科人才的产出不易直接应用、难以量化，在“双一流”建设中的硬加分项不多。因此，“双一流”建设中，高校可能会扩大对理工科人才培养。为分辨高校“双一流”建设对不同学科人才培养的影响，进行“双一流”建设总指数与子指数对不同学科人才培养的回归分析，表4－19至表4－22是分析结果。

表4－19　“双一流”建设总指数对人才培养结构的影响（A组）

变量	(1)	(2)	(3)	(4)
	因变量滞后1期		因变量滞后2期	
	理工类	人文社科类	理工类	人文社科类
TI	0.185 (1.931)	0.249 (1.352)	0.418* (1.162)	0.682* (1.751)
UniS	0.021** (1.727)	0.013** (0.561)	0.108* (0.319)	0.143** (0.916)

续表

变量	(1)	(2)	(3)	(4)
	因变量滞后 1 期		因变量滞后 2 期	
	理工类	人文社科类	理工类	人文社科类
SFR	0.051** (1.719)	0.315* (1.514)	0.442* (1.674)	0.216** (1.561)
IDiv	4.238* (2.515)	1.319 (0.864)	1.841** (0.636)	1.206 (0.753)
UniL	0.103** (1.615)	0.174* (0.861)	0.243* (1.753)	0.109** (0.852)
UniT	0.157** (1.935)	0.128*** (1.736)	0.214*** (0.831)	0.115** (1.927)
常数项	11.528** (1.961)	9.024* (1.659)	15.816* (2.946)	10.527*** (1.626)
Year/Province	是	是	是	是
Adj-R^2	0.943	0.675	0.754	0.873
N	147	147	147	147

注：*、**、***分别指代 10%、5%、1%的显著性水平，括号内是双尾检验的 t 值，标准差经过鲁棒调整（Robust Adjustment）。

表 4－20　“双一流”建设认知维度对人才培养结构的影响（B 组）

变量	(1)	(2)	(3)	(4)
	因变量滞后 1 期		因变量滞后 2 期	
	理工类	人文社科类	理工类	人文社科类
RI	0.274 (1.931)	0.237 (1.387)	0.607 (1.365)	0.571 (1.852)
UniS	0.241** (1.827)	0.416** (0.963)	0.716* (0.856)	0.316** (2.615)
SFR	0.318** (1.716)	0.524* (1.437)	0.544* (1.594)	0.634** (2.189)
IDiv	4.341* (2.935)	1.256 (0.857)	1.942** (0.836)	1.317 (1.562)
UniL	0.418** (1.615)	0.215* (0.771)	0.517* (1.753)	0.705** (0.856)
UniT	0.157** (1.833)	0.527*** (1.736)	0.624*** (0.243)	0.513** (1.935)

续表

变量	(1)	(2)	(3)	(4)
	因变量滞后 1 期		因变量滞后 2 期	
	理工类	人文社科类	理工类	人文社科类
常数项	11.732** (1.823)	8.357* (1.569)	16.241* (2.371)	12.524*** (1.626)
Year/Province	是	是	是	是
Adj-R^2	0.956	0.775	0.924	0.673
N	147	147	147	147

注：*、**、*** 分别指代 10%、5%、1% 的显著性水平，括号内是双尾检验的 t 值，标准差经过鲁棒调整（Robust Adjustment）。

表 4-21 “双一流”建设组织维度数对人才培养结构的影响（C 组）

变量	(1)	(2)	(3)	(4)
	因变量滞后 1 期		因变量滞后 2 期	
	理工类	人文社科类	理工类	人文社科类
OrgI	0.516 (1.936)	0.215 (1.387)	0.326** (1.461)	0.574** (1.562)
UniS	0.303** (1.816)	0.412** (0.553)	0.205* (0.856)	0.607** (0.714)
SFR	0.216** (1.972)	0.524* (1.824)	0.445* (1.953)	0.703** (1.756)
IDiv	3.524* (2.535)	1.823 (0.953)	1.374** (0.734)	1.814 (0.857)
UniL	0.726** (1.653)	0.602* (0.847)	0.613* (1.673)	0.536** (0.852)
UniT	0.753** (1.951)	0.516*** (1.863)	0.435*** (2.413)	0.915** (1.624)
常数项	13.615** (1.916)	9.623* (1.842)	15.416* (0.756)	13.162*** (1.513)
Year/Province	是	是	是	是
Adj-R^2	0.946	0.853	0.925	0.753
N	147	147	147	147

注：*、**、*** 分别指代 10%、5%、1% 的显著性水平，括号内是双尾检验的 t 值，标准差经过鲁棒调整（Robust Adjustment）。

表 4 - 22　　产出维度对人才培养结构的影响（D 组）

变量	(1)	(2)	(3)	(4)
	因变量滞后 1 期		因变量滞后 2 期	
	理工类	人文社科类	理工类	人文社科类
OutpI	0.665 (1.971)	0.261 (1.582)	0.813 (1.716)	0.265 (1.935)
UniS	0.216** (1.851)	0.139** (0.746)	0.524* (0.753)	0.713** (1.641)
SFR	0.416** (1.741)	0.524* (1.831)	0.642* (1.842)	0.626** (1.753)
IDiv	3.532* (2.965)	1.625 (0.963)	1.305** (1.748)	0.846 (3.746)
UniL	0.623** (1.641)	0.513* (0.826)	0.625* (1.673)	0.516** (0.925)
UniT	0.858** (1.935)	0.715*** (1.847)	0.529*** (2.529)	0.416** (1.629)
常数项	12.305** (1.823)	8.516* (1.934)	15.136* (2.527)	13.173*** (1.523)
Year/Province	是	是	是	是
Adj-R^2	0.895	0.857	0.936	0.782
N	147	147	147	147

注：*、**、*** 分别指代 10%、5%、1% 的显著性水平，括号内是双尾检验的 t 值，标准差经过鲁棒调整（Robust Adjustment）。

A 组表明，高校“双一流”建设总与理工科人才培养数量与人文社科人才培养数量正相关，但并不明显，反映了理工科人才培养与人文社科人才培养在“双一流”建设进程中没有受到明显的正向扰动。对于理工科人才培养，总指数和理工科人才培养的系数大于 0，在因变量滞后 2 期时在 10% 水平上显著，展现了理工科人才培养与人文社科人才培养在“双一流”建设中的确没有受到明显的正向扰动，显露了高校“双一流”建设对理工科人才培养产生了一定的夯实效应。在运用高校“双一流”建设子指数展开回归时，得到的结果见 B、C、D 组。其中，高校“双一流”建设认知指数与产出指数对不同学科人才培养数量皆无显著影响，但滞后 2 期的高校“双一流”建设组织指数与理工科人才培养数量正相关，且在5%水平上显著，这进一步反映了高校“双一流”建设对理工科人才培养的夯实效应主要源于组织维度的调整。

八、结论

2023年1月全国教育工作会议指出要落实教育、科技、人才的“三位一体”统筹部署，提升人才自主培养质量，发挥高等教育在中国式现代化建设中的人才支持功效。大力培养人才是高校“双一流”建设进程中的重要任务。

本研究从人才培养的视角分析了高校“双一流”建设的人力后果。本部分研究的主要结论是：从总量上看，“双一流”建设对人才培养产生了正向冲击，呈现为“双一流”建设指数每增加1个单位的标准差，会带来高校人才培养相对于其平均值增加0.183%，对高级职称专任教师员工数量也有一定正向作用。从人才培养结构看，“双一流”建设增加了研究生人才培养规模，本科生人才培养规模虽也在增长，但增长速度赶不上研究生人才培养规模的增长速度。且弱证据显示，“双一流”建设显著减少高校对人文社科人才的培养，而增加了对理工科人才的培养。异质性分析反映出，人才培养夯实效应主要存在于地处市场化水平高、地区科技发达的高校中。影响机制检验结果呈现，在“双一流”建设进程中，高校主要经由增加学科授权点来提高人才培养规模。进一步研究发现，高校“双一流”建设的人才培养夯实效应主要是由组织调整的“双一流”建设引发。

本部分研究的经验证据显示，“双一流”建设对高校人才培养产生增强效应，推动高校人才培养结构调整，并扩大了专任教师规模，尤其是高级职称专任教师规模。本研究的政策含义在于，就高校而言，虽然“双一流”建设带来人才培养的夯实效应，但仍需加大对理工科人才的培养与发展，形成适应中国式现代化需要的人才队伍，同时要增大研究生培养力度，满足经济社会发展对高层次人才的需要。综上所述，本研究可为推进高校高品质发展，提升高校人才培养质量，优化高校人才培养结构，满足经济社会的人才需求提供理论依据与政策参照。

第五章

一流高校、一流学科建设的国际经验借鉴

第一节　德国高等教育拨款的经验与启示

在全球知识竞争加剧的情况下，各国都十分关注自身的高等教育竞争力，德国高等教育在19世纪中期曾作为样板引领全球高等教育的发展，但在21世纪，德国高校的世界影响力逐渐衰退。为增强德国高校的世界影响力，德国政府于2006年实施“卓越计划”，以打造世界一流大学、一流学科，在“卓越计划”的推动下，2005年TIMES全球高校排名中德国有17所高校位列前200，2022年有22所，新增5所，可见“卓越计划”有一定成效。德国“卓越计划”与中国“双一流”建设类似，都是国家推动的自上而下的高校建设行动。探讨德国“卓越计划”中资源配置经验与教训，有助于我国“双一流”建设中的资源配置优化，提升建设成效。这里主要就德国“卓越计划”资源配置的内容、成效及特点展开分析，以期为中国实践提供一定的借鉴。

一、德国“卓越计划”资源配置内容

2006—2011 年的第一期“卓越计划”实施两轮遴选，分别为 2005/2006 年的第一轮遴选与 2006/2007 年的第二轮遴选，共资助 39 个研究生院、37 个卓越集群、9 所卓越大学，资助总额为 19 亿欧元，每个研究生院平均 100 万欧元/年，各卓越集群平均 650 万欧元/年，各卓越大学 2100 万欧元/年，资助 17 个人文社会科学学科、24 个生命科学学科、18 个自然科学学科、15 个工程科学学科、2 个交叉学科；2012—2017 年的第二期“卓越计划”，只有一轮遴选，共资助 45 个研究生院、43 个卓越集群、11 所卓越大学，资助总额为 27 亿欧元，各研究生院 120 万—300 万欧元/年，各卓越集群 360 万—960 万欧元/年，各卓越大学 1.42 亿欧元/年，资助 23 个人文社会科学学科、29 个生命科学学科、19 个自然科学学科、15 个工程科学学科、2 个交叉学科；2019—2026 年的“卓越计划”升级版——“卓越战略”资助 57 个卓越集群、11 所卓越大学，资助总额为 40 亿欧元，各卓越集群 300 万—1000 万欧元/年，各卓越大学 1.48 亿欧元/年。德国联邦政府与州政府按照 75：25 的比例分摊三个阶段的资助金额。

“卓越计划”资助三类项目：一类是研究生院，主要为培育年轻科研人员，为博士生的培养提供良好的科研环境；一类是卓越集群，主要通过激励高校与研究机构、企业间的科研合作，增进高校科研竞争力；还有一类是卓越大学，主要为提升高校的整体实力，增强高校的国际竞争力与影响力。德国研究基金会、德国科学和人文委员会负责遴选高校项目申请，其中一所高校只有在获批至少一个研究生院与一个卓越集群的情况下，才具备申请卓越大学的资格。

“卓越战略”只资助两类项目：一类是卓越集群，一类是卓越大学。一所高校只有在获批至少两个卓越集群的情况下才具备申请卓越大学的资格；若是多所高校联合申请，则需获批至少三个卓越集群，且各所高校在至少获批或参与一个卓越集群，才有资格申请卓越大学。

在资助项目的遴选中引入竞争与淘汰机制，入选高校并非可以“躺平”，外部专家会对高校进行周期性评审，若高校建设效果不好，则有可能被淘汰。

如第二期和第一期“卓越计划”相比，研究生院增加了12个，5个出局，卓越集群增加了12个，6个出局，卓越大学增加了5个，3个出局，其中有哥廷根大学、卡尔斯鲁厄大学、弗莱堡大学的卓越大学被淘汰；“卓越战略”中，获批的卓越集群中49%是前两期卓越集群或研究生院项目的延续，获批的卓越大学中，6所高校入选前两期的卓越大学，3所高校入选第二期的卓越大学，1所高校第一期入选，第二期出局，3所高校属于新获批的卓越大学。严格的退出机制对高校形成一定压力，也确保了政府资金的使用效益。但淘汰时不是马上停止资金支持，而是设置两年的缓冲期，逐年减少资金支持，缓冲机制的设置顾虑到高校科学研究的周期性与延续性，保障了前期投入资金的有效性。

二、德国“卓越计划”资源配置成效

（一）吸引科研人员回流

“卓越计划”提供的资金支持，硕果累累，第二期的99个资助项目中已有70余个项目获得初步成功，项目的成功离不开人力资本的投入，越来越多的科研人员回流到德国，逐渐形成科研人员的集聚，2009—2013年入选高校经由德国学术交流中心邀请到28000余名国际访问学者，占学术交流中心2009—2013年国际访问学者资助总数的76.5%，其中卓越邀请国际访问学者14800余人，占比39.9%，拥有两个及以上卓越集群的高校邀请国际访问学者9800余人，占比26.5%。足够多的高水平科研人员的到来，进而推动项目的进一步成功，也推动着德国高校走向世界一流。国际上其他国家看到德国的成就，也仿照德国“卓越计划”打造自己的一流高校，如法国从2010年起推出自己的一流大学打造计划，建设5—10所国际一流高校，增强法国高校的世界声誉与竞争力。

（二）提升高校竞争意识

“卓越计划”设置了竞争机制，突破了德国长期施行的均衡体系，“能者上”的竞争机制增强了高校间的竞争意识。在动态调整的评价机制下，为高校致力于自身成长、突破自我注入了驱动力。德国高校科研成果的数量与质量有了明显提升，高校世界排名有一定上升，如海德堡大学2005年TIMES世界排名第45位，2022年为第42位，慕尼黑工业大学2005年为第55位，2022年上升到第38位，对建设世界一流研究型高校、重塑德国高校在全球高等教育领域的领先地位有着重大变革意义。

（三）卓越集群的发展推动德国高校走在世界科技前沿领域

卓越集群发展中鼓励集群整合在地资源、与其他机构（高校、研究机构、企业）合作、集群内合作实现合作发展与多元参与。合作取得显著效果，对合作各方的科学特质、跨学科性及国际影响力有着良好的影响。且集群内的合作伙伴大多源于邻近区域，充分利用了地理上的邻壁优势一同建设集群，比如位于莱茵河畔的卡尔斯鲁厄理工学院与海德堡大学的合作，印证了在知识经济中，空间邻近、地方性知识聚集、竞争对手合作文化在价值链上具有合作的竞争优势。卓越集群可能会与高校学院在资源配置上有冲突，为解决这种冲突，卓越集群不仅设置了主席团、成员大会、办公室主任、协调人员大会及咨询委员会，还设置了集群发言人，作为高校领导层主席，对内对外都代表着集群，负责资源配置，负责领导集群，规划集群发展方向，引导成员间的合作，平衡合作各方利益，为卓越集群的利益发声，帮助集群获取高校行政领导层的支持，协调集群在非等级式领导架构中运作，鼓励各方合作。卓越集群采用研究领域的运转模式，在各研究领域下，细分为不同的项目领域，涵盖用于改进科研基础设施与科研环境的技术平台，以及用于邀请科研人员的交流平台。各研究领域从内容上拓展集群的总主题，并有一定的财政权。在经费使用上，申请人可自由申请所在领域中的重要科研活动的资助，各集群的内部经费结构存在差异，比如有的集群需大量投资于科研设备与基建，有的集群需较多的科研人员雇用经费，还有的需要科研活动经费。可见，开放的经费资助有利于适应不同学科文化的具体需要，为科研合作的开展打造良好环境，从而推动出现更高质量的科研产出，服从服务于资助顶尖科研的目标，也推动着德国高校走在世界科技前沿。比如德国高校平均高引用率论文从2003—2006年的13.4%增加至2008—2011年的14.4%，在增长的比例中“卓越计划”入选高校的贡献率为60%；在入选“卓越计划”的高校中，高引用率论文为16.4%，目标为推动世界顶尖科研的卓越集群高校高引用率论文达到25.9%，远超德国高校14.4%的平均值。

三、德国“卓越计划”资源配置的特点

（一）经费不足

三期“卓越计划”的经费总额为86亿欧元，平均一年对高校的资助为4.3亿欧元，一所高校一年可以得到的资金支持最多只有一两亿欧元，只相当于哈佛大学一年预算的零头。打造一流高校需要大量资金，有资金才能聘请到最好的教授，才能通过高额奖学金吸引最优秀的学生，做出最好的科研成果，培养出最优秀的人才。事实上，德国高校的目标不应是比肩哈佛、耶鲁等私立高校，而是要向加州大学伯克利分校等美国优秀的公立大学看齐。按照德国的经济实力，社会资本雄厚，只有在政府支持下，广泛争取社会捐赠才能让德国高校经费发生质的飞跃。

（二）科研与教学的失衡

“卓越计划”把经费都投入高校科学研究活动，“卓越战略”虽说在卓越大学评审中引入教学要求，但占比不大，强化了德国高校重视科研、轻视教学的传统，德国2021年在校生规模达到290万人，但由于经济发展不快，德国近40年来没有新建公立高校，许多高校生师比非常高，学生得不到教师的充分指导，辍学率非常高，有的专业辍学率达到90%，如哲学专业。高校经费不足，教学设备老旧，信息化建设落后。

（三）关注卓越集群的建设

“卓越计划”“卓越战略”中，卓越大学的申请都有卓越集群的前置要求，可见德国在卓越大学建设中非常关注卓越集群的建设，在卓越集群建设中鼓励打破学科间的边界，开展跨学科合作，鼓励跨专业交流，激励高校间的协作，刺激高校与校外机构间的协同，推动科研人员的合作交流，实现多元发展、多元参与，卓越集群作为整合科研资源与知识学识的机制，推动着德国高校前沿科研的多样化、特色化发展，激发学术体系间的联通与协作，且“卓越计划”“卓越战略”的主要经费都投入到卓越集群的建设上，在“卓越战略”取消了研究生院项目后，更多资金都分配到卓越集群方面。

（四）理工科与人文社科的失衡

“卓越计划”中获批的研究生院项目主要为理工学科，第一期“卓越计

划”中获批的39个研究生院中，只有6个研究方向为经济学、人类发展、国际文化等人文社会科学类研究生院；第二期“卓越计划”中获批的45个研究生院中，人文社科类研究生院在其中的占比有一定提高，但主要还是研究方向为计算机科学、材料学、医学、生命科学、物理学等理工类研究生院。“卓越战略”中的11所卓越大学中，包括亚琛工业大学、慕尼黑大学、慕尼黑工业大学、卡尔斯鲁厄理工学院、德累斯顿工业大学、康斯坦茨大学、海德堡大学、柏林高校联盟（柏林自由大学、柏林洪堡大学、柏林工业大学）、图宾根大学、波恩大学、汉堡大学，主要是偏向理工科的综合性大学。实际上，德国作为思想发源地，人文社会学科，比如社会学、哲学都处于世界一流地位，但这些学科不容易获取第三方资金支持，人文社科在发展中需要的资金不多，却可以取得良好的社会效果。

（五）高校分层

“卓越计划”“卓越战略”的实施，改变了德国高校分层中的平等范式，德国有397所高校，包括115所综合性高校和282所应用技术高校。“卓越计划”“卓越战略”只面向综合性高校或理工类综合性高校，与重应用研究的应用技术高校无关，实际上德国高等教育的优势在于平均水平高，美国现有5762所高校，多数水平不高，与德国应用技术高校水平相当的有约250所，与德国综合性高校相当的有约150所。“卓越计划”“卓越战略”的实施意味着终结了德国高校千校一面的传统，有高校受益，有高校受损，德国高校会分层为一流研究型高校、普通教学型高校、应用技术高校。且资金配置向少数高校集中，会造成马太效应，也难以解决德国高校经费普遍不足的问题，能否提高德国高校整体科研实力有待于进一步观察。

此外，“卓越计划”“卓越战略”与德国高校大多数本科生无关，卓越集群、卓越大学项目都需要博士生及以上才能参与其中，难以提升本科生人才培养质量。

四、德国“卓越计划”资源配置对我国的启示

（一）一流高校、一流学科离不开资金的支持

研究型高校只有在充足、稳定、持续的财政预算支持下，才能取得成功，

经费支持是“双一流”建设的物质基础。德国高校和我国高校同样存在经费来源单一的问题，仅仅依赖政府的高等教育拨款，实现世界一流高校的建设目标，是远远不够的。我国高校经费收入结构中，财政性教育经费（60% 以上）和事业收入（学费、杂费、住宿费等占 30% 以上）合计占比高达 90% 以上，社会捐赠占比不到 1% 。我国高校对政府拨款的依赖程度和德国高校不相上下，需要从经费来源上进行拓展，一是要积极争取社会资源，吸纳社会资本参与高等教育发展，提高社会对高等教育发展的投入力度，不仅要积极支持民办高校发展，在财政、资源与政策上鼓励民办高校壮大成长，还要积极鼓励社会捐赠，通过税收、宣传、基金会等发展高等教育捐赠机制，挖掘高等教育捐赠潜力，并要用好捐赠资金；二是要增强高校自我造血能力，在服务社会过程中获取相应收益，高校不仅要从事科学研究，更要注重科学研究的转化，服务社会，服务经济发展与区域发展，并可将从中获取的经济收益用于反哺教学科研活动；三是要构建合理的成本分担机制，在个人、社会、政府间合理分配成本，且在分配中要注意高等教育公益性的一面，适当减少高校对政府拨款的依赖程度。

还要注意资金使用效益，我国“双一流”建设采用动态调整机制，有进入和退出机制，2017 年入选高校 137 所，2022 年入选高校 147 所，其中中国地质大学、中国石油大学、中国矿业大学各自单列，真正新增的是山西大学、湘潭大学、南京医科大学、上海科技大学、华南农业大学、广州医科大学、南方科技大学，还有 13 所高校受到警示，2 所高校的学科撤销并调整。这种动态调整机制对高校形成巨大压力，也是出成果的巨大动力。但是须考虑科学研究、人才培养的周期性，即使退出在资金支持上要采取逐步退出的方式，从而确保前期资金使用的效益。在“双一流”建设评估中，采用分类评估方式，依照人文社科、理工科各自的特点，设置不同的指标进行科学评估。

（二）错位发展是正道

错位发展是当今世界高校发展的必然态势，德国高校在历经人为引导的同质化发展之后，不再是世界高等教育中心，面对世界经济、社会、文化交融的环境，国家、社会对人才品质的要求日益多样、复合，而在数字经济时代，科研成果对生产力起着重要的推动作用。高校作为人才培养机构和科学研究场所，需要顺势而为，顺应并引领社会变革对人才的需求，高校要有自己的声音和思想，为社会提供独特的智力支撑，错位发展、内涵式发展是高校发展的主流，德国在高等教育发展中体会到高校错位发展的必然与必要，鼓励高校制定自身独特的发展规划、发展方向与发展目标，走与众不同的发展道路，赋予高校自由成长的时间与空间，在横向分异与纵向分级中实现错位演进、内涵式发展。我国高校在“双一流”建设中，不能都走研究型高校的发展道路，而是要鼓励高校发展个性，在学风、校风、学科专长与科研特色方面自成体系，让不同学科专业自主选择最适合自己的独特发展路径与发展速度，鼓励高校在学科专业发展基础有别的情况下错位发展，规避不恰当的跨界指标对学科专业的扰动，不做不同学科专业间的一刀切的无谓对比，促使学科专业在错位发展氛围中健康茁壮成长，实现高校生态位生存需要。错位发展寻求的不是完全的个性，而是多元与公平的融合。在建设世界一流高校的过程中，在所有学科上都得到充分发展的综合性高校建设难度不小，富有特色的高校更容易成功，高校不是独立发展的单个个体，而是与其他高校同处于充斥着竞争角逐的高等教育生态系统之中，错位发展意味着高校可凭自身特质把自己所处生态位与其他高校区分开来，降低了自身的生存竞争压力。

（三）高等教育整体实力是王道

德国的法律架构、均衡的财政高等教育拨款、平等的入学机会等制度设计，打造了高等教育只有类型差异而无等级层次高低区别的均衡发展机制。师资、生源、教师待遇、毕业生待遇等资源均衡配置政策推动着德国高等教育均衡发展，并未因“卓越计划”的施行发生根本变化。因此德国的自治高校、应用科学高校、双元制高校三足鼎立的均衡均质发展一直较为稳定，各类高校的文凭都有相当的含金量，保持着各自特色鲜明的定位。德国高等教育体系的发展历程就是各类高校逐渐完善的历程，不同类型的高校先后出现并取得发展，且一直都保持着各自的特色，处于相互平等的地位，这样均衡的社会传统与政策氛围，使得德国高等教育体系整体实力强劲，人才培养质量较为均衡高质。我国在“双一流”建设中，不能忽视普通高校的发展，实行研究型高校、教学型高校与职业技术型高校的齐头并进政策引导，才能实现高等教育的整体全面繁荣，为社会提供所需要的人才、科研与社会服务。

（四）文武双全是出路

德国“卓越计划”第一期第一轮遴选中，存在较明显的重理轻文，且入选高校多为南部经济发达地区的高校。在第一期第二轮、第二期、第三期的遴选中有一定改善，增加人文社科类的项目与经费，尤其是在2007年，德国政府宣称是文科年，向人文社科类项目投入了6.23亿欧元，但与人文社科相比，仍然更为重视对理工科的投入，资源配置还存在一定的地区分布不均衡。我国在第一轮“双一流”建设中，存在理工科多、文科少，东部地区多、西部地区少的局面，第二轮建设中也存在这种问题，在新增的“双一流”建设中只有山西大学的哲学是文科，其他全部是理工科，且新增的7所高校中，只有2所中部高校，其他5所都是东部高校，东部高校中有3所都是广东省的高校，西部地区没有新增高校，这也说明高校的发展首先还是要资金支持，广东省2021—2023年共计投入约106.5亿元用于高水平大学建设计划，远超其他省份。我国在“双一流”建设中，要实现高校与学科间的融通发展，避免出现少数优势学科主导下的非均衡发展，还要注意扶强、扶优、扶特、扶弱，防范学科建设的急功近利，对弱势高校进行补偿性建设，对弱势学科实施倾斜性发展，实现文理并重，人文社科作为科学的一个重要组成，也要得到繁荣发展。在高校的地区发展中，中央须加大对中部和西部地区高等教育的资源支持力度，避免我国现行以省为主的高等教育支持体系造成的地区间高等教育发展的非均衡。

（五）重视人才培养和本科教育

只有重视本科人才培养的高校才是充满发展前景的高校，当今世界一流高校不仅在科学研究上保持一流水平，在本科人才培养上也是一流水平，本科教育人才济济是一流高校的典型特征。我国在“双一流”建设中，本科人才培养应作为建设的重点，高校要培养道德高尚、有担当负责任、具有批判性思维、跨学科的本科人才，教学形式采用小班教学，实现师生间有效互动，教学方法运用启发式教学，培养学生思辨能力，教学内容中传授合理的知识，与时俱进地调整教学内容，教学安排上要知行合一，实现理论与实践的结合，增强学生的动手能力、应用能力，课程安排上必修课、选修课、通识课合理搭配，满足学生需要，丰富学生的知识结构。

（六）鼓励高校与研究机构、企业多元合作

德国“卓越计划”中，鼓励高校开展不同类型的合作来提升高校、学科竞争力，实现世界一流。我国“双一流”建设中，主要是各个高校各自为政地发展，没有强调通过与外界的合作实现更好更快的发展。为实现世界一流，我国“双一流”建设中，要鼓励高校开展多元的合作，冲破学科、学院的边界，开展跨学科、跨平台的合作，高校与高校、高校与研究机构、高校与企业、高校与政府都可以进行合作，才能集思广益，充分利用高等教育资源，优化资源配置，构建科学研究和转化的合作平台，打造人才培养和输送的整合机制，拓展合作思维，革新协同配合理念。在专业建设、人才培养、教学科研上开展多元合作，为高校的可持续发展提供更多可能与机遇，还要推动企业、政府、社会组织等利益相关者一道参与高校治理，构建完善的高校理事会制度，鼓励社会参与高校发展的机制建设，推动高校在教学与科研上的自我治理，激励社会参与合作项目的发展管制，推动利益相关者在高校人才培养、科学研究上的全面参与，进而取得更好的科研教学产出，满足社会需求，实现各方共赢。

第二节　美国高校职务科技成果管理经验及启示

一、研究缘起

现代化建设离不开创新，优化创新生态系统是建设科技强国的重要举措。习近平总书记强调：“营造一流创新生态，塑造科技向善理念。”优化创新生态系统亟须破解体制性障碍。高校是优化创新生态系统的主力军，高校科技创新能力不足是制约创新生态系统优化的关键因素。我国高校科技创新能力不断提高，但与全国平均水平相比还是存在一定差距，表现在 2019 年全国技术转让合同共有 484077 项，技术转让收入总额为 22398.4 万元，平均每项技术转让收入额为 462.7 万元；高校技术转让合同有 102352 项，技术转让收入额为

592.9 亿元，仅占全国的 2.6%，平均每项技术转让收入额为 57.9 万元，仅为全国平均水平的 12.5%。且高校技术转让收入在部属高校与地方高校间也存在较大差别，2019 年，86 所部属高校技术转让收入占全部高校技术转让收入的 62%，地方高校只占 38%，且部属高校校均技术转让收入额是地方高校的 10 多倍，单项技术转让收入额是地方高校的 2 倍。高校技术转让对象主要是企业，2019 年高校与企业间的技术转让金额为 345.0 亿元，占高校技术转让总额的 58.2%①。为更好地推动高校科技创新能力，《国务院办公厅关于印发要素市场化配置综合改革试点总体方案的通知》（国办发〔2021〕51 号）提出要健全职务科技成果产权制度，支持各地高校开展职务科技成果权属全部或部分授予科学研究人员的试点，完善技术要素交易和监管体系，构建职务科技成果转移转化容错纠错机制。

国办发〔2021〕51 号只是提出指导性意见，究竟高校在科技成果转化中如何做，还是摸着石头过河。在改革过程中，可借鉴国外先进经验，特别是美国对高校科技成果的管理办法。美国过去高校科技成果转让也不多，1900—1979 年高校专利转让只有 5 项，但在 1980 年的《拜杜法案》（Bayh-Dole Act）和《史蒂文森 - 怀勒技术创新法》（Stevenson-Wydler Technology Innovation Act）开启了美国高校科技成果转化的新时代，1992 年的《小企业技术转移法》（Small Business Technology Transfer Act）及《军转民、再投资和过渡援助法案》（Defense Conversion, Reinvestment and Transition Assistance Act）等法案推动美国高校科技成果转化进入快速发展通道，2007 年《美国竞争力法案》（America Creating Opportunities to Meaningfully Promote Excellence in Technology, Education, and Science Act, America COMPETES）、2010 年的《美国竞争力再授权法案》（America COMPETES Reauthorization Act）和 2015 年的《美国竞争力再授权法案》（America COMPETES Reauthorization Act），推动着美国高校科技成果转让一直处于活跃状态之中。1980 年以前，美国政府所有的 30000 余件专利，只有 5% 得到转化应用，政府放弃的专利技术转化率为 18%—20%。

---

① 中国科技评估与成果管理研究会．中国科技成果转化 2020 年度报告（高等院校与科研院所篇）［M］．北京：科学技术文献出版社，2021.

1980 年之后，美国科技成果转化率达到 80% 以上，且高校科技成果的受让方 50% 以上是政府机构，政府从高校科技成果转让的阻碍者发展为推动者。在科技成果转化中，美国政府做的主要是放权与介入权双管齐下，允许高校、发明人分享职务科技成果转化收益，在特殊公共利益的情况下政府可直接持有科技成果所有权并加以转化或强制将职务科技成果交给第三方实施，建构了较为全面的职务科技成果转化法律法规和政府政策服务系统。当前我国关于美国高校职务科技成果管理体系的探讨，多从法理和案例的角度展开分析，较少从实证视角展开探讨，关于美国高校职务科技成果管理体系运转情状的探讨也主要聚焦于对高校职务科技成果管理制度施行的缘起与运作状况。为补充已有研究，这里将整合运用统计数据资料和质性案牍，深入剖析目前美国高校职务科技成果管理的制度特征和发展态势，以期为我国高校职务科技成果的管理政策和服务系统的建立健全提供借鉴。

二、高校职务科技成果管理的理论探讨视域：成果权属共享与管理专业化

高校职务科技成果的最初都是谁出资、谁所有，政府资助的科研活动产生的职务科技成果所有权归政府，造成发明人无权处置自己的科技成果。但政府对科技成果如何转化并无头绪，即使企业有应用科技成果的需要，也难以取得高校职业科技成果，造成科技成果的闲置与浪费，高校科研人员也没有开展科研活动的积极性，更没有科技成果转化的意愿。因此，政府要向高校、科研人员放权，科技成果权属有必要在政府、高校、科研人员间进行共享，美国政府对职务科技成果放权的阶段包括：《拜杜法案》（1980）允许高校取得政府资助的科技成果所有权，《伪劣商标管理法》（Trademark Counterfeiting Act of 1984）允许高校有条件地保留科技成果所有权，《联邦技术转移法》（Federal Technology Transfer Act of 1986）允许政府实验室与高校、企业联合研发，研发成果优先提供给合作的高校、企业，政府可放弃所占研发成果份额，技术发明人可获得技术转让收入的 15% 以上。《国家竞争力技术转移法》（National Competitiveness Technology Transfer Act of 1989）允许高校管理的联邦实验室与企业等开展联合研发，从事商业化运作，高校和企业可从科技成果转化中共同

受益。《国家技术转移促进法》（National Transfer and Advancement Act of 1995）允许联邦实验室的合作方获得科技成果的充分知识产权进行商业化运作。《技术转移商业化法》（Technology Transfer Commercialization Act of 2000）允许联邦机构简化科技成果的归属程序，通过合作研究与开发协议进行科技成果产权许可。美国科技成果转化中平衡投资方、创新方、合作方等各方的利益，并通过专业化的管理确保科技成果的安全，通过法律保证知识产权、研究、开发与技术的安全，不会被竞争对手非法获得，在研发过程中各方共同采取安全设计措施，确保研发各方的诚信，平衡国内外各方的利益。

我国高校职务科技成果权属的发展也逐步走向共享，政府一直试图改造中国高校职务科技成果权属制度，激励高校科技创新能力的提升。1985 年《中共中央关于科学技术体制改革的决定》提出尊重科技人才、推动科技成果的运用。1987 年《技术合同法》明晰指出职务技术成果的使用权、转让权归属单位，单位有权对职务技术成果进行转让、使用，签订技术合同，并将职务技术成果转化和使用取得的收益，拿出部分奖励成果发明人。1993 年《科学技术进步法》鼓励高校与企业、科研机构进行研发合作，实施科技成果的转化与应用，对科技成果发明人给予精神奖励与物质激励，从实施科学技术成果新增留利中拿出部分奖励科技成果发明人，要求资本市场支持科技成果的转化与应用，对涉及国家安全与利益的科学技术秘密实施保护制度。1993 年《农业技术推广法》和 2012 年的修订均指出各级政府可采用购置技术服务等手段，鼓励社会各界一道参与公益性农业技术普及运用服务，除国家农业技术推广单位之外的机构及科学技术人员以承包、让渡、服务、商榷与入股等方式提供农业科学技术，有权获取一定报酬，机构及个人的合法收益受到法律支持，植物新品类、农业科技专利等知识产权可得到法律保护。1996 年《促进科技成果转化法》明确高校的职务科技成果权属归高校，高校未能及时实现科技成果转化时，科技成果完成人和参加人可以和所在单位进行协商，对职务科技成果进行合理转化，并可享有一定的权益与报酬，科技成果完成单位职务科技成果转让净收入中，提取 20% 以上用于奖励科技成果完成人与转化人，高校职务科技成果转化的新增留利的 5% 以上，可在 3—5 年内用于奖励科技成果完成人或转化人。2007 年修订的《科学技术进步法》规定对于项目使用财政性资金过程中取得的科技成果，可将其所有权授予项目承担者。2008 年修订的《专利法》规定单位享有职务科技成果的所有权、使用权，但允许单位和科研人员用约定的方式确定职务科技成果所有权与使用权的归属。2014 年国务院提出要推动中央财政科技计划（专项、基金等）治理创新，指出要加快改革高校科技成果使用、处置与收益管理，建立健全科技成果转化的激励与约束机制。2015 年修正后的《促进科技成果转化法》允许高校可对其持有的科技成果权属自主决定转让、许可或作价投资，科技成果转化收益都归属于高校，对科研人员的奖励与酬劳不得低于职务科技成果让渡收入、许可收入、作价投资形成的股份、出资比例的 50%。2016 年政府明确在分配中要增加知识价值的所占份额，提出赋予科研人员科技成果所有权或长期使用权。2018 年政府为优化科研治理，增进科学研究效率、效益与效果，提出试行将职务科技成果所有权或长期使用权授予科学研究人员。2018 年政府为推进创新创业的高品质发展，实现创新创业的飞跃式演进，明确职务科技成果所有权或长期使用权授予科研人员的做法是创新驱动发展战略的一项重要措施。2019 年全国科技工作会议提出经由事前协商授予科研人员职务科技成果所有权的产权激励手段，激发科研人员的科学研究积极性。2020 年中央开展职务科技成果所有权或长期使用权授予科研人员的试点，允许北京工业大学、上海大学等试点单位向科技成果完成人让渡一定的职务科技成果所有权。2020 年《中共中央　国务院关于构建更加完善的要素市场化配置体制机制的意见》提出要通过技术、劳动力和资本要素的市场化配置推动科技成果转化。我国高校职务科技成果权属由政府所有转变为单位所有，再到科技成果完成人共享所有权或长期使用权，并加强技术转移专业人才队伍建设，建立健全对科技成果转化人才、知识产权管理运营人员等的评价与激励办法，肯定技术转移转化管理的专业性和重要性。

目前，我国对高校职务科技成果管理中，科技部已经在 29 所高校进行授予科学研究工作者职务科技成果所有权或长期使用权的试点活动，随着职务科技成果所有权、使用权权属共享革命的推进，长期被忽视的技术转移管理也出现了专业化发展的需求。为了应对这一需求，2022 年 1 月 1 日修订实施的《中华人民共和国科技进步法》对职务科技成果管理的新规定标志着我国确立了科技成果的研发、转化与管理为一体的制度体系。

与美国类似，作为科技成果管理的组成部分，中国高校科技成果管理在法律制度层面上也实现了专业化，但配套服务体系有待构建，因此需学习借鉴国外先进经验。

三、美国高校职务科技成果管理制度特征与类型

美国现行的高校职务科技成果管理制度主要由科技成果权属分配制度和科技成果转化治理制度组成，前者的法律依据来源于美国《拜杜法案》，后者的法律依据来源于《史蒂文森－怀勒技术创新法》。

职务科技成果权属分配制度中，高校职务科技成果所有权归高校，高校可将成果以独占许可方式授权给企业，为确保职务科技成果的正当使用，政府保留对职务科技成果的权利，若科技成果持有人未能对科技成果进行合理利用，政府有权介入，强制科技成果持有人将科技成果授权给第三方。职务科技成果的收益权通常是在技术转移机构、高校、院系、科学研究中心、科学研究工作者间进行分配。取得职务科技成果转化收入之后，从中刨去科技成果运作成本，比如专利申请开支、专利保护费用、现金开支、行政管理开支、税收等，再提取一部分给技术转移机构，剩余部分作为职务科技成果转化净收益，净收益按不同比例在各利益相关方间进行分配。职务科技成果转化净收益的分配方式有：（1）固定比例分配，高校、学院、科技成果发明人及团队间按照固定的比例进行分配。（2）累进递减比例分配，职务科技成果转化净收入越多，科技成果发明人及团队所获比例越少，高校及学院所获比例越高。（3）混合式分配，在高校、学院、科技成果发明人间按设定的比例分配，同时各方可获比例随职务科技成果转化净收入的多少进行调整，净收入额度越高时，科技成果发明人可获比例越少，高校可获比例越高。

职务科技成果转化治理制度中，采取在高校内部或外部构建技术转移机构，负责评估科技研究的应用价值，向政府或产业提供有应用价值的科研产品或服务的信息，根据政府和产业需求提供技术服务。内部设置的技术转移机构通常称为技术转移办公室或概念证明中心，外部设置的技术转移机构通常称为研究公司、研究基金会。（1）技术转移办公室隶属于高校，可以较为统一且自主地对职务科技成果进行管理，收回研究的投资，与企业建立良好的互利互

惠的关系，激励科学研究，为科技成果提供专业服务，达成科研拨款的目的，支持科学研究与人才培养。（2）概念证明中心处于技术转移办公室的下游，通过为发明成果与产品开发间的概念证明阶段提供种子资金、商业咨询、创业教育、孵化空间与市场研究资金，对科技成果的商业前景、目标市场进行明确，提供知识产权保护，加速已申请专利的技术的商业化应用，补充技术转移办公室的工作。（3）研究公司是高校之外的专业从事科技成果代理服务的机构，高校告知研究公司可能会形成的专利发明，研究公司须为科技发明申请办理专利并投入应用，研究公司可以提供技术评判与市场价值评估、专利申请、找寻专利授权对象、专利授权谈判、签订专利转让合同、收取专利的权利金等，有时会要求获得高校转让技术的全部所有权，以避免高校的行政干扰。（4）研究基金会作为高校的附属机构，是拥有独立法人地位的技术转移服务代理机构，为高校职务科技成果转移提供专业服务。

不同高校职务科技成果收益的具体分配比例不同，高校会通过一种或多种技术转移机构来推动职务科技成果的转化，自 1980 年以来，高校科技成果转化为美国经济创造了上万亿美元的价值。2020 年，美国高校职务科技成果转化中，研发投入 831 亿美元，产生了 933 种新产品，形成初创公司 1117 个，正处于运营中的初创公司 6567 个，披露发明 27112 项，美国专利授权 8706 项，申请美国专利 17738 项，授权许可 10050 项①，与 1980 年相比，有量和质的飞跃，这都离不开美国高校职务科技成果管理制度的支持。

四、美国高校职务科技成果管理的社会化与专业化：基于统计数据的分析

美国高校职务科技成果管理的主要目标包括：推动科技成果的商业化，引导高校科技人员加强与产业界的联系，创造更多收益，推动经济增长。

技术转移办公室的人员主要包括技术人才、法律专家与通晓商业运作的专业人士，帮助高校科技成果的转化，协调高校与产业界的关系，并经由美国高校技术管理者协会（Association of University Technology Managers）与外界开展

① AUTM. 2020 Licensing Survey［EB/OL］. https：//autm. net/surveys-and-tools/surveys/licensing-survey/2020-licensing-survey.

协作与互动，提供中介服务、开展高校专利营销、构建支持科技成果转化的配套制度。技术转移的工作流程专业规范，通常涉及发明披露、技术评估、营销谈判、技术许可、合同管理、市场调查、后续咨询服务、收取技术许可费等。在选择技术许可的企业时，通常要看企业对该专利技术实施商业化开发的潜力，根据备选企业的资金实力、科研能力、开发技术的商业计划、过去的经验与市场开拓能力等进行甄别。信息系统顺畅运作，科研人员与技术转移办公室保持定期沟通，在取得一定科技成果时及时向技术转移办公室进行技术发明的信息说明；技术转移办公室对科学技术发明展开分析，基于已有信息数据库，以及对市场信息与有关专利信息的分析，有取舍地进行专利申报，在获得专利授权后，通过大数据等方式锚定目标客户群体，向其发布专利信息，使得发明人员、技术许可人员、高校、企业等能及时快捷地获取技术相关信息，进而采取相应的回应。

概念证明中心拥有优秀卓越的管理团队与科学合理的运行机制，创业者、投资者、企业高管和科学工作者等专家学者组建的科研服务咨询委员会监督与引导概念证明中心的运作，管理团队的执行主任具有高超的学术研究经验、商业运作经验与创新创业经验，其他成员也都具有丰富的技术转让相关工作经验。他们为新创科研项目的开展提供起步资金，支持科研人员进一步开发产品，评估技术的商业开发潜力，争取外部资金的支持，为新技术、新产品提供发展演化空间，联系具有管理能力与企业经历的导师指导技术的商业化，参与创业教育，发挥科研成果从实验室步入市场的中转接力站的作用。概念证明中心是在2000年以后逐步发展起来的，自2007年起概念证明中心的数量逐步增加，美国高校已建立40个概念证明中心，排名前100的高校中有20所建立了概念证明中心，这些中心分布于美国各州，2020年各中心的平均科研经费有5000多万美元，极大推动了高校初创企业的建立与发展。

研究公司通常拥有丰富而强大的人力资源，团队成员中包含优秀的技术专家、投资银行家、科学研究人员、专利代理人、市场营销师、交易经纪人，组建为具有技术、营销、法律、金融与交易中介等功能，涉及专利开发、申请、转让所有相关业务背景的高效服务团队。研究公司发展趋势为信息化、专业化与国际化，依托网络提供技术咨询服务，基于网络信息，打造专利信息交互平台，建构含有海量信息的专利数据库，可进行在线查询、在线交易，研究公司的专利数据库通常聚焦于某类专门技术领域，服务团队通常具备特定行业背景，展开筛选与甄别等重要工作，研究公司不断提升自身的全球市场发展规划部署能力，经由在不同国家、地区设置分支机构整合国际市场、营销渠道、信息网络、合作单位、高级人力资源，宣传推广自身品牌与科研成果转化服务实力，占领行业优势竞争地位。

研究基金会由董事会主导，董事会的董事来自高校行政主管、教授、校友及企业高管，行政上独立于高校，运作方式与私人性质的研究公司非常类似，内部组织和技术转移办公室类似，负责高校的知识产权事务，科研人员经由协议将发明权属交由研究基金会，获取的收益会回馈高校的科研教学活动。

在内外共助的社会化高校科技成果管理之下，美国高校科技成果硕果累累。如表 5－1 所示，2015—2020 年披露发明数量、专利申请数量、初创企业数量、新产品数量、技术许可数量总体上都呈现增长趋势，参与高校科技成果管理的人员及专司技术转移的人员也在增加，说明科技成果管理的社会化成绩不小。

表 5－1　　　　高校科技成果数据

	2015 年	2016 年	2017 年	2018 年	2019 年	2020 年
披露发明数量（个）	25313	25825	24998	26217	25392	27112
专利申请数量（个）	15953	16487	15335	17087	15972	17738
初创企业数量（个）	1012	1024	1080	1080	1040	1117
新产品数量（个）	879	798	755	828	711	933
全职职员数量（个）	2502	2484	2590	2578	2653	2799
技术许可数量（个）	7942	7730	7849	9350	9751	10050
全职技术许可员工数量（人）	1130	1130	1160	1142	1167	1209

内外科技成果管理的效率表现也较为稳定，由图 5－1 可以看到，2015—2020 年，平均每个员工处理的披露发明数量、平均每个员工处理的专利申请数量、平均每个员工处理的初创企业数量、平均每个员工处理的新产品数量有小幅波动，但较为平稳，说明高校科技成果管理的专业化水平较为稳定，平均每个全职技术许可员工处理的技术许可数量在增加，说明技术许可方面科技成

果管理较为卓越，科技成果的推广转移化水平较高。

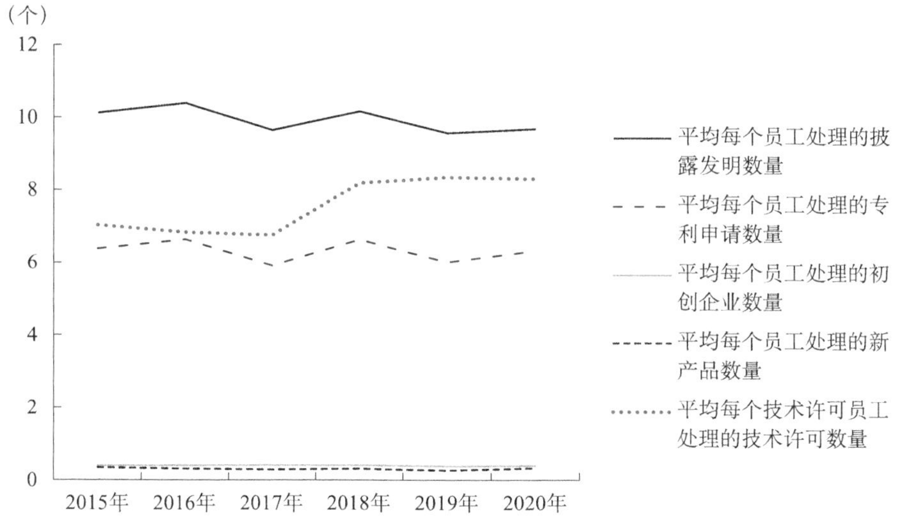

图 5－1　美国高校科技成果管理效率数据

五、美国高校职务科技成果管理专业化的两个层次：基于四个案例的分析

为了全方位呈现并分析美国高校职务科技成果管理的特征，这里分别选取技术转移办公室、概念证明中心、研究公司、研究基金会的科技成果转化案例展开实证分析。数据收集于各高校官网。

（一）案例描述

1. 技术转移办公室案例

斯坦福大学技术转移办公室有 1 名执行主管，1 名执行主管助理，4 名分管战略协作、物理、生命科学、高潜力创新转化的主管，14 名负责技术许可的员工，5 名负责知识产权管理的员工，2 名负责赞助支持的员工，3 名负责合同的员工，3 名负责商业开发和战略营销的员工，下设的工业合同办公室有 10 名员工，5 名负责商业运营与会计的员工，1 名负责信息系统的员工，共 49 名员工。2020 年 3 月世界卫生组织宣布 COVID－19 为全球性疫情时，斯坦福大学技术转移办公室迅速与哈佛大学、麻省理工学院的技术转移办公室合作，开展 COVID－19 技术开发项目，实施鼓励快速、公平取得高校科技创新成果的技术转让政策，目标是让预防、诊断与治疗 COVID－19 感染的技术能够快速得到广泛应用。该技术开发项目鼓励 COVID－19 技术创新成果能够实施非排他、免专利费的许可，也鼓励受许可方能够以低廉的价格向社会提供 COVID－19 疫苗、检测及治疗服务，鼓励知识产权格利益相关方积极支持技术的开发与应用，尽可能地降低技术转让成本。除了斯坦福大学、哈佛大学和麻省理工学院，还有耶鲁大学等 21 个高校技术转移办公室参与该项目。在疫情中有 24 个机构、美国高校技术经理人协会及其他一些高校也采取了类似的 COVID－19 技术开发政策。在该项目的支持下，斯坦福大学的 Yi Cui 教授和 Steven Chu 教授设计出可高效捕获 PM2.5 颗粒的透明空气过滤器，该过滤器使用静电纺丝技术，通过强电场把高分子溶液拉制成极细的纤维，起初用于屏蔽空气污染的纱窗，后来 Yi Cui 教授和 Steven Chu 教授共同把该技术用于高效过滤 4C 空气的 KN95 口罩。全球疫情要求开发出快速、低廉、即时的 COVID－19 检测方法，Jennifer Dionne 教授实验室的研究人员开发出手持检测方法，使用光学特性快速提取病毒 RNA 的抗体结合至纳米平台，该发明可用于对从 SARS 到 CoV2 基因组提取的病毒 RNA 基因序列进行检测，也可用于其他病毒感染的检测。斯坦福大学 Rhiju Das 和 Maria Barna 教授带领研究人员开发出一系列的基于 RNA 的 COVID－19 疫苗、治疗方法等，这些技术提高了耐储存、可快速配置的 mRNA 疫苗的设计，发现 RNA 结构的大量数据库，研发出一流的计算工具、合成与评估的优化方法。Eterna 企业平台是 Das 实验室开发出的一个线上应用，通过融合 RNA 折叠算法、游戏界面和计算方法来创新疫苗设计和 RNA 结构预测，平台的邀请版允许受邀者私密地处理问题，如设计改进的 mRNA 疫苗，企业合作方可用于临床试验。平台使用者的数据和设计可以用于 COVID－19 中 mRNA 疫苗的开发。优化基于 RNA 的治疗方法，在开发基于 RNA 的治疗方法时有效、高精度、活跃地生产 mRNA 是非常必要的，Barna 实验室的研究人员发现 SARS－CoV－2 5’非编码区可进行调整，从而优化蛋白质表达，提高生产 mRNA 疫苗的稳定性①。

① Office of Technology Licensing. Stanford Office of Technology Licensing Annual Report FY 2020 [EB/OL]. https://otl.stanford.edu/.

2. 概念证明中心案例

加州大学圣地亚哥分校的 von Liebig 创业与技术促进中心作为概念证明中心，成员包括主管 1 名、负责商业化的员工 9 名、负责资金运营的员工 7 名、负责知识产权的员工 6 名、负责创新设计的员工 8 名，共 31 名成员，大力支持创新从实验室进入市场。von Liebig 中心专注于两个领域，一个是技术进步，专业化的职员为加州大学圣地亚哥分析的研究人员提供发明创造商业化咨询，为研究人员介绍校内外的专家与商业化应用的机会，为每个评估和确认为具有商业潜力的新发明提供 10 万美元以内的技术进步种子基金，从 2002 年起，为技术进步基金的获得者开展实验证明研究提供实验设施。另一个领域是，von Liebig 中心为工程专业学生的创业活动提供创业教育学术课程，课程由 Jacobs 学院教授，课程涉及工程专业学生的工程创业，向学生介绍商业计划、市场定位等内容。

2010 年，von Liebig 创业与技术促进中心与美国军队远程医疗与高级技术研究中心合作，从事地区技术加速项目，关注军队医疗需要，加快医治病人的先进技术的商业化应用。这个项目的参与者有工程、医学和商业专业的研究生、教师组成的跨学科团队，获选团队得到商业化支持和资金资助，帮助他们的研究发现成为产品或服务。在高通公司的支持下，南加州校园的远程医疗技术的商业化得到推广。从南加州 10 个高校与研究机构中的 45 个项目申请中选出 3 个高校项目。选中的 3 个项目在 12 个月中，项目团队进行概念验证、技术开发、市场调查，以确定各自技术商业化的可行性。

在南加州远程健康技术加速项目的第一阶段中，von Liebig 创业与技术促进中心和美国军队远程医疗与高级技术研究中心寻求在南加州的无线通信技术、医疗设备、生命科学创新间的平衡。这个项目持续运作以在南加州发展为远程健康创新群，为未来在军方开发无线医疗技术并用于民用打下坚实基础。

为实施该项目，von Liebig 创业与技术促进中心调整了工作流程，以帮助地区远程健康技术加速项目的申请与实施，工作流程包括从多个研究机构选择教师/学生团队的最佳方式、提供线上指导服务、应用程序、项目管控和知识产权问题。在一年的时间内，美国军队远程医疗与高级技术研究中心和高通公司向 3 个创新团队的师生提供的概念验证资金为 75000 美元。von Liebig 创业与技术促进中心同时提供广泛的商业化咨询服务。概念验证资金可用于参与技术开发、测试、原型建构、市场调研的研究生和博士后的劳务费。资助方选择如下领域作为研发项目：行为健康管理工具，慢性病、戒烟等管理工具，运动技巧和平衡性康复训练工具，生物传感，病人教育。来自南加州高校的教师/学生团队需提交研发项目的说明，描述其与军队医疗应用的相关性和商业开发潜力。von Liebig 创业与技术促进中心收到来自南加州 12 个研究机构、26 个高校部门的 45 份研发意图说明，从中选出了 12 个最有竞争力的项目，为这 12 个项目配备远程健康技术和医疗保健提供方面的专家，提交了完整的申请书，并在 12 个项目外又追加 3 个项目作为备选项目。von Liebig 创业与技术促进中心的职员、商业顾问、美国军队远程医疗与高级技术研究中心的专家、高通公司的专家顾问对完整的申请书进行评审，从中选出最有技术性和商业性的申请项目。

资金提供方的代表，以及远程健康、军队医学方面的专家组成评估小组，参与项目的评选，选中的项目团队要在外部评估专家组面前进行项目的展示说明。von Liebig 创业与技术促进中心在正式展示说明前会为项目团队提供专业咨询，评估小组从医学和军队相关性、民用的商业潜力、团队资质、资金有效使用情况和预算等方面对项目进行评估。参与评估的项目包括：检测生物分子的手持式低成本的互补金属氧化物半导体传感器，诊断疟疾的智能手机应用软件，植入式心脏的无线芯片式实验室设施，手机上的作为检查工具的显微镜，人的下肢步行和其他活动传感失调的辅助触觉反应的评估方式，使用智能手机进行快速病原探测与识别的技术，通过生物电子信息处理机制的脑部创伤的远程评估，人工视网膜的超高光感度无线纳米线排列，运动康复的无线人机接口，远程慢性病管理的无线发药系统，在战地电力和波段限制下生理和代谢参数的无线健康管控。在为期两天的评审中，专家小组选中如下三个项目进行为期 12 个月的资助：一是加州大学洛杉矶分校生物工程专业的 Richard Fan 教授带领的步态训练和日常生活动作的辅助触觉反馈，项目团队结合传感器和医疗日常活动无线网络架构来评估反馈系统，对下肢传感失调造成损伤的病人实施远程监控。二是加州大学圣地亚哥分校生物工程专业的 Massoud Khraiche 博士带领的人工视网膜的超高感光度垂直纳米线排列团队，项目主要任务是设计视网膜植入物，以取代受损的光感受器，从而检测到光并正常刺激视网膜中的神经元。这个视网膜假体技术作为最小化无线植入的创新，消耗的电量低，对组织的伤害小。三是南加州大学生物医学和电子工程专业的 Ellis Meng 博士带领的远程医学方面的无线电子药物融合泵团队，团队主要开发和测试与远程调控药剂量的外部控制器下的无线网络链接的植入性药物供应装置，输液泵使得内科医生能够远程追踪与调控病人的给药方案。

项目团队在同 von Liebig 创业与技术促进中心的技术与商业顾问合作的过程中，须提交技术开发与商业化计划，团队根据计划进行实验验证，证实技术的商业可行性和军队相关性。在 12 个月中，团队需要定期向项目合作方提交原型建设和商业化的进展情况。在 12 个月结束后，团队向 von Liebig 创业与技术促进中心与美国军队远程医疗与高级技术研究中心提交正式的报告，总结项目进展和后续商业化的研究计划①。

3. 研究公司案例

美国制药公司 Eli Lilly and Company 的 3 位科学家于 2001 年成立 InnoCentive，作为全球企业和科学家的沟通平台，让提问者和答题者快速匹配，不仅帮助企业低成本高效地解决科学难题，也为高校的科学家提供用武之地，是将科技难题与问题解决者相连接的虚拟研究公司。

现已有来自 200 个国家逾 50 万人注册成为 InnoCentive 的问题解决者，问题解决的成功率在 80% 以上，取得了 20 万项科技创新成果，已发放创新奖励逾 6000 万美元，2 个月内的创新投资回报率为 182%，公开创新与传统创新方式相比，成本低 10 倍，速度快 4 倍。

提问者的工作流程是：工作室甄别可能存在的问题，InnoCentive 在 10—30 天制定挑战，商讨知识产权问题并提供问题解决者协议，在 30—90 天中发起挑战，为问题解决者提供问答咨询，在 30—60 天内评估解决方案，证实解

① Rosibel Ochoa, Hal DeLong, Jessica Kenyon, Eli Wilson, Kumar Vijaya, Salil Prabhakar and Arun Ross. Sensing Technologies for Global Health, Military Medicine, Disaster Response, and Environmental Monitoring; and Biometric Technology for Human Identification VIII-Accelerating the Commercialization of University Technologies for Military Healthcare Applications: the Role of the Proof of Concept Process [EB/OL]. SPIE Proceedings, SPIE Defense, Security, and Sensing-Orlando, Florida, United States, Monday 25 April 2011.

决方案，向问题解决者发放奖励金。

问题解决者的工作流程是：注册为问题解决者，线上浏览各自科研挑战，接受挑战的条款，独自或与他人合作解决挑战，提交解决方案，若 InnoCentive 认可该解决方案，问题解决者就能获得奖励金。

总部位于美国密歇根的 Dow 化学公司引进了新一代的溶于石油的高分子聚合物聚亚烷基二醇，这样就能和矿物油混合，提高了产品的通用性和使用性能。Dow 化学公司曾寻求通过化学方式来加速溶于石油的高分子聚合物聚亚烷基二醇的商业化应用，InnoCentive 的内部专家认为工业和机动车润滑油是可能的应用市场，InnoCentive 还求助外部科学家和创新者探求该化学产品的的其他潜在用途。

当时面对的挑战是，Dow 化学公司面对在工业润滑剂上有良好表现的溶于石油的高分子聚合物聚亚烷基二醇，想进一步增加其在机动车应用的能源使用效率。溶于石油的高分子聚合物聚亚烷基二醇在家用清洁、织物软化、皮肤护理、头发护理、化妆品、除臭剂、药剂、农业、海上、空气、太空、防御等领域都有巨大的应用潜力。Dow 化学公司希望问题解决专家能够加快速度对溶于石油的高分子聚合物聚亚烷基二醇的新用途和市场进行识别与开发。Dow 化学公司对两个潜在应用设置的奖励各为 15000 美元。

Joel Martin 提交了创新性的药剂应用方案，可用于治疗眼睛相关疾病，并说明了当时技术的局限性，该方案的应用可更好地满足人类的需要。康奈尔大学的 Dmitriy Tipikin 把溶于石油的高分子聚合物聚亚烷基二醇应用于油水弥散剂反乳化流程，这样就可用于油、气和采矿设备的抽取和水化抑制，有利于改善环境标准、操作流程和产出。

该挑战不仅解决了 Dow 化学公司的科技创新需要，也让社会了解了 Dow 化学公司的新技术，也更贴近终端消费者。313 个答题者参与挑战，产生了 60 多个解决方案，也让 Dow 化学公司发现了更多的应用可能①。

4. 研究基金会案例

威斯康辛研究基金会的工作人员共有 73 名，其中，首席执行官 1 名，执

① Innocentive. Dow Chemical [EB/OL]. https://www.innocentive.com/resources/customer-stories/dow-chemical/.

行助理1名，负责协调的人员4名，负责财务管理的人员9名，负责人力资源管理的人员3名，负责信息技术的人员3名，负责知识产权事务的人员12名，负责投资事务的人员3名，负责法律事务的人员3名，负责技术许可事务的人员10名，负责项目管理的人员6名，负责战略联络和公共事务的人员5名，威斯康辛研究基金会加速器部门的工作人员3名，威斯康辛研究基金会诊断部门的工作人员5名，威斯康辛研究基金会风险管理部门的工作人员6名。

Guelay Bilen-Rosas博士是威斯康辛大学健康部的儿科麻醉师，Humberto Rosas博士是放射科医生，他们非常关注手术、常规检查、拔牙过程中静脉内麻醉时出现的呼吸综合征问题，每年可能因此会发生几百例死亡事件，而且在门诊中没有专业麻醉师在场的情况下风险更高。静脉麻醉时对病人呼吸进行监控的仪器通常不直接测量空气流动情况，而是测量脉搏血氧情况，这种测量方式有几分钟的滞后，可能会提供错误的病人呼吸安全信息。即使及时介入，病人存活下来，也可能出现诸如脑损伤、中风等并发症，严重影响病人的生活质量。Guelay Bilen-Rosas博士和Humberto Rosas博士希望发明一个全新的监控装置，能够实时检测呼吸道损伤情况。为解决这个问题，两位博士着手开发一种探针，可利用超声波来监测呼吸道的空气流动情况。这种探针未来可以作为脉搏血氧测量仪的补充。在威斯康辛研究基金会加速器部门的支持下，Guelay Bilen-Rosas博士和Humberto Rosas博士收集了关键数据，扩充了研究团队，取得了一定的研究成果，一个免提的微型原型设备已经在操作室用于测试。医学物理师Quinton Guerrero和计算机专家Irene Ong也参与该项目，通过机器学习，项目团队认为完全自动化的设施在检测效率上甚至优于受过专业训练的人眼。威斯康辛研究基金会在团队创新中作为合作伙伴发挥了重大作用，在人力、物力、财力和管理上推动着研究的进行①。

（二）分析和讨论：专业化人员与专业化组织

以上所讨论的4个案例分层次地显示了美国高校职务科技成果管理的4种不同的科技成果转化专门组织类型。案例1充分体现了高校内部机构在科技成

---

① Wisconsin Alumni Research Foundation（WARF）. Guelay Bilen-Rosas & Humbert Rosas［EB/OL］. https://www.warf.org/stories/guelay-bilen-rosas-humberto-rosas/.

果管理方面的专业性，是维护科研人员从事科技活动的积极性、因势利导、科技成果商业化的典型案例。案例2对早期科技创新的识别要求高，是全面使用科技成果转化服务专业人员的专业身份和专业知识利器，发挥专业团队的长处，遴选出最具创新性和商业性的科技项目，从资金、专业上支持科研人员的科研项目发展与应用的典型案例。案例3是经由构建问题者与答题者间沟通的线上平台，充分利用企业与科学家各自的专长，提供低成本高品质科技成果转化服务的典范。案例4则代表着美国高校从外部管理本校科技成果，并将管理收益反馈高校教学科研的典型案例。从4个案例中，可以察觉美国高校职务科技成果管理的专业化主要聚焦于两个方面：一是管理人的专业化，除了发挥专业人员在技术挖潜、专利申请、专利转化、法律等各领域的专业知识和服务网络提供专业化科技成果转化管理服务，还包括提升科研人员专业性、增强科研成果转化管理的地缘性与科学性。二是管理组织的专业化，不仅有来自各个领域专业人员构成的管理组织，也有内部专业人员＋外部专业人员搭建的管理组织。其中，律师等法律专业人士在解决知识产权争议等方面具备法律专业优势；信息披露、许可管理、风险管理等科技成果管理专业人员在发现科技创新、科技成果商业化、风险管控等方面具有相关专业特长；内部管理人员拥有相同的文化背景、共事经历等地域邻近性特点，可更便捷地提供管理服务；外部管理人员拥有不同文化、不同经历，可打破内部管理的舒适区，提供新的管理理念、管理方案，碰撞出新的火花，增进管理的科学性。须指出的是，专业特长不仅表现在知识架构方面，还表现在管理理念、管理服务视角等方面。比如律师更关注科技成果权益保障，而负责信息披露、知识产权、许可管理的人员等则更关注于向科研人员提供其所期盼的科技成果管理服务。正如Guelay Bilen-Rosas博士和Humberto Rosas博士所说，如果只有科学家，没有工商管理经验，将不知道如何对科技成果进行管理。研究基金会的专业人员会从整个流程给予指导与帮助，与科研人员见面、交谈，支援科研人员科技成果的开发、团队的构建、商业应用、许可等，让科研人员没有后顾之忧。

六、对中国高校职务科技成果管理体系建设的启示

作为一项重要的提高高校科技创新能力的支持制度，高校职务科技成果管

理制度体系的建立健全是高校科技创新治理体系的重要一环，须各方共同努力。除了高校科技发展政策，保障高校科技创新的积极性与主动性，还需要成建制的社会化科技成果管理系统提供管理服务。美国高校科技成果管理实践对我国高校职务科技成果管理体系建设提供了有益的参考。

（一）重视社会化科技成果管理需求，建立高校职务科技成果的社会化管理体系

随着科研人才的增加、科技项目的增多、科技成果的增长，目前中国高校科技成果管理服务已无法满足科技成果转化的需求。“十四五”期间，中国进行科技体制改革攻坚，加快推动科技成果转化应用，2020 年我国高校研究与试验发展经费支出 1882.5 亿元[①]，研发人员 606242 人，产出专利 206036 件，但专利转让合同数仅 9229 项[②]。另外 2020 年我国高校有效发明专利产业化率为 3.8%，远低于全国平均水平（34.7%）；高校专利许可率为 4.4%，也低于全国平均水平（6.3%）；高校有效专利转让率 3.6%，低于全国平均水平（6.3%）；高校专利作价入股比例 2.7%，低于全国平均水平（2.8%）[③]。高校专利权人认为科技成果转化受到自身缺乏实施该专利的技术条件、信息不对称造成专利权许可转让困难、缺乏权威可信的专利交易平台、管理部门鼓励措施或服务不够等因素的影响。高校认为专利转移转化受到缺乏技术转移的专业队伍、专利技术水平较低和专利技术产业化经费支撑不足、发明人缺乏积极性、缺乏专利收益分配机制、专利管理人员缺乏积极性等因素的影响。可见不管是高校专利权人还是高校整体，在职务科技成果转化中都遇到缺乏社会化的科技成果管理体系的问题。在缺乏社会化科技成果管理服务的状况下，专利权人开发技术、转让技术及权益无法得到有效保障，亟须政府、高校与社会共同建立起社会化的科技成果管理服务体系。在高校科技成果管理需求推动和政府政策支持下，北京大学、清华大学等高校相继在内部设置

---

① 国家统计局，科学技术部，财政部.2020 年全国科技经费投入统计公报［EB/OL］. http：//www.stats.gov.cn/tjsj/zxfb/202109/t20210922_1822342.html.

② 教育部科学技术与信息化司.2020 年高等学校科技统计资料汇编［EB/OL］. http：//www.moe.gov.cn/s78/A16/A16_tjdc/202107/t20210714_544672.html.

③ 国家知识产权局战略规划司.中国专利调查报告 2020［EB/OL］. https：//www.cnipa.gov.cn/.

了技术转移机构，负责高校科技成果的转让、合同签署和专利运营等。中央和地方政府为推动科技成果转移转化，实现经济和科技的融合，大力支持技术转移机构的设置与发展、激发全社会创新创业活力、促进科技成果的广泛应用，从中央政府到地方政府都积极推动技术转移机构的繁荣发展，扶持导引具有地区特质的技术转移机构的设立与成长，如中国技术交易所是国务院核准，科技部、北京市政府、国家知识产权局与中国科学院一起筹建的技术转化服务组织，提供技术交易、项目孵化、研究咨询、论坛会展与招商等方面的服务。市场上自发形成的围绕自身特色资源提供技术转移服务的专业性公司，比如科易网、中科钛领等，以供求为导向、依循市场化运转规则开展专业技术转让服务。但目前我国社会化的科技成果管理体系中的主管部门隶属、政府社会权责等问题还不够明晰，须健全相关法律法规，推动政府部门间协调规制，支持各类科技成果管理机构的设立与发展，推动建构多元科技成果管理主体的协同服务网络。

（二）制定职业认定标准，培养专业化的科技成果管理人才队伍

科技成果管理涉及发明披露、技术评估、营销谈判、技术许可、合同管理、市场调查、后续咨询服务、专利诉讼等，方方面面都需要专业人才的支持，专业化的科技成果管理人才是满足充分、高质量科技成果管理需求的根本保障。美国经验显示，由点到面的科技成果管理工作责任重大，专业化的科技成果管理人才队伍的培育非常关键。首先，专业化的科技成果管理人不仅需要了解科研人员的科研进展状况和科研资金需求情况，还需要照顾到科研人员的意愿，要在理解其核心科研诉求的基础上协助其开展科研活动。在第 4 个案例中，科技成果管理人员并没有简单地要求科研人员出成果，而是悉心听取其科研进展状况，帮助其充实研究队伍，寻求资金支持，了解其科研核心诉求是让更多家庭不因呼吸综合征发生不幸，遵从了科研人员的科研自主决定权，照顾到科研人员的意愿，在把握其核心科研诉求的基础上帮助其开展科研活动。其次，专业化的科研成果管理人员不仅需要有科研支援服务、技术评估、营销谈判、技术许可、市场调查等领域的专业理论知识，还应该知晓这些领域国家的相关法律法规，需要有对科研成果的评估与分析能力，从而制定适宜的科研成果转化方案。本部分案例中的科研成果之所以能够实现转化，是因为科研成果

管理人员对美国科研成果转化体系的灵活运用，经由融合内部与外部的科研管理服务，以及调动内部与外部科研管理主体，辅助科研管理服务体系。虽然目前我国高校内部科技转化机构、政府主导的技术转移组织、市场化的技术转移公司都涉及科技成果管理相关服务，但由于技术转移专业化要求高，供求资源不易调配，技术转移耗时长等原因，技术转让服务机构的主要业务范围多为专利申报政策咨询、代管专利、科技投资担保、技术验证测试等，技术转移只是辅助业务内容，整体规模不大，专业化程度不高，真正以技术转移交易收入为收入来源主渠道的技术转移服务机构凤毛麟角，更无技术转移职业认定标准和人才培训。

（三）构建有效的激励机制，鼓励科技成果转化

美国高校在科技成果转让收入中通常是按一定的比例在各方间进行分配，比较好地保护了技术转移机构科技成果管理的积极性和高校、院系、实验室、科研人员的科学研究及转化的积极性。我国高校为鼓励教师的科技成果转化活动，在技术转让收益分配、创业公司中个人持有技术股权、教师职务科技成果用于创业等方面出台了不少鼓励政策，如北京工业大学规定，将职务科技成果转让、许可给他人实施的成果转化收入的 80% 分配给项目组成员，10% 分配给本校科技发展基金，5% 分配给科技成果转化人，5% 分配给学院科技发展基金。职务科技成果作价投资形成的股份或出资比例中提取 50%—75% 的股权分配给项目组，5% 分配给科技成果转化人，其余股份交由本校投资公司管理。对科研人员的奖励力度比较大，反映了对科研人员的重视，鼓励科研创新活动。但参考美国高校科技成果转让收入中的分配比例，随着科技成果转让的增多，可适当调增分配给高校的份额，从而让高校有更充裕的资金普遍性回馈教学科研活动。另外还需要保证国家对职务科技成果的保留权利，在职务科技成果未得到充分利用时，或涉及国家安全、国防安全、公共安全、社会稳定、经济安全等事关国家利益与重大社会公共利益的成果，国家有权进行处置，从而在推动职务科技成果转化的过程中，在保证了科研人员权益的同时也维护了国家利益，更有助于优化创新生态系统。

第三节　伦敦政治经济学院国际化人才培养的定位、实践与启示

伦敦政治经济学院成立于1895年，学科设置以社会科学与管理学为主，在社会科学领域有着卓越成就。2021—2022年QS高校社会科学的学科排名全球第二，金融与会计学科排名全球第四，培养出18位诺贝尔奖得主、36位现任或前任政府首脑。这里经由研究伦敦政治经济学院的国际化人才培养的定位、理念与实践，发现其国际化人才培养的高质量与服务国际社会的定位、科研无国界的理念、国际化导向的课程设置和生源的国际化、师资的国际化、就业的国际化等发展策略是密不可分的。这些策略可为我国财经类高校国际化人才培养的改革与发展带来有益启示。

一、服务国际社会的定位

对伦敦政治经济学院而言，持续参与英国、欧盟及整个国际社会的运转，是其保持国际一流地位的关键，其教师和研究员经常会在各类媒体中做时政分析评论员，或作为政府顾问，参加政府社会调查研究活动，或参与国内社会机构的工作，或参与国际组织的活动。伦敦政治经济学院服务国际社会的定位可从其研究课题中管窥，比如：如何实现全球脱贫，为何一部分人脱贫，而另外一部分人仍陷于贫困之中？欧盟统一市场下如何改进公司雇员政策？官方信息对全球流行性传染病的防控影响几何？伦敦政治经济学院始终定位于扩充社会科学及相关领域的知识，为改进国家与全球的公共决策、经济政策、社会福祉提供学术支持。其定位反映伦敦政治经济学院以培养学生的创造性思辨与探索能力为宗旨，致力于把具有不同文化背景的学生培养成为具有批判性思维的思考者与可娴熟应用专业技能的人才，并为打造更美好的国际社会而奋斗。

二、科研无国界的理念

伦敦政治经济学院在开展科学研究时始终坚持其“追根究底”（Rerum Cognoscere Causas）的拉丁文校训，倡导学术自由，包容各种思想与理念，不同政治倾向和学派背景的教师都能够畅所欲言，学术环境宽松自由，形成百家争鸣、百花齐放的学术发展氛围。伦敦政治经济学院成为社会科学的实验室，世界各种思想与观点都能得到发展、探讨与评判。伦敦政治经济学院的学术氛围宽松，体现了学校对科研无国界理念的兼容并包，其自由的学术氛围对人才有无尽的吸引力，也培养着具有创新意识、打破常规思想的国际化人才。

三、国际化人才培养的实践

（一）课程设置的国际化

伦敦政治经济学院的社会科学相关课程相互间密切关联，全部本科生在一年级与二年级时都必须至少选修一门非本专业的课程，以提升自身人文素养。且伦敦政治经济学院还开放大课，各科系的学生皆可旁听。专业课的本科教学主要向学生介绍本专业的动态，从理论、理论的应用及结果等 3 个方面展开诠释，并关注全球的相关政策演变及政策选择，涉及经济社会生活的方方面面。为让本科生掌握社会科学的多样研究手段，还设置了教学方法论的课程，有涉及社会科学通用研究方法的课程，如计算机应用、统计、调研等，还有涉及社会科学相关学科的具体研究方法的课程，如经济学、社会学、人口统计学等，体现了社会科学的跨学科特征，学生在从事本专业的研究的过程中，还须从其他专业学科中习得相应的研究方法。

（二）生源的国际化

伦敦政治经济学院的基地在伦敦，但伦敦政治经济学院不只是英国人或英国的政治经济学院，更是全世界的政治经济学院。早在 1899 年，就已有来自 16 个国家的学生。历经上百年的成长发展，已成为世界上国际化程度最高的高校。在全球招徕学生，截至 2020 年底，在校生规模达 10883 人，其中本科生为 5001

人，研究生为5835人，包括来自160多个国家的7544名国际学生①。

伦敦政治经济学院数量众多的国际学生，一方面是源于学院对国际学生的吸引力，另一方面是源于英国政府不断压缩对高校的资助力度，对本土学生学费额度加以限制，而国际学生的学费较高，为补充运营经费，学院也有意愿多招收国际学生，通过学费收入来弥补运作经费的不足，学费收入在伦敦政治经济学院的收入来源中占比近60%，这样也可由生源的国际化引出学院资金来源的国际化。

（三）师资的国际化

伦敦政治经济学院面向全球招募优秀的教师。在1460多名教师中，有45%的教师来自国外。每年都有大量的知名政治人士、商界领袖人物、著名学者来到伦敦政治经济学院，参与教学活动，举行专题讲座，开展科学研究，丰富了学院的理论视野与实践感知，为国际化人才的培养作出了卓越贡献。

（四）就业的国际化

伦敦政治经济学院的学生就业服务中心每年11月会举办国际组织日，邀请世界银行、经合组织等机构的官员，向学生介绍组织的使命、雇佣要求等。毕业生的就业去向不局限于英国本土，大量毕业生去政府间国际组织、非政府国际组织、国际慈善机构、跨国公司就业，毕业生一方面应用专业知识与职业理想服务于国际社会，另一方面也间接地在国际社会宣传英国传统文化与价值理念。

四、对我国高校国际化人才培养的启示

（一）人才培养要放眼国际社会需要

高校要成功地走出去，需要以服务国际社会需要为宗旨，急国际社会所急，想国际社会所想。高校要立足于服务国际社会发展需求，发挥优势，积极主动融入国际社会，大力开展产学研合作，提供决策咨询，开展文化研究，进行教育培训等社会服务活动，实现产学研三方的经济和社会效益的共享共建。

---

① University of London. The London School of Economics and Political Science [EB/OL]. https://london.ac.uk/ways-study/study-campus-london/member-institutions/london-school-economics-and-political-science.

（二）树立国际化的科研观

国际化人才培养在服务国家战略与国际社会需要的过程中，逐步推进科学研究国际化理念从跟随式转向引领式。不仅要追求中国社科领域的科研成果在国际顶级期刊上发表，还要深度参与社科领域国际学会、咨询委员会等。在我国经济发展处于新常态时期，国家战略与国际社会发展间的关系协调也是我国社科领域需要探讨的科研课题，在国家对外开放战略布局的背景下，我国社科领域的科学研究不应拘囿于如何跟进国际社科领域的科学研究变动，社科研究的发展不仅要助力中国的对外开放，还要有利于引导其他国家、地区对我国开放，推进高品质的双向开放。因此，我国社科领域的科学研究要充分预计与积极应对全球政治经济环境中的潜在挑战，力争在战略支持、规则协调、职业水平与国际社会参与等方面形成引领社科研究的国际化新风向。

（三）践行人才培养的国际化

1. 建设国际化的课程体系

课程的设计、实施与管理要放在国际化背景下展开总体编辑，在人才培养方案中，要反映国际化理念，在培养目标上增加国际化内容，关注学生群体对多元文化的包容与了解，对全球问题、人类发展等问题的关切。课程教学中要体现对各民族文化的认同与熟知，培养学生民族文化情感。在学生学科、专业与课程内容设计中汇入国际化的相关知识、内容和发展趋向，把最前沿的研究成果汇入学生课程内容，涵盖专业的国际认可水平、国际课程的设置、课程的国际内容等，实现不同国家、不同民族文化、不同思想的交流与碰撞，实现课程内容的国际化，重视课程内容的前沿性、综合性与基础性，并体现在地化与国际化的交融。并在课程实施中运用国际化的教学方式与方法，进行前沿理论与研究方法的传播，推动学生学业水平的提升，增进学生对国际社会、经济、文化的认知。还可通过中外合作联合培养学生、学分的互认，进行国际化的课程合作，实现双方资源的共享。并在课程的组织实施、制度构建、经费支持上为课程建设的国际化保驾护航，确保课程建设理念落地，让课程建设的国际化具有可持续的可能。

2. 增加对国际学生的吸引力

为增加我国高校对国际学生的吸引力，首先要转变观念，重视国际学生的教育工作，我国高校多数只关注国内生源，缺乏国际生源的争抢意识，没有像美国、英国、澳大利亚等国那样把国际学生的高等教育作为新兴服务产业加以关注与发展。有的国内高校在招收国际学生时，存在国别偏见，喜欢招收发达国家的国际学生，不喜欢招收欠发达国家的国际学生，还有的国内高校只把招收国际学生作为增加收入的手段，忽视教育质量的提升。且多数国内高校把国际学生与国内学生分别管理，给予国际学生种种优待，影响国际学生对中国文化的认知。因此要转变观念，从经济、政治、文化等角度认识发展国际学生的高等教育的重要价值，还要意识到来华国际学生的教育是高等教育国际化、现代化战略的重要内容之一，关切来华国际学生的教育空间拓展和教育品质管控，为国际学生的教育打造良好的社会氛围。

我国高校可供国际学生选择的专业有限，国际学生的学习专业主要是汉语言与对外汉语。因此，一方面要持续加强传统优势专业，打造品牌课程。根据国际学生的关注点，建设特色品牌课程，如商务汉语、科技汉语、艺术汉语、中国烹饪、中国功夫等。另一方面，针对来华国际学生中理工类专业占比小的问题，可经由校企合作订单式培养、引进国际优质资源合作办学等方式，建设理工类课程资源，增加理工类课程选择余地，提高理工类专业对来华国际学生的教育吸引力。

此外，针对国际学生存在的汉语障碍问题，可以通过开设预科语言课程，使国际学生过了语言关，在中国高校进行专业学习时，才能有效掌握专业技能，增强专业对国际学生的吸引力，使国际学生在华的学习留得住，学有所得。

目前我国对国际学生的管理主要由国际交流与合作处或外事处等机构负责，缺乏协同管理机制，影响国际学生的管理效果。可成立国际教育发展中心，负责组织高校国际学生资源的开拓，提升国际学生的招收规模与招生质量。还可建立国际学生教育信息管理平台，对国际学生的个人信息进行登记管理，实现国际学生出境、入境、居留、学习、就业等信息的实时更新和共享。

我国高校国际学生教育资助来源单一，以财政拨款为主。我国对国际学生的资助体系中，要建设中央、地方、高校、企业、社会团体等的多元资助机制，以增加对国际学生的吸引力。还要制定合理的国际学生工作支持制度，使国际学生通过打工来补贴学习与生活费用有章可循，也让国际学生有动力来华接受高等教育。

3. 打造胜任国际化人才培养职责的师资队伍

我国高校要顺应国际社会需要与学生发展需求，可通过特别薪酬激励机制，在全球进行教学与科研人才招聘，实施合理的教师任期与晋升机制，增加教师的职业保障。为教师申请科研经费提供指导，支持教师开展科研活动，为教师提供教学指导，鼓励教师把研究成果应用于人才培养之中。优化教学活动的同行评议和学生评价，提高教学成效。增加高校与政府、非营利组织、企业的合作，既推动教师的成长，也助力政府、非营利组织、企业的发展，还有利于国际化人才的培养。

4. 推动毕业生的就业无国界

我国高校毕业生就业地区多数集中于国内，少有在国际组织、境外就业的毕业生。主要是由于毕业生对国际组织、境外就业市场不了解，不清楚国际组织、境外就业市场的岗位要求，不具备国际组织、境外岗位需要的条件。要结合国家对外开放的主旋律，对外以创建闻名国际的高校为目标，主动出击，发挥国际就业市场的调节作用，推动高校毕业生就业的国际化；对内整合高等教育资源，调整内部机构，健全体制机制，融汇自身特点，紧贴国际就业市场需求，做好境外就业引导服务工作，推动毕业生国际化就业、高质量就业，提升我国高校在国际就业市场中的影响力，打造闻名国际的高校品牌，实现高校毕业生的无国界就业。

第六章

“双一流”建设的路径选择

第一节　构建动态调整的高等教育拨款机制

高等教育作为资本密集型事业，在一流大学与一流学科的建设中，不管是高水平师资队伍的建设，还是科研设备与学术数据库的购置，都离不开充足的资金保障。要实现高校办出特色、办出水平，就需要科学合理的高等教育拨款机制。我国高等教育财政主要采取“综合定额 + 专项补助”的拨款方式，保障高等教育的发展，但也存在与高等教育发展不相和谐的问题。

一是高等教育经费分配方式过于简单，不能真实反映高校的办学成本，对高校的分类定位不够合理，绩效评价标准过于一刀切，动态竞争机制中向优势高校倾斜，造成高校身份固化，竞争有失公平公正，学科重复交叉，不利于高校特色化发展，无助于高校向世界一流方向的发展。

二是采用政府—高校自上而下的单向拨款模式，在拨款中没有中立的社会性评估机构介入，主观因素影响较大，透明度不高，无助于政府对高等教育的宏观调节管控，难以发挥高校自主办学的主观能动性。虽然国家曾在教育发展规划中提出设置高等教育政府资金分配咨询委员会的构想，来增进高等教育经费分配的合理性与科学性，但尚未得到落实。

三是高校运作经费主要来自政府预算拨款与学生学费，社会捐资助学占比较低。我国社会捐赠在高等教育经费的占比低于1%，且这1%主要投向少数名校，我国高校经费中的社会捐赠占比远低于发达国家，如美国公立高校经费中的社会捐赠占比为3.62%左右，私立高校经费中的社会捐赠占比为25.59%左右。如何通过完善流转税、所得税等税收政策，来鼓励社会对高校的捐赠热情，还有待思量。

我国对高等教育的财政支持水平与高等教育发达国家相比有较大差距，经合组织（OECD）的《2021年教育概览》（Education at a Glance 2021）显示，挪威、奥地利、丹麦的高等教育总投入占GDP的比重分别为1.9%、2.8%、1.7%，财政对高等教育的投入占GDP的比重分别为1.8%、1.6%、1.5%[①]，2020年我国高等教育总投入占GDP的比重为1.38%，财政对高等教育的投入占GDP的比重为1.1%[②]，与上述国家相比有一定差距。因此，须对政府的高等教育拨款与使用机制进行调整，赋予高校更多的办学自主权，激励高校间良性竞争，推动高校办出特色，争创一流。

一是加强财政高等教育拨款的法律保障。通过财政高等教育拨款的立法，强化政府对高等教育拨款的立法支持，重视培育社会对高等教育的捐资助学意识，通过财税政策鼓励社会捐赠，支持高校设立教育发展基金会，助力民办教育发展，拓宽高等教育发展的资金来源渠道，实现高等教育的良性发展。

二是完善财政高等教育拨款机制。基于生均综合定额，每年依照消费者价格指数的变动对高校生均拨款进行动态调整，对不同学科专业按其人才培养成本设置差异性生均拨款机制，提高基本支出在高等教育政府资金分配中的占

---

① OECD. Education at a Glance 2021 [EB/OL]. https://www.oecd.org/education/education-at-a-glance/.

② 教育部，国家统计局，财政部. 关于2020年全国教育经费执行情况统计公告 [EB/OL]. http://www.moe.gov.cn/srcsite/A05/s3040/202111/t20211130_583343.html.

比，赋予高校统筹配置经费的自主权，提升高等教育经费的使用效益，对财政高等教育拨款展开精细化管理。

三是设置高等教育财政资金分配咨询委员会。构建专业、权威的社会性高等教育质量评估机构，设计科学合理的高等教育质量评价指标体系，对不同类型高校进行分类评估，根据评估结果调整拨款的规模与结构，创建竞争性拨款与非竞争性基本拨款相结合的绩效拨款模式。竞争性拨款鼓励高校在人才培养、科学研究上争优争先，非竞争性基本拨款保证高校人才培养、科学研究基本工作的正常开展，开展实时动态治理，引导高校分类差异化发展，形成政府宏观调控、高校自发节制、社会参与评估相结合的科学合理的高等教育拨款制度。

第二节　建设“一体两翼”的科技创新能力提升机制

基于能力诊断结果，立足机制设计理论，对信息效率原理和激励相容原理加以融合运用，从科技创新能力治理和资源保障两方面，构建以“双一流”建设高校为主体、科技创新能力提升和科技创新资源保障机制优化为两翼的“一体两翼”科技创新能力提升机制，面向具体学科规划责任清单，并制定管理规制原则和详细业务流程。

一、增进产学研政合作，夯实科技创新基石

“双一流”建设高校要加强与国内外高校、科研院所、政府、企业的校研政企合作，充分利用自身学科专长，服务于经济社会，增进项目研究和科技成果应用水准，构建人文社会科学智库，为经济决策提供咨询服务，拓展校地合作深度与广度，链接科技创新战略，健全高校与地方合作开展科技创新的制度体系，建设各式产学研政合作平台、产业共性技术研究开发平台、科研合作交流平台，设置长期有效的技术转化机制，达成科学研究和实业发展的顺利对接。

加强校企合作。“双一流”建设高校要不断和地区典型企业、行业头部企业、相关高校、科研院所开展紧密的合作交流，共同建设实验室、研究开发中心、企业技术研究所等机构，研发具有经济和社会效益的科技成果。

开拓国内外科技合作交流通路。关注科技创新重大项目、核心技术需求及关键领域科学技术的合作活动，加强科技合作的国际交流，互通有无；基于国内外重要科技展会平台，推动科技成果的国际展示与跨国交易；构建技术转移国际中心，汇聚科技创新资源，推动国际技术转移的广泛开展。

二、大力进行科技创新投入，拓展科技创新产出

搭建多源头科技创新投入渠道，推动政府、金融与社会资本共同投资运作，形成以政府为主，企业、高校、非营利组织一道对科技创新进行资本投入的格局。构筑稳定的财政支持通道，通过各类政府项目给予“双一流”建设高校科技创新支持；引导社会资本、国外资本以多种形式参与“双一流”建设高校科技创新活动；对国际科技创新合作给予财政支持、税收扶助。

制定有效的科技创新人才引进与培养政策，推动国内外科技创新人才的汇聚，系统布局培养高层次科技人才，广泛引进、系统培养具有国际视域、能够驾驭国际先进科技核心技术的复合人才与优秀创新团队，通过学科前沿与科技前沿的密切结合，打造“双一流”建设高校的核心竞争力，创造出一批重要的自有知识产业与科技创新成果。

积极探索共性问题和关键科学技术，实现理论研究和工程实践的紧密融合，进行原始科技创新与科技集成创新，并主动参与建设国际、国家、地区及行业科技创新体系，推动科技成果的运用转化，涵盖专利、国际标准、国家标准、行业标准、地区标准、新产品、新工艺、新技术等，并借助社会力量，搭建科技服务与转化的中介市场，通过市场推动科技创新链与产业链的融汇，经由生产力促进中心、科技信息中心、金融机构、知识产权法律中介机构等中介平台的建设与发展，将企业、政府、高校、科研院所沟通起来，实现科技供求方的顺畅对接，处理好基础科学研究“最后一公里”与科技成果转化，以及市场运用“最后一公里”的链接问题，实现科技成果的运用，转化为实际生产力，推动地区科技创新水平的进步。

通过国内外科技交流合作，汇聚全球科技创新成果，积极汇入“一带一路”倡议，“引进来”打破重大关键科学技术的发展阻碍，“走出去”借力国际科技创新优势，拓展国际市场，扩展科技创新产出。

三、对接地区经济社会发展需要，增进服务社会能力

“十四五”时期，国家科技创新布局以市场为主，突出核心区域，向西部推进，面对以首都北京为中心的京津冀科技创新集汇地、以直辖市上海为中心的长三角科技创新集汇地、以经济强省广东为中心的珠三角科技创新集汇地，以及以武汉、成都、重庆、西安为中心的区域性科技创新集汇地，为协调各区域科技创新发展，国家区域发展战略推行科技支持西部大开发打造新的增长极、科技助力东北老工业基地再创辉煌、科技增援中部塌陷地区的重新崛起、科技援手海南开放行动，增强对老革命根据地、民族聚集区、边陲地区科技创新的扶助，推动中西部高新区科技创新能力的提升，搭建东西部科技合作典范区，发展离岸研究开发中心、离岸科技企业发展平台及跨区工业园区等科技创新合作模式。面对国家和地区科技创新战略带来的机遇与挑战，“双一流”建设高校要主动发掘区域产业发展和转型升级需要，加强和科技研发机构、高新技术企业及兄弟高校的合作交流，基于已有科技创新平台，充分利用内部资源，挖潜外部资源，推动科技创新能力的进步。“双一流”建设高校为进一步开拓科技创新活力和科技产出水平，要不断创新高校科研机构和科研平台治理方式方法，革新高校科技发展管理机制，加强高校科研项目管理，实施绩效考核，提高科技资金使用效率、效益与产出。“双一流”建设高校要将自身的学科专业、人力资本、科学技术等长处孵化为产业发展优势，推进高校应用性科技研究与企业实地生产的交融，提高“双一流”建设高校服务区域经济社会的能力。

第三节　夯实特色化的人才培养战略规划

“双一流”建设高校的人才培养战略，要围绕人才培养的总目标进行全

局、长远的规划布局。

一、明确人才培养目标

人才培养战略规划要明确培养什么样的人才、如何培养、为谁培养的问题。在中国，“双一流”建设高校要为国家培养社会主义的建设者与接班人，具体而言就是要培养具有坚定理想信念，拥有爱国主义情怀、德智体美劳全面发展的于社会有用的人才。“双一流”建设高校要围绕这一人才培养目标在学科、专业、课程、教材、师资队伍等方面开展精准建设。

二、特色化、差异化发展

学习国际一流高校人才培养经验，走特色化、差异化发展之路。“双一流”建设，要练好内功，不断探索，开拓进取，也要学习国际一流高校、一流学科在人才培养上的先进经验。耶鲁大学致力于培养具有全方位思辨能力、创造能力、批判能力的人才，培养学生对不同文化习俗的理解与融入意识，增进学生的跨国沟通合作能力，培养世界公民与国际领袖，重视通识教育，学生可跨学科跨领域自由选课，拓展学生知识结构，设置国际化课程，开展国际性研究，专业课、通识课和选修课合理搭配，课程横跨人文艺术、社会科学与自然科学，注重外语、写作与定量分析技能的培养。从国外一流高校人才培养目标与培养体系看，两者的契合是高校人才培养战略的关键，决定着高校的发展方向。我国高校人才培养目标是培养德智体美劳全面发展的社会主义建设者与接班人，众多高校在发展层次、学科特色上各有不同，在具体人才培养体系建设上要与自身情况相适应。

在扩招与高校评价的影响下，我国不少高校贪大求全，特色缺失，人才培养目标相近，人才培养方式互相模仿，造成许多高校人才培养质量难以提升。对高校来说，特色化、差异化发展才是建设一流的合理选择。如伦敦政治经济学院是世界一流的社会科学研究与教学机构，其专注于社科研究与人才培养，人才培养上以学生为本，帮助学生充分挖掘自身潜力，教学要求严格、精细、成建制，注重学生自主学习能力和综合能力，人才培养目标是培养合格的毕业生而非少数研究者，标榜自身为大众教育而非精英教育，通过与其他高校合作开设课程的方式为学生提供跨学科课程体系，为学生提供国际教育经验与多元文化教育，开展综合性教育。伦敦政治经济学院的人才培养经验对我国“双一流”建设的启示是，坚持走具备自身特色的一流发展道路，不盲从，确保人才培养质量，培养社会所需的合格人才，才是“双一流”的必由之路。

三、关注学科发展，有效开展专业布局与专业建设

高等教育中，学科是基于学术分类所建构的组织，是高校的基本单元，是融师资队伍、人才培养、科学研究、社会服务于一体的实体，是高校履行职责的基本载体，是高等教育内涵式发展的基础支撑。专业是高校培养学生的具体领域，包括专业培养目标与课程体系。学科建设引领着专业布局和专业建设，专业布局和专业建设依托着学科发展，学科是知识的汇集，专业则关注知识传授，两者相辅相成。“双一流”建设中，首先要凝练学科方向，凸显传统优势特色学科，高校与专业要以此为立足点，还要大力发展新兴学科，依照学科的最新演进、国家发展战略、社会需要开设全新专业、改造已有专业，积极发展交叉学科，经由知识的交叉融合，打造新专业。

四、打造兼顾教学与科研的师资队伍

师资队伍是高校开展科学研究的主力军，也是人才培养的践行者。高校的各种评价如合格评估、职称评审、绩效考核等中，科研都被置于首要地位，教学质量的考核较为主观，常被置于次要地位。要让师资队伍重视人才培养，不仅要转变观念，更要改革教学流程、评估方式。各高校都在加大引进院士、杰青等领军人才、高层次人才，在考核上看论文、项目、奖项，对教学的要求则轻描淡写，形成重科研、轻教学的观念，领军人才、高层次人才更应带头给学生上课，参与人才培养，这样培养出的人才才更能体现社会需要。树立教学为本的高等教育发展观念，高校还要对教学过程进行全面监督，确保教学质量，产出高质量人才。在职称评审、业绩考核中重视教学评价，平衡教学和科研活动，让教学搞得好的教师同样能获得荣誉、取得奖励、受到尊重。

五、改革高校体制机制

高校体制机制涉及收入来源、人事组织、资源配置等方面，是全局议题、长期议题，体制机制不和谐，会严重干扰高校正常发展。“双一流”建设作为高校的重要任务，高校要围绕“双一流”建设来设计与制定内部的所有体制机制，首先要针对“双一流”建设之本——人才培养展开体制机制改革。一要拓宽收入来源渠道，中国高校主要收入来源是财政的高等教育拨款，造成高校只关注招生规模与科研项目数量，而忽视人才培养质量。在国外一流高校，社会捐赠是其重要收入来源，面向本土、世界、私人、组织机构进行广泛募捐，获得形式多样的社会捐赠，有现金捐赠、有价证券捐赠、不动产捐赠、动产捐赠、无形资产捐赠、遗嘱捐赠、人寿保险捐赠、信托受益权捐赠等，鼓励社会捐赠的各项政府政策发挥着良好的引导作用，设有专门的管理社会捐赠的筹资机构、投资机构，规范社会捐赠的接收、审核、估价、资金管理、风险管理、财务管理、投资运作等，使高校不仅筹得到资金，还能通过合理运作，实现资金的保值增值，为高校发展提供了稳定、长期的资金来源，确保了高校的独立性及学术自由，吸引、激励优秀的师资与生源，改善高校办学条件，推动高校科学研究水平、人才培养水平的提升，增进高校整体质量。我国高校不仅要重视社会捐赠，还要重视社会捐赠的合理使用及保值增值，这样才能提升科研水平、人才培养质量，进而又能吸引更多社会捐赠，形成良性循环。二要改变资源配置机制。高校作为规模庞大的组织机构，其运行时自成体系，造成高校各部门在资源分配中“自扫门前雪”、欠缺配合，只管投入，无视结果。高校在“双一流”建设中都有具体任务与考评指标，但多数情况下财务部门握有经费划拨权力，在资金分配中从全校的角度考量，可能会与“双一流”建设任务有冲突，要改变这种情况，就要在资源配置中围绕“双一流”建设统一规划，只有高校各部门通力合作，才能更好地完成“双一流”建设任务，尽快建成国际一流大学、一流学科。

参考文献

[1] 敖敬宁. 一个新的商业模式理论——冰山理论 [D]. 北京：中国科学院大学，2015.

[2] 北大科技园创新研究院. 技术经纪业发展概况 [N]. 中国高新技术产业导报，2020-08-24 (A16).

[3] 北大科技园创新研究院. 我国技术经纪机构发展概况 [N]. 中国高新技术产业导报，2020-08-31 (A16).

[4] 蔡倩. 历史制度主义视角下我国高等教育重点建设政策变迁研究 [D]. 郑州：河南大学，2020.

[5] 常思亮，何维雄. 研究生教育质量指数预警模型的构建及其应用 [J]. 大学教育科学，2015 (6)：20-25.

[6] 陈飞宇. 组织变革理论视角下的地方大学国际化发展研究 [D]. 济南：山东师范大学，2020.

[7] 陈莉. 论科技成果转化的立法问题——以省级人大立法为研究视角 [D]. 郑州：郑州大学，2021.

[8] 陈玲. 高校第二课堂财政投入效果研究——来自A高校的经验证据 [D]. 北京：对外经济贸易大学，2020.

[9] 楚道文，丛培虎，余晓龙. 职务科技成果共有权的政策要义及制度路径 [J]. 中国科技论坛，2020 (7)：36-42，52.

[10] 邸利会. 高校科技成果作价入股，为何遭企业“嫌弃”？[EB/OL]. http://zhishifenzi.com/depth/depth/11392.html.

[11] 丁云华，沈红. 内在驱动还是外部驱使？高校教师科研产出及其影

响机制分析［J］．复旦教育论坛，2022（1）：78－85.

［12］董友．地方高校科技创新协同机制与政府宏观管理研究［D］．天津：河北工业大学，2007.

［13］杜玮．中国教育的世界舞台［N］．中国教育报，2018－12－12（01）.

［14］冯菁，王昕．“双一流”背景下图书馆对科研新手快速成长的支撑作用［A］．北京科学技术情报学会2018年学术年会［C］．2018－12－17.

［15］付飞．S大学预算管理优化研究［D］．石河子：石河子大学，2015.

［16］高众．2021，中国教育勇毅前行［N］．中国教育报，2021－12－31（03）.

［17］葛章志．权利流动视角下职务科技成果转化机制研究［D］．合肥：中国科学技术大学，2016.

［18］耿迪．高校科技创新能力评价研究［D］．武汉：武汉理工大学，2013.

［19］龚冷西．高职教育经费投入改革研究——以西部C省为例［D］．重庆：西南大学，2017.

［20］龚雪，金苑．立体化培养公共部门人才［N］．湖北日报，2021－05－14（11）.

［21］谷桂恕．新时代高校国际化人才培养质量的提升路径［J］．中国储运，2021（11）：181－182.

［22］郭卉，杨佳润．欧洲工程教育研究发展：历史与比较分析［J］．高等工程教育研究，2022（1）：194－200.

［23］郭婧．英国高校国际组织人才培养与输送研究［J］．比较教育研究，2019（2）：12－19.

［24］郭强，张舒，钟咏．双一流建设高校中外合作办学的路径反思［J］．高校教育管理，2021（3）：35－44.

［25］郭书剑．我国大学学院治理问题研究［D］．南京：南京师范大学，2017.

［26］郭秀云，黄恒学．新中国成立70年高等教育经费模式历史沿革与经

验［J］. 现代教育管理，2019（10）：27－33.

［27］郭英远，张胜，杜垚垚. 高校职务科技成果转化权利配置研究——基于美国常青藤大学的实证研究［J］. 科学学与科学技术管理，2017（6）：18－34.

［28］郭哲，田慧君，王孙禺. 多元主体协同视角下发达国家创业教育生态系统的比较研究［J］. 清华大学教育研究，2021（5）：140－148.

［29］韩洁. 激发高校竞争活力抑制盲目扩张［N］. 陕西日报，2015－11－26（08）.

［30］郝丹丹. 美国高校国际化人才培养：全球胜任力的视角［D］. 上海：上海师范大学，2021.

［31］何维雄. 湖南省属重点高校研究生教育质量指数预警研究［J］. 长沙：湖南师范大学，2016.

［32］贺艳. 美国、德国大学和科研机构技术转移模式及启示［J］. 华北电力大学学报（社会科学版），2019（2）：128－134.

［33］侯淑云. 特色办学的生动实践［N］. 江苏法制报，2012－05－23（A03）.

［34］胡浩. 高等教育拨款：从拨款到使用一定要透明！［N］. 科技日报，2012－03－20（07）.

［35］胡仁东. “一流多元”高等教育：基本特征与建设构想［J］. 高等教育研究，2021（5）：10－18.

［36］胡昳昀，刘宝存. 国际比较视野下的中国教育软实力［J］. 教育研究，2021（10）：93－103.

［37］黄颖. 我国转型时期“府学关系”的冲突与调适——以政府为主要分析对象［D］. 南京：南京农业大学，2006.

［38］贾康，赵全厚. 中国财政改革30年：政策操作与制度演进［J］. 改革，2008（5）：5－23.

［39］贾荣言，宋晓明，袁宏杰，马腾. 中国中东部地区高校科技创新能力评价研究［J］. 河北科技大学学报（社会科学版），2021（2）：57－64.

［40］姜耀东. 建设世界一流大学的保障机制及应避免的误区［J］. 北京

教育（高教版），2017（1）：17－19.

［41］金叶子．“十四五”区域创新怎么干 这些城市值得重点关注［N］．第一财经日报，2021－03－03（A06）．

［42］金叶子．31 省份区域创新能力排名：广东 5 年居首，第一梯队优势明显［N］．第一财经日报，2021－12－22（A06）．

［43］靳蓉．大学人才培养功能的定位与实现机制研究——基于四所大学的案例［D］．重庆：重庆师范大学，2015.

［44］靳晓燕，陈鹏．突出培养一流人才、产出一流成果［N］．光明日报，2021－03－24（01）．

［45］柯进．“双一流”建设的一道“必答题”［N］．中国教育报，2017－02－13（01）．

［46］李灿美，朱舜．我国中外合作办学政策的变迁及其优化策略［J］．湖南社会科学，2019（1）：165－172.

［47］李丹丹．新时期我国高校国际化人才培养策略探析——兼谈中国政法大学国际化人才培养模式探索［A］．第二届中国教育国际化与信息化论坛［C］．2012－11－01.

［48］李国柱，王必峰，刘德智．区域高校经费投入与经济发展关系的实证分析［J］．当代经济管理，2008（12）：59－62.

［49］李海辉，高雪梅．本科层次中外合作办学现状、问题与对策［J］．黑龙江高教研究，2018（3）：54－57.

［50］李红，郭宪春，李丹．我国地方高校国际化的发展对策［J］．现代教育管理，2015（10）：58－62.

［51］李辉，于晨莹．产学研融合培养行业特色创新人才研究［J］．教育发展研究，2021（21）：47－54.

［52］李娇．高校科研投入产出效率：基于省属 211 高校数据的实证分析［D］．成都：西南交通大学，2013.

［53］李金京．高校预决算偏离度问题研究——基于 S 大学的调查分析［D］．南京：南京师范大学，2017.

［54］李文利，刘强．中国高等教育财政发展：历史、现状和对未来的展望

[A]. 2011年大学教育投资与发展战略国际学术会议［C］. 2011-10-29.

［55］李燕苹. 网络新媒体在高校人才培养国际化进程中的影响力研究［J］. 新教育时代电子杂志（教师版），2017（11）：188-189.

［56］李在军，崔亚芹. 中国冰雪旅游产业融合发展的机制与推进路径研究［J］. 首都体育学院学报，2021（3）：299-307.

［57］李宗民. 本科高校国际化专业人才培养体系研究——以中外合作办学为例［J］. 中原工学院学报，2021（5）：83-89.

［58］梁倩文，管天浩. 湖北高校7个中外合作办学项目被终止［N］. 长江日报，2018-07-05（06）.

［59］林祎珊. 南方科技大学治理结构研究［D］. 广州：暨南大学，2016.

［60］刘宝存，赵婷. 知识生产模式转型与研究型大学科研生态变革［J］. 北京大学教育评论，2021（4）：102-115，187.

［61］刘佳. 山东省本科及以上层次中外合作办学发展战略研究［D］. 济南：山东财经大学，2016.

［62］刘钧燕. 现代化公共高等教育服务体系的国际比较——公共财政投入的视角［A］. 北京教育科学研究院2008年度学术年会［C］. 2009-03-01.

［63］刘文. 高等教育投资与毕业生供求研究——基于人力资本的视角［D］. 天津：南开大学，2005.

［64］刘献君. 高校决策的若干特点及其应对方略［J］. 大学教育科学，2021（2）：4-9.

［65］刘小源. 全国政协. “促进高校办出特色和水平”双周协商座谈会发言摘登（下）［N］. 人民政协报，2015-11-09（08）.

［66］刘颖. 热点加工项目骗局盘点［J］. 大众投资指南，2014（6）：55-56.

［67］卢兆敏. 安徽大学国际合作与交流存在的问题及对策研究［D］. 合肥：安徽大学，2016.

［68］罗新祜，陈敏，陈亚艳. 美国高等教育绩效拨款政策的演进逻辑——基于政策扩散理论的分析［J］. 现代大学教育，2020（1）：53-60，111.

［69］吕炜，王伟同．中国公共教育支出绩效：指标体系构建与经验研究［J］．世界经济，2007（12）：54－63.

［70］吕炜，周佳音，陆毅．理解央地财政博弈的新视角——来自地方债发还方式改革的证据［J］．中国社会科学，2019（10）：134－159，206－207.

［71］吕勇．德国卓越计划对双一流建设机制的镜鉴［J］．比较教育研究，2020（4）：34－42.

［72］马俊杰．百年未有之大变局下的“双一流”建设［J］．人民论坛，2020（25）：12－14.

［73］马陆亭．抓关键和补短板：新发展格局中的教育战略选择［J］．清华大学教育研究，2021（2）：3－7.

［74］迈克尔·波兰尼．个人知识［M］．贵阳：贵州人民出版社，2000.

［75］迈克尔·波特．竞争优势［M］．北京：华夏出版社，2009.

［76］苗欣茹．高校科技创新能力区域差异分析［D］．保定：河北大学，2020.

［77］明秀南，冼国明．中国高等教育扩招与企业出口产品质量升级［J］．国际贸易问题，2021（10）：90－104.

［78］莫溦．中国地方高校科技创新效率评价研究［D］．重庆：重庆工商大学，2016.

［79］莫玉婉．我国重点建设大学的集聚与流动——基于尺度重组分析框架［J］．高校教育管理，2021（4）：24－34.

［80］南京市人民政府．关于新发展阶段全面建设创新名城的若干政策措施［N］．南京日报，2021－01－05（A03）.

［81］欧阳秋景．广东省研究型大学课程国际化的现状调查与对策研究［D］．广州：中山大学，2012.

［82］潘黎，邢颖．德国卓越大学理念嬗变及对我国双一流建设的启示［J］．教育科学，2019（11）：66－72.

［83］潘垣，陈晋，文劲宇，等．面向电气化＋的电气工程本科人才培养体系重构刍议［J］．高等工程教育研究，2021（4）：23－28，40.

［84］朴钟鹤．韩国高校“职业生涯体验学期制”实施现状与特点——以

亚洲大学等五所高校为例［J］．比较教育研究，2022（2）：60－68.

［85］乔春华．高校财务领域法规建设砥砺奋进的五年——迎接党的十九大胜利召开［J］．教育财会研究，2017（6）：3－9.

［86］任丹，田甜．对优化高校生涯教育的几点思考［J］．学校党建与思想教育，2022（2）：70－72.

［87］邵珮翔，段世飞．卓越计划背景下德国高等教育合作的现状、模式与特点［J］．高等教育研究学报，2019（11）：81－89.

［88］沈红，熊庆年，陈洪捷，李志峰，王洪才，贾永堂，刘进．新型研究型大学的“新”与“生”［J］．复旦教育论坛，2021（6）：5－19.

［89］石佑启，韩永红．论涉外法治人才的培养——基于广东外语外贸大学办学实践的考察［A］．教育部高校法学类专业教学指导委员会、中国法学会教育研究会2015年年会暨“依法治国与法学教育”论坛［C］．2015－10－01.

［90］史秋衡，季玟希．我国大学职能内涵嬗变的多维分析［J］．高等教育研究，2021（4）：21－26.

［91］苏蓉．我国高等教育利用资本市场融资模式研究［D］．咸阳：西北农林科技大学，2006.

［92］孙凤敏，孙红艳，邵建东．稳步发展职业本科教育的现实阻碍与破解进路［J］．大学教育科学，2022（1）：119－127.

［93］孙丽丽．地方高校国际化人才培养存在的问题及对策研究［D］．哈尔滨：黑龙江科技大学，2013.

［94］孙天慈，孟宇．英国创新模式下的产学研合作落后于美国？——基于大学知识生产与转移的考察［J］．清华大学教育研究，2022（1）：137－148.

［95］唐宇聪，张应强．从政治性协调到市场化协调：美国学术资本主义的形成逻辑［J］．清华大学教育研究，2021（6）：36－43.

［96］汪林利．高职中外合作办学的现状、问题及对策研究——政府管理视角［D］．苏州：苏州大学，2017.

［97］汪寿阳，敖敬宁，乔晗，杨一帆，等．基于知识管理的商业模式冰山理论［J］．管理评论，2015（6）：3－10.

[98] 汪寿阳，余乐安，黎建强．TEI@I方法论及其在外汇汇率预测中的应用［J］．管理学报，2007（1）：21－27.

[99] 汪涛，杨雪梅．高校技术创新溢出能力对国家大学科技园孵化效率的影响［J］．华中师范大学学报（自然科学版），2021（5）：876－889.

[100] 王斌．我国高校专利成果转化法律机制研究［D］．西安：西北大学，2020.

[101] 王博元．我国高校科技成果转化制度问题研究［D］．桂林：桂林电子科技大学，2020.

[102] 王光艳．高等教育拨款委员会的设置原则［J］．复旦教育论坛，2020（3）：46－51.

[103] 王辉．我国研究型大学人才培养国际化研究［D］．兰州：兰州大学，2010.

[104] 王嘉毅．坚持以人民为中心发展更加公平、更高质量的教育［J］．教育研究，2022（1）：4－10.

[105] 王建华．论高等教育的高质量评估［J］．教育研究，2021（7）：127－139.

[106] 王娇娇．中国铁路“走出去”背景下高校国际化人才培养模式研究［D］．成都：西南交通大学，2017.

[107] 王凯．区域创新生态系统情景下产学知识协同创新机制研究［D］．杭州：浙江大学，2016.

[108] 王丽丹．美国高校专利产出及转化研究——以斯坦福大学为例［J］．天津：天津大学，2015.

[109] 王婉佼．地方高校研究生拨款制度及其改革研究——以湖南省为例［D］．长沙：长沙理工大学，2015.

[110] 王项奎．品牌生态系统模型的设计与构建［D］．兰州：兰州财经大学，2012.

[111] 王雁．创业型大学：美国研究型大学模式变革的研究［D］．杭州：浙江大学，2005.

[112] 王雁．美国研究型大学技术转移组织的分类研究［J］．现代教育

管理，2009（3）：102－104.

［113］王元卓，隋京言．应用型大数据人才培养［J］．高等工程教育研究，2021（1）：44－49.

［114］王月会，袁媛．从国际影响力50强谈高职院校国际化人才培养的实践与研究［J］．西安电子科技大学学报（社会科学版），2019（4）：104－109.

［115］吴嘉琦，闵维方．教育对产业结构升级的作用机制［J］．教育研究，2022（1）：23－34.

［116］吴志红，郭艳秋，赵元斌．高校学科创新发展分析评价实证研究——提升优势挖掘潜力［J］．图书情报工作，2015（15）：115－121.

［117］武荔涵．完善我国高等教育社会捐赠——鉴于美国高校社会捐赠的启示［A］．2011年中国教育经济学年会［C］．2011－11－11.

［118］武书连．2016中国721所大学教师学术水平排行榜中科大、南大、浙大前三名［EB/OL］．http：//blog. sina. com. cn/s/blog_ 4b2cb00e0102w6l5. html.

［119］西格蒙德·弗洛伊德．自我与本我［M］．上海：上海译文出版社，2011.

［120］新华社．一批民生新规明起实施［N］．郑州日报，2016－10－31（03）.

［121］徐晨辰，张永宁，朱婉丽．高校图书馆毕业季阅读记忆品牌活动调查与思考［J］．大学图书情报学刊，2020（9）：11－15.

［122］徐国庆．什么是职业教育——智能化时代职业教育内涵的新探索［J］．教育发展研究，2022（1）：20－27.

［123］徐明波，荀渊．高校科技成果转化机构定位、职能及其影响因素研究——基于中美研究型大学科技成果转化机构的对比分析［J］．高教探索，2021（7）：34－42.

［124］薛永刚．基于S－SEM的区域创新系统影响因素和路径研究［J］．科研管理，2019（1）：150－159.

［125］荀渊．高等教育合法性与合法性危机的分析与批判［J］．高等教育研究，2021（1）：94－102.

［126］阎光才．城市、科学与大学之间关系及其历史演变［J］．北京大学教育评论，2021（4）：84－103，190．

［127］阎光才．科学的社会运行与大学组织变迁［J］．北京大学教育评论，2022（1）：36－52，189．

［128］杨明．中美英三国高等教育经费筹措的市场化改革研究［D］．杭州：浙江大学，2004．

［129］杨学义，李茂林．全球视野下的大学办学理念剖析——以全球三所精英大学为例［J］．国家教育行政学院学报，2011（2）：7－11，35．

［130］姚荣．公法传统与功能导向之间：高等教育治理的场景建构——基于大陆法系国家和地区的经验考察［J］．现代教育管理，2021（2）：119－128．

［131］雍坚．高考生注意　本科提前批今天填报志愿［N］．生活日报，2018－06－28（S04）．

［132］余晓洁，刘陆．农技服务好不好 须听农民来评价［N］．河南日报农村版，2012－08－28（01）．

［133］袁文艺，蔡红英．湖北经济学院财管学院综合导师制的调查与思考［J］．湖北经济学院学报（人文社会科学版），2019（12）：128－129．

［134］占小华．高校中外合作办学质量评价指标体系研究［J］．继续教育研究，2014（11）：4－7．

［135］张东．对外开放 百花争春香满园［N］．中国教育报，2017－03－10（05）．

［136］张帆．共性技术创新失败项目精准补偿机制研究——以生物医药行业为例［D］．武汉：武汉理工大学，2019．

［137］张继元，晏子，税所真也．深度老龄化社会的成年监护服务：日本的经验与启示［J］．学术研究，2021（1）：106－112．

［138］张骏．以政策创新城市温度“海聚英才”［N］．解放日报，2021－10－03（01）．

［139］张明超．“双一流”背景下地方高水平大学学科布局研究［D］．杭州：浙江工业大学，2019．

[140] 张晓报，刘宇文，王怡然．双一流建设背景下大学教师的学术忠诚：内涵、意义与激励机制 [J]．高等理科教育，2019 (1)：43－50.

[141] 张应强，赵锋．从我国大学评价的特殊性看高等教育评价改革的基本方向 [J]．江苏高教，2021 (2)：1－8.

[142] 张智慧．少数民族地区高等学校科技创新推动地区经济高质量发展研究：内蒙古的实践 [D]．呼和浩特：内蒙古大学，2020.

[143] 赵婧轩，宋玉．发达国家高等教育财政拨款体制比较及其对我国的启示——以美、英、德、日为例 [J]．理论导刊，2014 (8)：103－105，108.

[144] 赵鲁豫．基于绩效管理理论的高等教育拨款模式改革研究 [D]．济南：山东师范大学，2011.

[145] 赵双兰．高等职业院校国际合作办学教育的研究 [D]．武汉：湖北工业大学，2014.

[146] 赵英伟，吴伟，王省书，郑佳兴．德国精英大学计划建设成效分析及启示 [J]．高等教育研究学报，2016 (9)：46－52，75.

[147] 赵哲．高校工程人才培养质量的战略管理研究——以辽宁省为例 [D]．大连：大连理工大学，2019.

[148] 郑刚，郭艳婷．迈向创业教育2.0：斯坦福大学创业教育大众化的经验借鉴及启示 [J]．西安电子科技大学学报（社会科学版），2016 (3)：96－103.

[149] 周海涛，施悦琪．促进共同富裕的高校育人创新路径 [J]．清华大学教育研究，2022 (1)：55－61.

[150] 朱建栋．美国市场化技术转移机构运营模式探讨与启示 [J]．中国科技纵横，2013 (5)：190－191.

[151] 朱莲莲．德国卓越大学建设——卓越计划到卓越战略的异同对比分析 [J] 教育教学论坛，2020 (39)：145－146.

[152] Alexander Osterwalder, Yves Pigneur and Christopher L. Tucci. Clarifying Business Models: Origins, Present, and Future of the Concept [J]. *Communications of the Association for Information Systems*, 2015, 16 (1): 1－40.

[153] Allah Nawaz, Abid Husssain and Aamir Sohail. Impacts of Power-Distance on Leadership-Styles: A Survey of Administrators in Gomal University, D. I. Khan, Khyber Pakhtunkhwa, Pakistan [J]. *Electronic Research Journal of Social Sciences and Humanities*, 2020, 2 (4): 17 -24.

[154] Antonios Livieratos and Vasilis Siemos. Optimizing University Acceleration Programs. The Case of NKUA's Multistage Model [J]. *International Journal of Business and Economic Sciences Applied Research*, 2021, 25 (10): 67 -77.

[155] Armando Aliu, Ayten Akatay and Dorian Aliu. The Influence of Inter-Stakeholders' Communication on University-Industry Collaboration [J]. *Scholedge International Journal of Business Policy & Governance*, 2018, 4 (8): 78 -86.

[156] Bijumon Thomas, and Osman Abdul Jhariel. Principal Leadership on Student Achievement in India [J]. *Journal of Management Practices, Humanities and Social Sciences*, 2019, 3 (1): 19 -24.

[157] Bui Phu Hung. Meaningful Learning and Its Implications for Language Education in Vietnam [J]. *Journal of Language and Education*, 2019, 5 (1): 98 -102.

[158] Chaiti Sen Gupta, Arijit Kumar Datta, Rimpi Datta and Arnima Das. E-Question Paper Generation System: A Review [J]. *International Journal of Electronics and Communication Engineering and Technology*, 2019, 10 (5): 1 -4.

[159] Deborah Ann Blackman and Liz Lee-Kelley. Project Training Evaluation: Reshaping Boundary Objects and Assumptions [J]. *International Journal of Project Management*, 2012, 30 (1): 73 -82.

[160] Ebenezer Kofi Enninful, Abraham Boakye-Amponsah and Collins Kwasi Fordjour. The Skill Gap Between Printing Education and Printing Industry in Ghana [J]. British Journal of Education, 2021, 9 (3): 81 -105.

[161] Geert Hofstede. Culture's Consequences: Comparing Values, Behaviors, Institutions and Organizations Across Nations [M]. *London: Sage Publications*, 2003.

[162] George S. Spais. A Fundamental Formula for Leadership Efficiency-Weighting the Contribution of 'Marketing Paideia' [J]. *Journal of Strategic Market-*

ing, 2005, 13 (1): 61 - 77.

[163] Glen A. Prosser. The Role of Incentives in the Deployment of Technologies from Cooperative R&D [J]. *The Journal of Technology Transfer*, 1995, 20 (2): 13 - 17.

[164] Gregory Graff and Jacob Sherkow. Models of Technology Transfer for Genome-Editing Technologies [J]. *Annual Review of Genomics and Human Genetics*, 2020, 21 (8): 509 - 534.

[165] Hasnan Baber. Determinants of Students' Perceived Learning Outcome and Satisfaction in Online Learning during the Pandemic of COVID - 19 [J]. *Journal of Education and e-Learning Research*, 2020, 7 (3): 285 - 292.

[166] Ikujiro Nonaka. The Knowledge-creating Company: How Japanese Companies Create the Dynamics of Innovation [M]. *Oxford: Oxford University Press*, 1995: 56 - 61.

[167] Irish Giselle C. Bautista and Virginia A. Blanco. Time-Based Tilting Photovoltaic Re-Router [J]. *IOER International Multidisciplinary Research Journal*, 2019, 1 (1): 33 - 41.

[168] Jittawisut Wimuttipanya. Evaluation of General Science Program of Bansomdejchaopraya Rajabhat University, Thailand [J]. *Asian Administration & Management Review*, 2019, 2 (2): 95 - 102.

[169] Jun Zhao, Carlos Ferran. Business School Accreditation in the Changing Global Marketplace: a Comparative Study of the Agencies and Their Competitive Strategies [J]. *Journal of International Education in Business*, 2016, 9 (1): 52 - 69.

[170] Jun Zhao, Michael Albino, Jerico Lazaro, Ahljhun Olis, Rica Requelman and Xyra Sanchez. Efficiency and Acceptability of Mixed Reality Application of Solar System in Teaching Science [J]. *International Research Journal of Science and Technology*, 2021, 2 (2): 413 - 422.

[171] Kam Yee. America COMPETES Act's effect on NASA's Education and Public Outreach Programs [J]. *Space Policy*, 2015, 31 (1): 27 - 30.

[172] Khandaker Mursheda Farhana and Kazi Abdul Mannan. Challenges and

Adaptations for Higher Educational Institutes Towards SDGs Goal: A Web Content Analysis of Public-Private Universities in Bangladesh [J]. *International Research Journal of Business and Social Science*, 2019, 5 (3): 35 –47.

[173] Lisa Larrimore Ouellette, Michael Abramowicz, Daniel J. Hemel and Bhaven N. Sampat. What Role Should Governments Play in Setting Rewards for Medical Innovation? [J]. *NYU Journal of Intellectual Property & Entertainment Law*, 2021, 11 (1): 1 –18.

[174] Maja Grdinić. Higher Education as a Means of Achieving Economic Growth and Development-A Comparative Analysis of Selected EU and Former Soviet Union Countries [J]. *International Public Administration Review*, 2014, 12 (4): 93 –114.

[175] Margaret Thornton. The Challenge for Law Schools of Satisfying Multiple Masters [J]. *Australian Universities' Review*, 2020, 62 (2): 5 –13.

[176] Marianne Dickie, Emma Robinson. When the Guardian Locks the Gate [J]. *Journal of University Teaching & Learning Practice*, 2021, 18 (1): 1 –13.

[177] Mark Edwin Burge. Repealing the Statute of Wizarding Secrecy in Legal Education [J]. *Cumberland Law Review*, 2020, 50 (1): 115 –136.

[178] Markus Perkmann, Andy Neely and Kathryn Walsh. How Should Firms Evaluate Success in University-Industry Alliances? A Performance Measurement System [J]. *R&D Management*, 2011, 41 (2): 202 –216.

[179] Mehdi Tajpour. Towards the Entrepreneurial University [J]. Journal of Organizational Culture Communications and Conflict, 2021, 25 (3): 4 –5.

[180] Natcha Mahapoonyanont. Educational Innovation Based on Assessment for Learning Concepts: A Guide to Drive Education 4.0 [J]. *Global Journal of Business and Social Science Review*, 2020, 8 (2): 132 –143.

[181] Ogagaoghene Uzezi Idhalama, Obiora Kingsley Udem and Angela Ishioma Dime. Behavioural Tendencies of LIS Undergraduates Towards Computer Based Examinations (CBE) in Nigeria [J]. *International Journal of Library and Information Studies*, 2020, 10 (3): 177 –129.

[182] Paula Monopoli. In a Different Voice: Lessons from Ledbetter [J]. *Journal of College and University Law*, 2008, 34 (1): 555 – 584.

[183] Philip Yao. Mergers Between Higher Education Institutions: Regulatory Considerations, Antitrust Concerns, and Best Practices [J]. *Journal of Law and Education*, 2020, 49 (4): 527 – 575.

[184] Pravat Kumar Jena. Impact of Pandemic COVID – 19 on Education in India [J]. *International Journal of Current Research*, 2020, 12 (7): 12582 – 12586.

[185] Robert House, Mansour Javidan, Paul Hanges and Peter Dorfman. Understanding Cultures and Implicit Leadership Theories across the GLOBE: An Introduction to Project of GLOBE [J]. *Journal of World Business*, 2002, 37 (1): 3 – 10.

[186] Robert P. King, Michael Boehlje, Michael L. Cook and Steven T. Sonka. Agribusiness Economics and Management [J]. *American Journal of Agricultural Economics*, 2010, 92 (2): 554 – 570.

[187] Rome Moralista and Ryan Michael Oducado. Faculty Perception toward Online Education in a State College in the Philippines during the Coronavirus Disease 19 (COVID – 19) [J]. *Pandemic Universal Journal of Educational Research*, 2020, 8 (10): 4736 – 4742.

[188] Susan Franck, James Freda, Kellen Lavin, Tobias Lehmann and Anne van Aaken. The Diversity Challenge: Exploring the 'Invisible College' of International Arbitration [J]. *Columbia Journal of Transnational Law*, 2015, 53 (5): 430 – 529.

[189] Teresa Dieguez. The Role of Porto University in the Development of Entrepreneurial Ecosystem [J]. *Journal of Business and Economics*, 2020, 11 (11): 1195 – 1205.

[190] Trevor Farrow. Sustainable Professionalism [J]. *Osgoode Hall Law Journal*, 2008, 46 (1): 51 – 103.

[191] Trung Tran, Khanh-Linh Hoang, Viet-Phuong La, Manh-Toan Ho and Quan Hoang Vuong. Scrambling for Higher Metrics in the Journal Impact Factor Bubble Period: A Real-World Problem in Science Management and its Implications [J]. *Problems and Perspectives in Management*, 2020, 18 (1): 48 – 56.

[192] Valerii Budak, Svitlana Zaskaleta and Oksana Oleksyuk. Implementation of Blended Education at the Faculty of Philology [J]. *ScienceRise: Pedagogical Education*, 2021, 4 (43): 48-52.

[193] Vladimir Komarov, Evgeny Nuyanzin, Stepan Burlankov, Nadezda Sedova and Petr Burlankov. Formation of Professional Competencies in Agro-Engineering Areas of Training in National Research University [J]. *International Journal of Management*, 2020, 11 (9): 336-344.

[194] Zachary Taylor, Izzat Alsmadi. College Affordability and U. S. News & World Report Rankings: Analyzing National and Regional Differences [J]. *Journal of Interdisciplinary Studies in Education*, 2020, 9 (1): 1-25.